北京文化书系
古都文化丛书

古村落——乡愁所寄

中共北京市委宣传部
北京市社会科学院
组织编写
吴文涛　靳宝　尹钧科　著

北京出版集团
北京出版社

图书在版编目(CIP)数据

古村落 ：乡愁所寄 / 中共北京市委宣传部，北京市社会科学院组织编写 ；吴文涛，靳宝，尹钧科著. — 北京 ：北京出版社，2023.3
（北京文化书系. 古都文化丛书）
ISBN 978-7-200-15511-2

Ⅰ. ①古… Ⅱ. ①中… ②北… ③吴… ④靳… ⑤尹… Ⅲ. ①村落文化—介绍—北京 Ⅳ. ①K291

中国版本图书馆CIP数据核字(2020)第050997号

北京文化书系　古都文化丛书
古村落
——乡愁所寄
GUCUNLUO
中共北京市委宣传部
北京市社会科学院　组织编写
吴文涛　靳　宝　尹钧科　著
*
北京出版集团
北京出版社　出版
（北京北三环中路6号）
邮政编码：100120
网　　址：www.bph.com.cn
北京出版集团总发行
新华书店经销
北京华联印刷有限公司印刷
*
787毫米×1092毫米　16开本　16.25印张　226千字
2023年3月第1版　2023年3月第1次印刷
ISBN 978-7-200-15511-2
定价：210.00元
如有印装质量问题，由本社负责调换
质量监督电话：010-58572393；发行部电话：010-58572371

“北京文化书系”编委会

“北京文化书系”
序言

文化是一个国家、一个民族的灵魂。中华民族生生不息绵延发展、饱受挫折又不断浴火重生，都离不开中华文化的有力支撑。北京有着三千多年建城史、八百多年建都史，历史悠久、底蕴深厚，是中华文明源远流长的伟大见证。数千年风雨的洗礼，北京城市依旧辉煌；数千年历史的沉淀，北京文化历久弥新。研究北京文化、挖掘北京文化、传承北京文化、弘扬北京文化，让全市人民对博大精深的中华文化有高度的文化自信，从中华文化宝库中萃取精华、汲取能量，保持对文化理想、文化价值的高度信心，保持对文化生命力、创造力的高度信心，是历史交给我们的光荣职责，是新时代赋予我们的崇高使命。

党的十八大以来，以习近平同志为核心的党中央十分关心北京文化建设。习近平总书记作出重要指示，明确把全国文化中心建设作为首都城市战略定位之一，强调要抓实抓好文化中心建设，精心保护好历史文化金名片，提升文化软实力和国际影响力，凸显北京历史文化的整体价值，强化“首都风范、古都风韵、时代风貌”的城市特色。习近平总书记的重要论述和重要指示精神，深刻阐明了文化在首都的重要地位和作用，为建设全国文化中心、弘扬中华文化指明了方向。

2017年9月，党中央、国务院正式批复了《北京城市总体规划（2016年—2035年）》。新版北京城市总体规划明确了全国文化中心建设的时间表、路线图。这就是：到2035年成为彰显文化自信与多元包容魅力的世界文化名城；到2050年成为弘扬中华文明和引领时代潮流的世界文脉标志。这既需要修缮保护好故宫、长城、颐和园等享誉中外的名胜古迹，也需要传承利用好四合院、胡同、京腔京韵等具有老北京地域特色的文化遗产，还需要深入挖掘文物、遗迹、设施、景点、语言等背后蕴含的文化价值。

组织编撰“北京文化书系”，是贯彻落实中央关于全国文化中心建设决策部署的重要体现，是对北京文化进行深层次整理和内涵式挖掘的必然要求，恰逢其时、意义重大。在形式上，“北京文化书系”表现为“一个书系、四套丛书”，分别从古都、红色、京味和创新四个不同的角度全方位诠释北京文化这个内核。丛书共计47部。其中，“古都文化丛书”由20部书组成，着重系统梳理北京悠久灿烂的古都文脉，阐释古都文化的深刻内涵，整理皇城坛庙、历史街区等众多物质文化遗产，传承丰富的非物质文化遗产，彰显北京历史文化名城的独特韵味。“红色文化丛书”由12部书组成，主要以标志性的地理、人物、建筑、事件等为载体，提炼红色文化内涵，梳理北京波澜壮阔的革命历史，讲述京华大地的革命故事，阐释本地红色文化的历史内涵和政治意义，发扬无产阶级革命精神。“京味文化丛书”由10部书组成，内容涉及语言、戏剧、礼俗、工艺、节庆、服饰、饮食等百姓生活各个方面，以百姓生活为载体，从百姓日常生活习俗和衣食住行中提炼老北京文化的独特内涵，整理老北京文化的历史记忆，着重系统梳理具有地域特色的风土习俗文化。“创新文化丛书”由5部书组成，内容涉及科技、文化、教育、城市规划建设等领域，着重记述新中国成立以来特别是改革开放以来北京日新月异的社会变化，描写北京新时期科技创新和文化创新成就，展现北京人民勇于创新、开拓进取的时代风貌。

为加强对“北京文化书系”编撰工作的统筹协调，成立了以“北京文化书系”编委会为领导、四个子丛书编委会具体负责的运行架构。“北京文化书系”编委会由中共北京市委常委、宣传部部长莫高义同志和市人大常委会党组副书记、副主任杜飞进同志担任主任，市委宣传部分管日常工作的副部长赵卫东同志担任副主任，由相关文化领域权威专家担任顾问，相关单位主要领导担任编委会委员。原中共中央党史研究室副主任李忠杰、北京市社会科学院研究员阎崇年、北京师范大学教授刘铁梁、北京市社会科学院原副院长赵弘分别担任“红色文化”“古都文化”“京味文化”“创新文化”丛书编委会主编。

在组织编撰出版过程中，我们始终坚持最高要求、最严标准，突出精品意识，把“非精品不出版”的理念贯穿在作者邀请、书稿创作、编辑出版各个方面各个环节，确保编撰成涵盖全面、内容权威的书系，体现首善标准、首都水准和首都贡献。

我们希望，“北京文化书系”能够为读者展示北京文化的根和魂，温润读者心灵，展现城市魅力，也希望能吸引更多北京文化的研究者、参与者、支持者，为共同推动全国文化中心建设贡献力量。

“北京文化书系”编委会

2021年12月

“古都文化丛书”
序言

北京不仅是中国著名的历史文化古都，而且是世界闻名的历史文化古都。当今北京是中华人民共和国首都，是中国的政治中心、文化中心、国际交往中心、科技创新中心。北京历史文化具有原生性、悠久性、连续性、多元性、融合性、中心性、国际性和日新性等特点。党的十八大以来，习近平总书记十分关心首都的文化建设，指出北京丰富的历史文化遗产是一张金名片，传承保护好这份宝贵的历史文化遗产是首都的职责。

作为中华文明的重要文化中心，北京的历史文化地位和重要文化价值，是由中华民族数千年文化史演变而逐步形成的必然结果。约70万年前，已知最早先民“北京人”升腾起一缕远古北京文明之光。北京在旧石器时代早期、中期、晚期，新石器时代早期、中期、晚期，经考古发掘，都有其代表性的文化遗存。自有文字记载以来，距今3000多年以前，商末周初的蓟、燕，特别是西周初的燕侯，其城池遗址、铭文青铜器、巨型墓葬等，经考古发掘，资料丰富。在两汉，通州路（潞）城遗址，文字记载，考古遗迹，相互印证。从三国到隋唐，北京是北方的军事重镇与文化重心。在辽、金时期，北京成为北中国的政治中心、文化中心。元朝大都、明朝北京、清朝京师，北京是全中国的政治中心、文化中心。民国初期，首都在北京，后都城虽然迁到南京，但北京作为全国文化中心，既是历史事实，也是人们共识。北京历史之悠久、文化之丰厚、布局之有序、建筑之壮丽、文物之辉煌、影响之远播，已经得到证明，并获得国际认同。

从历史与现实的跨度看，北京文化发展面临着非常难得的机遇。上古“三皇五帝”、汉“文景之治”、唐“贞观之治”、明“永宣之治”、清“康乾之治”等，中国从来没有实现人人吃饱饭的愿望，现在全面建成小康社会，历史性告别绝对贫困，这是亘古未有的大事。中华民族迎来了从站起来、富起来到强起来的伟大飞跃，迎来了实现伟大复兴的光明前景。

“建首善自京师始”，面向未来的首都文化发展，北京应做出无愧于时代、无愧于全国文化中心地位的贡献。一方面整体推进文化发展，另一方面要出文化精品，出传世之作，出标识时代的成果。近年来，北京市委宣传部、市社科院组织首都历史文化领域的专家学者，以前人研究为基础，反映当代学术研究水平，特别是新中国成立70多年来的成果，撰著“北京文化书系·古都文化丛书”，深入贯彻落实习近平总书记关于文化建设的重要论述，坚决扛起建设全国文化中心的职责使命，扎实做好首都文化建设这篇大文章。

这套丛书的学术与文化价值在于：

其一，在金、元、明、清、民国（民初）时，北京古都历史文化，留下大量个人著述，清朱彝尊《日下旧闻》为其成果之尤。但是，目录学表明，从辽金经元明清到民国，盱古观今，没有留下一部关于古都文化的系列丛书。历代北京人，都希望有一套“古都文化丛书”，既反映当代研究成果，也是以文化惠及读者，更充实中华文化宝库。

其二，“古都文化丛书”由各个领域深具文化造诣的专家学者主笔。著者分别是：（1）《古都——首善之地》（王岗研究员），（2）《中轴线——古都脊梁》（王岗研究员），（3）《文脉——传承有序》（王建伟研究员），（4）《坛庙——敬天爱人》（龙霄飞研究馆员），（5）《建筑——和谐之美》（周乾研究馆员），（6）《会馆——桑梓之情》（袁家方教授），（7）《园林——自然天成》（贾珺教授、黄晓副教授），（8）《胡同——守望相助》（王越高级工程师），（9）《四合院——修身齐家》（李卫伟副研究员），（10）《古村落——乡愁所寄》（吴文涛副研究员），（11）《地名——时代印记》（孙冬虎研究员），（12）《宗教——和谐共生》（郑永华研究员），（13）《民族——多元一体》（王卫华教授），（14）《教育——兼济天下》（梁燕副研究员），（15）《商业——崇德守信》（倪玉平教授），（16）《手工业——工匠精神》（章永俊研究员），（17）《对外交流——中国气派》（何岩巍助理研究员），（18）《长城——文化纽带》（董耀会教授），（19）《大运河——都城命脉》（蔡蕃研究员），（20）《西山永定河——血脉根基》（吴文涛副研究员）等。署名著者分属于市社科院、清华大学、中央民族大学、首都经济贸易大学、北京教育科学研究院、北京古代建筑研究所、故宫博物院、首都博物馆、中国长城学会、北京地理学会等高校和学术单位。

其三，学术研究是个过程，总不完美，却在前进。“古都文化丛书”是北京文化史上第一套研究性的、学术性的、较大型的文化丛书。这本身是一项学术创新，也是一项文化成果。由于时间较紧，资料繁杂，难免疏误，期待再版时订正。

本丛书由市社科院原院长王学勤研究员担任执行主编，负责全面工作；市社科院历史研究所所长刘仲华研究员全面提调、统协联络；北京出版集团给予大力支持；至于我，忝列本丛书主编，才疏学浅，年迈体弱，内心不安，实感惭愧。本书是在市委宣传部、市社科院的组织协调下，大家集思广益、合力共著的文化之果。书中疏失不当之处，我都在在有责。敬请大家批评，也请更多谅解。

是为“古都文化丛书”序言。

阎崇年

目　录

前　言 1

——古村落与北京城

第一章　发展与变迁 1

——北京村落历史演变的时间轴

第一节　北京地区原始聚落的出现及形成 3

第二节　各个历史时期北京村落发展的主要状况 9

第三节　北京村落名称特点及其成因与时代分析 43

第四节　影响北京村落发展的主要因素 52

第二章　类型与分布 55

——北京村落发展变化的空间轴

第一节　北京古村落的成因类型及其分布 57

第二节　北京古村落的形态类型及其分布 64

第三节　北京古村落文化特色的各区分布概况 71

第四节　影响北京村落地域特色与空间分布的因素 82

第三章　星罗棋布　辉映千秋 97

——北京经典古村落记忆

第一节　门头沟区 99

第二节　房山区　125
第三节　平谷区　139
第四节　密云区　145
第五节　怀柔区　160
第六节　昌平区　170
第七节　延庆区　180
第八节　丰台区、大兴区　192
第九节　通州区　206
第十节　海淀区、石景山区　211
第十一节　朝阳区、顺义区　218

第四章　古今一脉，城乡共融　223
——北京古村落的保护与发展
第一节　北京古村落的特点及其价值　226
第二节　北京古村落保护与发展模式的新探索　230

主要参考文献　236

后　记　239

前　言

——古村落与北京城

村落是以农业为主要经济形式的人们生活居住的场所和进行各种生产活动、社会活动的基地，它们的形成和发展与农业开发息息相关。在一定地域内的若干村落，其形成时间有早有晚，形体规模有大有小，空间分布有疏有密，居民数量有多有少，房屋街巷有新有旧，经济财产有富有贫。其间差异是多种因素综合影响的结果，既有社会人文因素，也有自然环境因素。因而研究村落发展状况是更深层地了解一个地区社会状况、变迁过程及文明程度的极好窗口，能在一定程度上揭示区域自然环境的变迁、地域差异及其文化特色。古村落通常是对历史发展悠久、文化传承绵长的传统村落的俗称。历史悠久、文化延绵、传统格局、发展至今4项要素构成了一个古村落的基本特征。如今，虽然在学术层面上，已经用“传统村落”取代“古村落”，成为一个拥有特定内涵的专有名词，即指拥有物质形态和非物质形态文化遗产，具有较高的历史、文化、科学、艺术、社会、经济价值的村落①，但在大多数普通人的心目中，古村落一词更朴实地体现了村庄的那份古意和沧桑感。

城市和村落是人类建造的两种迥然不同的聚落，它们各自孕育了反差很大的文化，即城市文化和村落文化。无论从成因、命名、形态、建筑、街道、风貌、交通、产业等方面考察，还是就居民职业、生活方式、风俗习惯、文化素质、人际关系等方面比较，城市和村落都完

① 见住房城乡建设部、文化部、财政部《关于加强传统村落保护发展工作的指导意见》，http://www.mohurd.gov.cn/wjfb/201212/t20121219_212337.html。

全不同。这种不同是历史形成的，是城市与村落的各自功能所决定的。在人类历史上，自从城市出现，城市与村落两种不同的聚落文化就开始分道扬镳，各自发展。并且，随着经济方式和人们观念的改变，城市文化相对而言似乎发展得更为迅速，更代表着人类文明的精髓。但是，村落文化依旧在相当长的时期保留着其存在和发展的合理性与必然性，在现代文明中也仍然保有旺盛的生命力和特殊的魅力。从一定意义上说，村落文化更能体现人类的初始特征，更接近于整个人类文化的本原，它为城市文化的产生和发展提供了深厚的土壤和广阔的背景。因此，研究与城市文化相对的村落文化，也是探讨人类文化发展史的重要组成部分，村落文化和城市文化是北京古都文化的A、B两面。

北京是一座具有3000余年建城史、800余年建都史的历史文化名城，也是世界著名的古都之一。其文明的奠基和演进与周边的农业发展和聚落生成密切相关。早在距今70万年至20万年间，在北京西南的房山区周口店龙骨山，就有了北京最早的居民点——被称为“北京人”的猿人洞穴；此后，在距今一万年至四五千年间，北京地区出现了原始农业和原始聚落；再往后，北京地区在先秦时期就有了一些被记载于史书的村落；到两汉至隋唐间有史可证的村落陆续增多，而更多的村落则在五代以后如雨后春笋般地出现。这与五代以后北京的城市地位上升、规模扩大、经济文化辐射影响力大大增加相辅相成。契丹会同元年（938年），北方的契丹人建立的辽朝在今北京所在地设置陪都，作为其五京之一的南京（又称燕京），从此，北京开启了作为全国政治中心和文化中心的发展历程。金贞元元年（1153年），女真人建立的金朝又在此营建中都，作为其五京之首。此后，元建大都，明、清建北京，都是以此为统一王朝的大都城，中华人民共和国成立后定北京为首都。北京长期作为国都的地位，对周围村落的发展产生了重大影响。其间，北京的城市建设、城市供应、城市消费、居民的风俗习惯以及中央政权的政治、经济、军事、文化等各方面的活动，都在北京郊区村落留下了诸多清晰的印记。从其成因类型上看，北京古村落文化与北京都市文化之间既彼此冲突，又紧密相连，相辅相成，交融发展。该地区大量的古村落，不仅是一般社会历史的深刻印记，也有古都文化在另一维度和空间的反映。其文化传承的可见性、对比性和延续性，更能具象地反映北京古都文化发展历程的渐进性、阶段性和包容性，从而使古村落成为北京古都文化的背景展示和时间刻度。因此，研究北京地区古村落的发展变迁，能够揭示历史上北京的城市生活与乡村背景间的种种关系，对于全面认识古都北京的历史文化具有重要理论价值；研究北京地区古村落的保护利用，可以充分发挥古村落的文化资源优势，对于深入落实全国文化中心建设具有重要的现实意义。

自20世纪80年代以来，伴随巨大的时代变迁和深刻的社会变革，在城市化的浪潮中，大量村落消失或走向衰败，曾经美丽而独特的一座座村庄变成一排排整齐划一的楼房，呈现千村一面、与城市一样的形态。北京作为国家首都，全国的政治、文化、国际交往和科技创新中心，几十年来的城市发展速度更是惊人，各项发展都走在全国的前列，城区各项建设基本达到了国际化大都市的水平。虽然人们对于古都历史文化的保护相当重视，但一开始关注点都是在城区和一些重要的文物古迹，对于古村落的保护意识相对薄弱。因此，大量富含历史文化价值的古村落在大拆大建的城市化进程中消失。越是邻近城区的村落越早被城市吞并，高楼大厦取代平房院落，原住民被新城吸走，年久失修的老居民区被外来务工人员占据成为“城中村”；而远郊区的乡村发展则相对滞后，尤其是山区农村的发展陷入诸多困境，村庄空心化，田园渐荒芜，乡村失去产业支撑而依旧贫困。如何保护和带动这部分乡村的发展，使其跟上北京现代化国际大都市的建设和发展步伐，适应北京“四个中心”的地位和功能所需，仍是一项重要而艰巨的任务。

在社会发展日新月异，很多古老的村庄正在悄然消失的同时，人们在精神与物质上对田园生活的需求日益强烈。避开城市的喧嚣，到偏僻而富有乡土气息的地方，去欣赏纯自然造化而少人为掺杂的景致，去体验传统风味而远离快餐文化，成为城市居民旅游的新风尚。因此，一些历史悠久、纯朴幽静的古老村庄和原生态文化景象，反而散发出独特的魅力，受到人们的珍惜和喜爱，古村落的独特文化价值日益凸显。其古朴自然的景观风貌、传承悠久的乡土文化、作为都市后花园的区位优势，以及拥挤忙碌的城市人口对乡村生活的精神需求，共同构成了古村落巨大的文化价值和广阔的开发前景。自然生态游和原生态文化游，成为城市居民的旅游热点，游客们纷纷奔向山野和乡村去寻找传统、自然和诗意的生活。北京地区的古村落与其都城发展的历史过程息息相关，与其首都地位和城市生活的特殊性密不可分。北京城市核心区以皇城、宫殿、坛庙、苑囿、胡同、四合院为代表的古都风貌已经被大家十分熟悉，而作为古都文化的重要补充，郊区古村落所展示出的，是既富有郊区地域特色而又与古都文化血脉相连的另一种文化形态，是某些即将消逝的传统文化习俗和乡村生活方式的活化石，是北京历史文化的延伸部分和深层展示。因此，北京的古村落文化弥足珍贵，更具有保护和挖掘价值。

承载着历史文化信息的古村落，属于文化遗产保护的重要范畴。许多有识之士也从保护民族文化遗产和文化生态的高度发出了保护古村落的呼声。日益广泛的社会共鸣与理解，逐渐影响到了国家政策与法律层面的行动。2002年，《中华人民共和国文物法》开始将历史文化村镇保护纳入法制轨道，2003年我国公布了首批中国历史文化名村，截至2018年底已公布了6批共276个中国历史文化名村。2012年4月16日住房城乡建设部、文化部、国家文物局、财政部联合发布了《关于开展传统村落调查的通知》（建村〔2012〕58号），标志着传统村落（古村落的规范学术命名）保护正式提到了政府的工作日程。2013年7月，习近平总书记在湖北鄂州乡村考察时指出："实现城乡一体化，建设美丽乡村……不能大拆大建，特别是古村落要保护好。"[①]2013年12月，中央城镇化工作会议提出了关于村庄形态保护的完整表述："要体现尊重自然、顺应自然、天人合一的理念，依托现有山水脉络等独特风光，让城市融入大自然，让居民望得见山、看

① 《习近平：建设美丽乡村，撸起袖子加油干》，央视网，2017-02-18.

得见水、记得住乡愁。”[①]这充满诗情画意的语言，引发全社会深入思考人与自然、人与历史、人与文化的关系，促使各界从多种角度聚焦于“新型城镇化”过程中如何保护、传承、利用优秀传统文化，延续城乡历史文脉，建设当代地域文化等重大问题。住房城乡建设部、文化部等部门多次联合发布专门针对传统村落保护的文件，并分别于2012年12月、2013年8月公布了两批列入中国传统村落名录的村落共1561个。2014年出台了《关于切实加强中国传统村落保护的指导意见》（建村〔2014〕61号）和《关于做好中国传统村落保护项目实施工作的意见》（建村〔2014〕135号），部署了传统村落的补充调查工作，制定了传统村落保护档案的制作要求、保护与发展规划要求，研究、布置了今后传统村落保护发展要做好的基础性工作等。在这两份指导意见的切实推动下，2014年11月又公布了第三批中国传统村落名单，全国共有994个村落新增入中国传统村落名录；2016年12月宣布全国1598个村落入选第四批中国传统村落名录；2018年12月宣布2666个村落入选第五批中国传统村落名录。可见，伴随着国家层面对传统村落保护工作的迅速展开，被列入保护名录的村落越来越多，保护古村落的热潮方兴未艾。

目前，在涉及古村落保护和利用方面仍面临很严峻的问题。其一，古村落中传统民居建筑的保护。古老的民居如今已被拆得所剩无几，要想恢复极为困难。没有了传统建筑的古村落，无论是文物价值还是传统风貌都大打折扣，即便重修和恢复，那也只是保留了景观价值，而没有了真正的历史价值和文物价值。其二，古村落文化的消失。原住民大多都离开了村庄，尤其是青壮年进城打工与定居，使村落传统文化失去了传承的主体，村落空心化导致文化空心化，原有文化韵味不复存在。

如何将承载乡愁的家园情怀落到实处？如何将历史文脉的保护传

---

① 胡勘平：《望得见山、看得见水、记得住乡愁》，《光明日报》2013年12月23日12版。

承同现代社会的经济要素和发展需求交融并行？在现代化和城镇化的历史进程中，我们不仅仅是理性的审视者，更应是肩负责任的研究者和实践者。在北京这样一个首善之区，我们更应着力推进传统与现代、都市与乡村的和谐共存、平衡发展。为实现这一目标，北京的文化中心建设要城区、乡村一起上，古都文化的范畴需覆盖到古村落。北京的整体发展要根据自然地理环境和历史文化禀赋，体现区域差异性，提倡形态多样性，防止高楼大厦摊大饼、城乡社区一个样，要保留和发展有历史记忆、文化脉络、区域风貌、民族特点的美丽乡村，形成符合实际、各具特色的城镇化发展模式。具体到古村落保护和新农村建设方面，要在保护和继承的前提下进行整体科学规划，注重文化内核与外在形态的综合发展；要关注文化传承和生产、生活方式的新旧转换，对古村落进行原真性、整体性、活态传承性保护，使其在自然环境和现代生活中和谐永存，而不是变成死的文物展览或是商业形态的外壳。

学术研究的经世致用，历来是学者追求的崇高目标和前进方向。学术生命力的无限延伸，在很大程度上取决于解决社会问题的实践价值。精细盘点北京各区现存古村落的文化遗产及遗存状况，深入研究各区古村落文化的共性和特点，提升有关古村落保护利用的认知水平和理论架构，继而提出有针对性和实操性的政策建议，是我们学者责无旁贷的任务。为此，我们在尹钧科先生所著的《北京郊区村落发展史》（北京大学出版社2001年版）的基础上，结合近年来北京市社科院历史所同仁的相关调研成果，推出此卷小书，主要介绍北京郊区古村落的历史发展、类型分布，村落与都城的关系，古村落的文化价值，遗产保护和非物质文化传承等内容，以期为留住北京古都的历史记忆、文化记忆、城市记忆、乡村记忆，弘扬中华民族的优秀传统，推动首都全国政治文化中心建设奉献绵薄之力。

“小村亦载千秋史，薪火还须百代兴。”作为传统文化的重要载体和古都文化的本原、根系，我们要让古老的乡村活在当代，永葆生机与活力！

第一章

发展与变迁

——北京村落历史演变的时间轴

北京坐落在华北平原北部三面环山的“北京湾”里，从西向东依次有太行山脉和燕山山脉环绕，从山间冲出的永定河、潮白河、温榆河、拒马河、大石河、泃河等河流形成的洪积冲积扇，为北京地区聚落的生成提供了“水甘土厚”、便于耕作的优越地理条件和广阔平坦的发展空间。远在北京城的前身——蓟城诞生之前，文明的曙光已经在此出现，丰富的史前人类活动遗迹表明，人类早就把这里当作理想的家园。随着蓟城从一个北方行政中心、军事重镇逐步发展成为统一王朝的都城、全国政治文化中心，周边区域的开发也在不断向广度和深度推进，村落的发展不仅与城市的壮大同步，而且为城市规模的扩张和人口的增长提供了经济支撑和空间基础。

第一节　北京地区原始聚落的出现及形成

早在旧石器时代，北京地区就有了人类居住的痕迹。考古学和古人类学的研究证明，大约在距今70万年至20万年间，在北京城西南的房山区周口店龙骨山的洞穴里，居住着一群被称为北京最早的居民——“北京人”的猿人。在距今约10万年前，又有新洞人栖身于“北京人”居住的洞穴南边的一处新洞穴中。在距今约3万年前，另有山顶洞人生息繁衍在龙骨山顶部的洞穴里。“北京人”、新洞人、山顶洞人分别属于旧石器时代早期、中期、晚期的原始人类。“北京人”已经能打制和使用石器，也会利用和控制火。新洞人已经掌握磨制工艺技术，在他们栖身的洞穴堆积中出土了2件磨制骨片。山顶洞人则已经会用兽皮缝制衣服，也能将兽牙、蚶壳、鱼骨、小砾石等穿孔钻眼，作为装饰品。在长达数十万年的漫长岁月里，“北京人”、新洞人、山顶洞人相继生活在周口店龙骨山的各个洞穴中，用自己的劳动和智慧，创造了北京地区的早期文明，也使他们的故乡——周口店龙骨山，成为举世闻名的研究古人类学的科学基地和北京古文明遗址。

虽然，“北京人”、新洞人所栖居的洞穴还不是聚落，但山顶洞人居住的洞穴已经有了居住区与墓葬区的功能划分，有了集体祭祀敬神的场所，体现出了某些母系氏族社会的特征。从山顶洞人居住洞穴的空间结构及职能区分中，人们可以依稀看到人类原始聚落的文明曙光。

除此之外，考古人员在平谷区马家坟、罗汉石、马家屯、上堡子、刘家沟、海子、洙水、小岭、豹峪、甘营、夏各庄、安固，密云区的黄土梁、松树峪、东智北，怀柔区的帽山、四道穴、西府营、长哨营、七道河、宝山寺、转年、鸽子堂、杨树下、东帽湾，延庆区的菜木沟、路家河、沙梁子、古家窑、辛栅子、三间房、河北村、佛峪口，门头沟区的王平村、西胡林、齐家庄，东城区的王府井东方广场地下，西城区的西单中银大厦地下等，共38处，都发现了可能属于旧石器时代的人类居住遗址。[1]这说明，早在旧石器时代，我们的祖先已经广泛生活在北京地区的河涧谷地、山麓台地和平原地带了。

有关新石器时代的文化遗址则发现得更多，反映聚落形态的出土物证也更加丰富多样。具有代表性的遗址有以下几处：

一、东胡林人遗址

位于门头沟区斋堂镇东胡林村西侧黄土台地上。1966年，曾在此发现3具人骨架，以及石器、骨器、装饰品等文化遗物，因墓葬位于全新世黄土底部、马兰黄土顶部，故研究者将其定为新石器时代早期、距今约1万年前的人类遗存。1995年春，又在遗址断面发现1具人骨，并采集到螺壳项链和石制品等。在2001年和2003年进行的两次大规模发掘中，先后出土了1具完整尸骨、几处用火遗迹和大批石器、陶器、骨器、蚌器等重要遗物，引起了考古界的轰动。其中，尤为值得关注的是出现了人类烧火灶址5处，其中1座灶址底部用砾石块围成近圆圈状，堆积的灰烬平面范围呈不规则圆形，灰烬内包含烧烤过的砾石块和动物骨头，这是人类聚居生活的遗迹。东胡林人是继房山周口店的“北京人”（距今70万至50万年）、山顶洞人（距今约3万年）之后的又一重大考古发现，填补了山顶洞人以来北京地区人类发展史的一段空白，将旧石器晚期到新石器早期人类链条连接了起来，是原始人到社会人的过渡，因而具有重要的历史意义和保护价值。

二、转年遗址

在怀柔区宝山镇转年村西的白河北岸2级阶地上，其第4层堆积属新石器时代早期文化遗存，距今1万年左右。文化遗物中，既有大量的石核、石片、刮削器等打制石器；又有石斧、石磨盘、石磨棒等

① 郁金城、李超荣：《北京地区旧石器考古的新收获》，载《北京文博》1998年第3期。

磨制石器；还有一些制作粗糙、火候不均的粗陶器。打制石器显示出旧石器时代遗风；细石器盛行于中石器时代；磨制石器和陶器则宣告了新石器时代的到来。几种类型的远古遗物共存于同一文化层堆积中，显示了新石器时代早期处于新旧交替过程中的文化面貌。转年遗址虽因未发现居住的房址而被认为只是一处石器制造场所，但从出土文物所反映的当时、当地的农业发展水平来看，这里的先民应当已过着定居生活。也就是说，在转年遗址附近可能有古人类聚落的遗存尚未被发掘出来。

属于新石器时代中期的文化遗址，有平谷区的上宅、北埝头，密云区的燕落寨，昌平区的十三陵林场、雪山一期、马坊，房山区的镇江营等。

三、上宅遗址

位于平谷区韩庄乡上宅村西北、泃河北岸台地上。发掘显示，该遗址是一条深达4米的大灰沟，出土了大批珍贵文物。其中，绝大多数石器为生产工具，有石斧、石凿、石锛、石铲、石磨盘、石磨棒、砧石、石球等，共计2000余件。生活用具则主要为陶器，有罐、钵、碗、杯、勺等。该遗址的文化堆积可分为8层3期，反映了从距今约7500年到6000年间上宅人生产技术水平不断进步的过程。出土的器物及其质地随着制作时间的不同而不同。如第7层出土的陶器为夹砂、滑石质料的粗陶，有陶罐、陶钵、陶碗等；第6层开始出现精细的泥质红陶；第5层除出土夹砂褐陶罐、钵、碗等物外，还有泥质红陶钵、碗、杯、勺等物，而且纹饰也较前者丰富；第4层出土的夹砂褐陶和泥质红陶器物，纹饰更加多样，反映了生产技术的进一步熟练和审美水平的提高；第3层出土的陶器以质量较高的细泥红陶为主，并兼有中原仰韶文化和北方红山文化的特征，说明南北文化的交流加强了；尤为重要的是，在第2层的上部发现了禾本科植物花粉和碳化或枯朽了的种子，证明这时候原始农业确已出现，同时，从第2层出土的陶羊头、石羊头、陶猪头等饰物来看，似乎原始农业生产与原始家畜饲养之间，一开始就有着密切的关系，而这两种经济活动的发端和兴盛是以人类定居为前提条件的。因此，上宅遗址必定有六七千年前的上宅人居址。考古学家根据现场情况考察判断，已被发掘的大灰沟南面似应为上宅人的居住中心，可惜已被破坏。

四、北埝头遗址

位于平谷区西北大兴庄镇北埝头村西。考古工作者在这里除发掘出一批石器和陶器外，还发掘出10座新石器时代的房基，密集地分布在约1500平方米内，为半地穴式建筑。房基掩埋于地表下1米多处，直径2.5～4米。房基地面比周围略低，表层有5～6厘米厚的红烧土。每座房基内的中部或偏东位置，都埋有1或2个较大的深腹罐，罐口高出房内地面约6厘米，有的罐内残存灰烬和木炭，看来这是人们烧煮食物和保存火种的地方，相当于现代的锅灶。房门开在东面或南面，有利于采光。每座门都有向外延伸的门道。从某些房基地上的柱洞大小和间距来看，竖立在柱洞中的木柱较为粗壮，表明当时的房屋已相当高敞坚固。可以想象在新石器时代，这里已经是一处人类聚居的村落了。该遗址中呈现的居住区基本情形，弥补了上宅遗址中居住区遗址被破坏的遗憾。值得一提的是，《水经注·鲍丘水》中所记载的博陆故城，也即汉武帝封大司马霍光为博陆侯时的封地，就在北埝头遗址东南的北城子（原称北城庄）附近，如今依旧可见其城垣遗址。由此可见，从北埝头到北城子，这一带的村落发展具有历史的延续性和扩张性。

五、雪山遗址

位于昌平区南口镇雪山村，从新石器时代至战国时期，不同时期的文化在这里都有遗存。仅就其新石器时代的文化堆积来说，又可分为一、二两期。雪山一期遗存为新石器中期较晚的文化堆积，其年代与上宅第三期和密云区的燕落寨遗址相近，即距今6000年左右。该文化层共包括99处灰坑，发掘出土的陶器有罐、钵、壶、盆、豆、碗、纺轮等，大都是泥条盘筑或捏制的。某些陶罐底部可见明显的席纹，说明当时编织业和纺织业已有发展。出土的石器有斧、凿、刀、磨棒、玛瑙镞等，制作以打、磨为主。在一处灰坑中，发现了建房时的草拌泥墙面。雪山二期文化的遗存则更加丰富，包括了3座房址和1条灰沟，距今4000年左右。出土的陶器种类明显增多，以褐陶为主，也有黑陶和红陶、灰陶，器物有罐、鬲、甗、盆、碗、豆、鼎、杯、环等，多是用先进的轮制法制作的。斧、铲等大型石器以磨制为主，且多通体磨光，加工精致。这一时期雪山人居住的房舍，也是半地穴式的。房基呈椭圆形，门开在东、南方向，有利于采光和避寒风。在居址的门道中部及穴壁两侧地面上发现柱洞遗迹，说明当时人们已经能立柱筑墙，尽量扩大居室空间，改善生活环境。房中央也有一柱础，立于柱础上的支柱当为承重主柱，并起到把房顶尽量挑高的作用。

与雪山二期文化遗存大致相同的新石器时代遗址，还有昌平区的曹碾、燕丹，平谷区的刘家河等。它们都代表着新石器时代晚期的文化遗存。

此外，在密云区坑子地、董各庄、龟脖子、山安口、南石城、老爷庙，房山区丁家洼，怀柔区大榛峪、喇叭沟门、宝山寺、北干沟、汤河口、怀柔水库，平谷区丫髻山等地，都出土或发现过零散的新石器时代的石器。

上述考古材料说明，在距今一万年至四五千年前的新石器时代，今北京郊区已经出现了原始农业和原始聚落，并持续不断地发展着。

值得注意的是北京地区的新石器时代遗址所处的地理位置显示出一定的规律性，早期的遗址处于山区河谷台地，如东胡林人遗址；中期的遗址或处于山麓地带，或处于山前平原的河岸台地上，如上宅、北埝头、镇江营遗址；晚期的遗址更向平原深处推进，如曹碾、燕丹遗址等。其他一些遗址也大都处在山麓地带或山区、平原的河岸台地上。据此推知，在距今一万年至四五千年期间，生活在今北京地区的新石器时代古人，是由山区河谷向山麓地带，再向山前平原近河台地，又向平原深处逐步迁移的。这是当时人们从采集、狩猎为主的生活方式向农耕为主的生活方式逐步转变的反映。山麓地带和山前平原近河台地，地势高敞，土地广阔肥沃，又有充足的水源，既利于耕种，又便于建房居住。这种情况与我国其他地区的新石器时代遗址所处的地理环境比较，是基本相同的。

第二节　各个历史时期北京村落发展的主要状况

据《史记·周本纪》记载，西周初年周武王灭商之后，分封帝尧之后于蓟，又封召公奭于燕。蓟即今北京城最早的前身，故址在今广安门一带；燕在今房山区琉璃河北董家林附近。随着蓟和燕这两个诸侯国都城的发展壮大，商周时期北京地区的村落也逐渐增多。如昌平区的雪山、白浮，平谷区的刘家河、韩庄，房山区的镇江营、焦庄等，都发现过村落的遗迹。

春秋战国时期，特别是战国中后期，燕国农业的兴盛，使得北京地区的村落得到了较大发展。虽然在历史文献上很少见到有关具体村落的记载，但遍布北京城区及郊区的考古发现显示了当时村落发展的基本情况。在房山区的良乡黑古台、常庄村、蔡庄、芦村、长沟、张坊、窦店，大兴区的青云店，平谷区的马房、英城、安固村、烽台村、北张岱村，怀柔区的庙城、苏峪口，昌平区的半截塔村、松园村、东山口、十三陵水库区、燕磨峪，顺义区的英各庄、木林村、大北务，通州区的中赵甫村，丰台区的李家峪、贾家花园、宝华里、定安里，西城区的白纸坊、崇效寺、枣林街，海淀区的八里庄、紫竹院、中关村、青龙桥、清河、东北旺，朝阳区的呼家楼，延庆区的葫芦沟、玉皇庙等地，均有属于战国时期燕文化的遗址发现。1959年和1986年，北京市文物工作队在房山区拒马河流域先后进行了两次考古调查，共发现西汉以前的古文化遗址20处。其中，在张坊与下寺之间、片上、史各庄北、南白岱、北白岱、陈家洼西、塔照、蔡家庄、镇江营、南尚乐西北、北营、北尚乐东北、辛庄、石窝、下营、纸坊、独树、岩上北、后石门东、后石门北等地，均发现了春秋或战国时代遗址，或者采集到同时代的文化遗存。另外，在南白岱、塔照、镇江营、西营等处遗址中，还发现有商代文化层；在片上、塔照西北、蔡家庄、镇江营等地，则发现西周文化遗址或采集到西周时期的文化遗物；在南白岱、北白岱、南尚乐、西营、独树、岩上南等地，发现西汉遗址或采集到汉代遗物。[①]在面积不及两个乡镇的地域内，发现了如此多的商周至春秋战国时代的文化遗址，可见那时候这一地区的村落已相当稠密。

值得关注的是，这一时期在北部山区出现了一支游牧部族——山戎的聚落。自20世纪60年代以来，在居庸关外延庆区的古城村、常里营村、西拨子村、马蹄湾村、玉皇庙村、灰岭村、龙庆峡水库东山坡等地，陆续发现了许多山戎墓葬；80年代后期，北京市文物研究所对其中的古城村葫芦沟、龙庆峡东山坡的西梁垙、靳家堡乡的玉皇庙3处山戎墓葬群，进行了大规模的考古发掘，共发掘清理古墓葬470余座，出土各种文物共9500余件，清楚地揭示出山戎部族聚居于此的生活风貌及其独有的文化特征，对全面深入地研究和认识山戎部族的历史和文化，具有极其重要的意义。山戎是春秋时期活动于冀北山地的一个游牧民族，势力相当强大，不断南下侵犯燕、齐、郑等国。《左传》《国语》《战国策》《史记》等都有山戎的记载。特别是燕国，北与山戎相邻，受其威胁最大。例如，《史记·燕召公世家》记载，燕庄公二十七年（公元前664年）山戎侵燕，燕告急于齐，齐桓公帮助燕国击退了山戎。大约到战国晚期，曾强盛数百年的山戎销声匿迹了。从已取得的山戎文化考古成就推断，春秋时期今延庆区境内就分布着许多山戎民族建造和居住的村落。

在秦汉以前，由于文献记载较少，我们只能通过墓葬及文物考古发掘来还原当时人类聚落的情况，得到的大多只能是聚落规模、密集程度等大致的信息，有关村落名称、人口、建筑形态等更进一步的资料几乎是空白的。而到秦汉以后，见于史料文献记载的北京地区村落资料就逐渐丰富起来。我们将散见于各种文献、碑记以及考古发现中的北京地区古村落情况大致梳理如下：

① 详见北京市文物研究所编：《北京市拒马河流域考古调查》，见《北京文物与考古》第3辑。

一、辽以前的北京村落

秦朝废除分封制，推行郡县制，在今北京地区设置了上谷、渔阳、广阳三郡。西汉时，今北京地区辖境分属广阳国和上谷郡、渔阳郡、涿郡。汉代以户口数量作为设郡分县的尺度，一块地域内设县的多少，大致可以推算出当时户口的多少和村落的疏密。如今房山区东部平原上，西汉有广阳（城址在今北广阳城村）、良乡（城址在今窦店西）、西乡（城址在今长沟东）3个县；今延庆区境内，西汉时有居庸（城址今延庆）、夷舆（今延庆东北古城村）2个县；今密云区境内，西汉时有厗奚（城址在今古北口潮河西岸）、犷平（城址在今密云东北石匣村附近）、渔阳（县治今密云西南统军庄南）3个县；今顺义区境内，西汉设有狐奴（今顺义东北狐奴山西）、安乐（今顺义西南古城村）2个县；今昌平区境内，西汉有军都县（今昌平城西17里处）；今平谷区境内，西汉有平谷县（县治在今平谷东北大北关村南）；今通州区，西汉有路县（今通州古城村）；今西城区，西汉有蓟县（县治即蓟城）；今大兴区，西汉有阴乡县（城址在卢沟桥东南芦城村附近）。从以上设县情况可以大致看出：今北京西南方向区区百里之间就有蓟、阴乡、广阳、良乡、西乡5个县；在今北京的东北方向密云区与顺义区境内，也有安乐、狐奴、渔阳、厗奚、犷平5个县。说明这一条线上人口较多，村庄稠密。一是因为这里农业开发的基础条件较好，从原始社会到春秋战国时期的人类文化遗址也相对较多；二是蓟城和燕都这两个周初分封的封国之都的吸附作用，带动着周边村庄的发展；三是交通要道和军事驻防的作用，由蓟城通往中原的太行山东麓大道和由蓟城经古北口通往东北的大道正好贯穿蓟城西南—东北一线，沿线人口聚集，村庄分布就相对较密。此线西北，由于地势高敞，山林谷地相间，宜耕宜牧；北部山区又与北方少数民族接壤，分布许多军事关隘，需要屯田置守，所以设县较多；而此线东南，地势低洼，历史上是河流汇聚、湖沼密布之地，农业开发较晚，因而西汉时设县较少。

东汉时，今北京市境仍分属广阳、上谷、渔阳、涿郡，但裁并了上谷郡的夷舆、广阳国的阴乡和涿郡的西乡3县，而将原设于今河北阳原县境内的昌平县治所迁入今昌平区的东南一带。这些行政区划的调整，一是缘于人口分布的变化，二是由北方的匈奴、乌桓、鲜卑等民族经常南下侵扰、边民内迁、驻防加密等因素导致的。

1．有据可查的汉代古村落

见于文献记载关于村落发展的著名事例是渔阳郡守张堪推广种稻，《后汉书·张堪传》和《水经注·鲍丘水》都记载了张堪任渔阳太守8年，在狐奴县引沽水（白河）和鲍丘水（潮河）之水“开稻田八千余顷。劝民耕种，以致殷富”，大大促进了当地农业生产和人口的增长，附近村落得以发展起来。

《辽史·地理志四》在追溯潞阴县（今通州区牛屯堡附近）历史时有“潞阴县本汉泉州霍村镇”一语，说明汉代在今通州区牛屯堡附近有一个村庄叫霍村镇。

《平谷区地名志》称：今平谷区的上、下纸寨，北台头，东、西高村，克头，南埝头，前台头，山东庄，大、小北关，刘家河，马各庄，贤王庄，东店，小屯，石佛寺，南、北张岱，河北村，中胡家务，大辛寨，青羊屯等村，皆为“汉代成村”。甚至有些村庄形成于商周时期，如夏各庄，安固，中、后罗庄，齐各庄，杜辛庄等。其根据是在这些村址或其附近发现有汉代甚至商周时期的聚落遗址。

另据北京市文物考古工作者多次进行的文物普查，在门头沟区淤白村西、下田台村北，房山区南尚乐村西、瓦井、坟庄北部、交道镇西、富庄、大韩继村西北、六间房，大兴区大回城、芦城和鹅房村，通州区土桥、德仁务，顺义区临河村、东府村、河南村，昌平区半截塔村、南戚家庄、旧县、史家桥、白浮村，怀柔区庙城，延庆区红寺，丰台区黄土岗、小郭庄，海淀区北安河、清河等地方，都发现有汉代聚落遗址或墓葬群，说明这些地方或其附近在汉代曾有村庄。

2．魏晋南北朝时期古村落

魏晋南北朝是中国历史上的一个分裂长于统一的时期，今北京地区先后归属于三国魏，西晋，十六国的后赵、前燕、前秦、后燕以及北朝的北魏、东魏、北齐。这些政权除西晋外，都是地方割据政权，更迭频仍，战乱不停，总体上，村落发展处于不稳定的萧条期。但同时，随着北方少数民族的南下，民族融合和杂居现象增多，本地的村落发展又呈现出新气象。如汉献帝建安十二年（207年）曹操征服乌桓后，大量乌桓人迁居中原，尤以渔阳、上谷、广阳郡为多；魏文帝黄初二年（221年）鲜卑首领柯比能又将大量被掠去的魏国人遣回，“遣魏人千余家居上谷”[①]。像这样因民族纷争而迁徙或滞留在本地的人口，往往聚集而成新的村落。

在今北京地区，历史记载明确为这一时期的村落的，依然较少。有限的线索可以提供的也只有以下信息：比如，结合《晋书·张华传》和《帝京景物略》卷八的记载判断，今大兴区东张华、西张华、南张华、康张华等几个村子的形成就与西晋时期幽州都督张华的故居在此有关。西晋太康三年（282年），西晋尚书张华“都督幽州诸军事、领护乌桓校尉、安北将军”，他以怀柔政策安抚各族民众，调停战争，发展生产，使得“远夷宾服、四境无虞，频岁丰稔、士马强盛”，促进了当地百姓的安居乐业，一些游牧民族也纷纷在幽州境内定居下来。

又如，北魏中后期地理学家郦道元所著的《水经注·㶟水》记载：“㶟水又东南，左会清夷水，亦谓之沧河也。水出长亭南，西径北城村故城北，又西北平乡川水注之。水出平乡亭西，西北流注清夷水。清夷水又西北，径阴莫亭，在居庸县南十里。清夷水又西汇牧牛山水。……即沧河之上源也。”[②]按：清夷水发源于八达岭，西北流，在居庸县（今延庆）西与牧牛山水（今妫水河上游）相汇后，其下通称清夷水或沧河。清夷水上游有长亭、北城村故城、平乡亭、阴莫亭等。“亭”是秦汉时乡以下行政机构的称谓，《汉书·百官公卿表上》

① 《三国志·魏书·乌桓鲜卑东夷传》。

② 《水经注·㶟水》，见杨守敬、熊会贞疏：《水经注疏》卷十三，江苏古籍出版社1989年，第1125页。

记："大率十里一亭，亭有长，十亭一乡。"显然，这里的长亭、平乡亭、阴莫亭、北城村故城，都是北魏甚或更早的乡间聚落，分布在今延庆至八达岭之间。

《水经注·濛余水》记载："濛余水故渎东径军都县故城南……又东流，易荆水注之。……（易荆水）又东径昌平县故城南……又东北注濛余水。濛余水又东南流，左合芹城水，水出北山，南径芹城，又东南流注濛余水。濛余水又东南流，径安乐县故城西……"按：濛余水即今温榆河；易荆水即今昌平区孟祖河，上游为今东沙河上游；芹城水为今蔺沟上源的一支。军都县故城为西汉至西晋的军都县治，在今昌平城西17里。昌平县故城为东汉至西晋的昌平县治，在今昌平城东南，后魏为军都县治。[①]芹城今作秦城。安乐县故城为汉安乐县治，在今顺义区西南境、温榆河东岸，此地有村名古城，即因汉安乐故城而得名。这里的军都县故城、芹城、安乐县故城，北魏时均非县治，已失去城的职能，实际等同于村落。

《水经注·圣水》记载："圣水南流历（良乡）县，西转，又南径良乡县故城西，……有防水注之。水出（良乡）县西北大防山南，而东南流径羊头阜下，俗谓之羊头溪。……圣水又南，与乐水合，……又东径其县故城南，又东径圣聚南，……又东与侠河合。水出良乡县西甘泉原东谷，东径西乡县故城北，……（鸣泽渚）西则独树水注之，水出遒县北山，东入渚。北有甘泉水注之，水出良乡西山……"这里除前文提到的良乡县故城、西乡故城之外，还有几个值得注意的地名：一是羊头阜、羊头溪，今房山区有羊头岗；二是甘泉原、甘泉水，今房山区有东甘池、西甘池、南甘池、北甘池四村；三是独树水，今房山区有独树村。由此可知，羊头岗、甘池、独树村等，北魏时皆已存在。此外，这里的"圣聚"乃指琉璃河镇董家林、黄土坡一带的西周燕国都，即周武王封召公奭处，已为考古所证。

① 《水经注·濛余水》，见杨守敬、熊会贞疏：《水经注疏》卷十四，江苏古籍出版社1989年，第1203页。

《水经注·沽水》云："河水（沽水）又东南，左合高峰水。水出高峰戍东南，城在山上；其水西南流，又曲而东南入沽水。"按：高峰水当即今怀柔区境之大水峪河，位居大水峪河源头的崎峰茶村疑与高峰戍有关。

《水经注·鲍丘水》云：泃水"西北流径平谷县，屈西南流，独乐水入焉"。按：独乐水即今独乐河，在今平谷区东境。河畔有南独乐河、北独乐河二村。据《平谷区地名志》记，南独乐河"商周时成村，有当时居住遗址"，而北独乐河"明代成村，原称曹家胡同，……1991年更名北独乐河"。说明南独乐河村于北魏时即已存在。

北魏之后，今北京地区相继属东魏、北齐、北周。3个小王朝历时不过半个世纪（534—581年）。但其间也出现了一些影响幽州地区村落兴衰的重要因素。

一是政权更迭时的战乱造成了大批流民迁徙和人口伤亡，因而，州县迁移和合并比较频繁。据《魏书·地形志上》记载：东魏天平（534—537年）中，以燕州流民置东燕州，寄治幽州军都城。元象元年（538年）中，原在古北口外的安州及其所领3郡8县内迁，寄治幽州北界，即密云郡领密云、要阳、白檀3县；广阳郡领广兴、燕乐、方城3县；安乐郡领土垠、安市2县。东燕州及其所领郡县计1766户6317口，寄居于今昌平区境；安州及其所领郡县计5405户23149口，寄居于今密云区境。这些州郡县虽经北齐、北周的省并调整，至隋代只留存昌平、密云和燕乐县，但无疑会导致今昌平、密云两地所属的人口和村落增多。

二是屯兵和屡兴长城之役等对山区村落的发展起到了特殊作用。如北齐天保年间，自西河（北齐西河郡治即今山西汾阳市）起至东海，前后陆续修筑了一条长3000余里的长城，"率十里一戍，其要害置州镇，凡二十五所"[①]。河清三年（564年），斛律羡转使持节督都幽、安、平、南营、北营、东燕六州诸军事，幽州刺史。是年秋，突厥10余

① 《北齐书·文宣帝纪》。

万众寇掠幽州境。“羡以北虏屡犯边，须备不虞，自库堆戍东拒于海，随山屈曲二千余里，其间二百里中凡有险要，或斩山筑城，或断谷起障，并置立戍逻五十余所。”[①]如此大规模地修筑长城，设镇置戍，必然征调大批民夫，直接形成一些新的居民点。同时，为了巩固边防，北齐还注重幽州地区的农业开发。例如，孝昭帝皇建（560—561年）中，“平州刺史嵇晔建议，开幽州督亢旧陂，长城左右营屯，岁收稻粟数十万石，北境得以周赡”，“缘边城守之地，堪垦食者，皆营屯田，置都使子使以统之。一子使当田五十顷，岁终考其所入，以论褒贬”[②]。北齐在幽州地区开发水利，屯田垦殖，发展农业生产的措施和成就，对当地村落的复苏也会产生一定的促进作用。

总之，魏晋南北朝时期，国家有分裂割据、战乱不息的岁月，也有相对统一、国泰民安的时期。分裂战乱，使黔首遭涂炭，村落受摧毁；统一安宁，又使黎民生养，村落复苏。所以，这一时期北京地区村落有增有衰，但民族混居、农牧融合成为新的趋势。

3. 隋唐时期古村落

隋朝时，隋炀帝大举用兵辽东与高丽作战对今北京地区的村落发展影响较大。一是他征召河北诸郡民夫百万余人开凿永济渠，用以从洛阳向涿郡（今北京）运送军粮，他自己也曾亲自坐着大龙船率百万大军集于涿郡，其规模可谓舳舻蔽水，旌旗千里。如此，奠定了运河沿线一些码头、集镇的基础。二是三征辽东，数以百万计的军队往来涿郡与辽东之间，沿途安营扎寨、留守屯田，甚或有逃散为民隐入当地的，因此，对于当地村落的发展起到了一些促进作用。

唐朝时，今北京市域分属幽州、檀州、蓟州、妫州等，所属州县数目及户口数目都大大增加，村落的分布也较广泛，尤其是幽州城近郊以及大房山山前平原，分布尤为密集。唐代村落多称“村”，如邓

① 《北齐书·斛律金传》。

② 《隋书·食货志》。

村、樊村、刘村、姚村、海王村、龙道村等；又“百户为里”，有些村庄则以“里”称，如怀居里、临河里、白水里等。因此，今北京地区一些称“里”的村庄也有可能始成于唐代，如房山区的坨里、怀柔区的韦里、密云区的疃里等。从发现的唐代墓志、房山石经题记以及唐代其他文献记载中可以确定的唐代村落有：

今东城区广渠门内的甘棠村、东单御河桥一带的海王村、北池子北口附近的黄城村；丰台区南苑的邓村（今邓家村）、右安门外与四顷三村之间的姚村、永定门外西罗园小区的从善村、焦家花园一带的高义村、南苑镇西北的鲁村（今槐房村）；西城区阜外大街南的刘村，北海中学附近的龙道村，西直门、二里沟一带的刘村，以及相距不远的别驾村，马连道附近的仵村等；海淀区甘家口、三虎桥、八里庄之间的樊村，温泉白家疃的怀居里等；石景山区的庞村、石槽村；昌平区的太尉村、兴寿村、白浮村、崔村等；房山区的甘池村、独树村、葫芦垡、北郑村、白水里（今南白、北白二村疑是）、董村、北陶村（今陶村）、鲁张村（今鲁村）、交道村、中继村（疑与今大韩继、南韩继、吉羊村有关）、广阳邑（今广阳城）、常舍邑（今常舍村）、

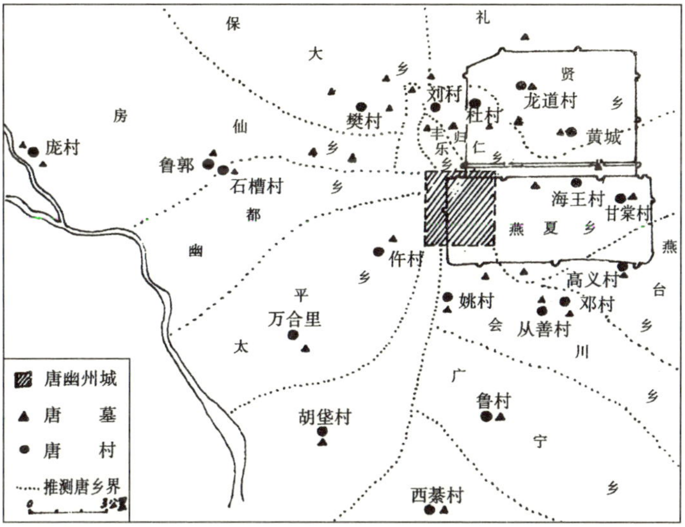

图 1-1　唐代墓志所载幽州城郊村庄分布略图（引自《北京郊区村落发展史》，北京大学出版社 2001 年版，第 93 页）

尚义乡北乐城村（疑演变为南、北尚乐村）；密云的古北口、黄崖戍（今黄崖口）、三叉城（今白马关内）、横山城等；平谷区的高村、古村、周村等；怀柔区的梭草村；通州区的庞村（今大庞村）、梨园的临河里，等等。①

唐玄宗天宝十四年（755年）十一月，“安史之乱”爆发。此后，由于长期的藩镇割据，军阀混战，唐后期幽燕地区同全国各地一样，社会动荡，民不安业，农业生产遭到严重破坏，致使户口锐减。唐末，塞外的契丹强盛起来，不断入侵掳掠，使已深受战乱创伤的幽燕地区更加凋敝。在这种历史背景下，今北京地区村落的发展受到一定的削弱。

二、辽金元时期北京的村落

辽、金、元三朝，都是北方游牧民族建立的政权，今北京地区相继在其统治下长达四百多年，北京也由陪都上升为首都。这一历史因素对北京郊区村落的发展产生了深刻的影响。

1. 辽代郊区村落

辽朝时期今北京被称为燕京，是其五个都城中最南边的一个，故又称南京。陪都地位的确立使得其周边村落也大大发展起来。从《辽史》等文献以及辽代墓志、经幢、碑文、文物考古等材料中发现的有关其郊区村落的记载如下：

《辽史·太宗纪下》记载：辽太宗会同七年（944年）十二月南伐，“甲子，次古北口”。唐代时已设北口守捉，尚称北口；称古北口，自辽始，即今古北口镇。

《辽史·圣宗纪三》记载：统和五年（987年）正月辽圣宗从东北回南京，“壬辰，如华林、天柱”，华林即今花梨坎，天柱即今天竺，在今顺义区首都国际机场附近。又《辽史·地理志四》记载“华林、

① 尹钧科：《北京郊区村落发展史》第四章第三节，北京大学出版社2001年版。

天柱二庄，辽建凉殿，春赏花，夏纳凉”，可见在这两个村庄辽代建有皇家行宫。

统和七年（989年）四月“己卯，驻跸儒州龙泉”；同年五月“辛巳，祭风伯于儒州白马村”①。按：儒州即今延庆区，州治在今延庆东北之旧县村。州治南不远有牧牛山，《水经注·灅水》记载山下有九十九泉，所谓龙泉，即指九十九泉。此地今有东龙湾、西龙湾二村，应由辽龙泉村演变而来。辽儒州白马村则难以考证具体位置了。

统和九年（991年）九月，“己酉，驻跸庙城”②。按：庙城，即今怀柔区南之庙城。这里出土过辽代铁器。

《辽史·食货志下》称：“太祖征幽蓟，师还，次山麓，得银、铁矿，命置冶。”从地理形势分析，辽太祖得银、铁矿处，当是今顺义区东北、密云区之南的银冶岭。其西山麓是契丹南侵往返的必经道路之一。如果这一推测有理，则今密云区银冶岭村当形成于辽代。据《密云区地名志》记载：银冶岭村，谓金代成村，“村东罗顶山，呈银灰色，储藏银矿，因有‘银冶陶辉’之称。清代开采多年，至今旧址尚存”。说“金代成村”是正确的，但只说清代在此开采银矿，则埋没了自辽代以来就有银矿开发的历史。

《宋史·宋琪传》记载：“从安祖砦西北有卢师神祠，是桑干出山之口，东及幽州四十余里。”安祖砦（同寨），今已不存。宋琪说该村东至燕京城才及一舍，即三十里，其西北有卢师神祠。卢师神祠在卢师山，据明朝蒋一葵的《长安客话》卷三记：“下弘教寺循山趾而南，有卢师山，与平坡山并峙。诸寺鳞次其间，曰清凉，曰证果，曰平坡，皆古刹也。”可知卢师山在石景山北，桑干河（今永定河）的出山口附近。因此，安祖砦应在今石景山东南。《石景山区地名志》释“衙门口”云：“衙门口原名安祖寨”，“该村历史上街巷纵横，寺宇甚众，佛事繁盛，有法云寺、三教寺、明堂寺、马神庙、五道庙、

① 《辽史·圣宗纪三》。

② 《辽史·圣宗纪四》。

安祖庙等寺庙十余座之多”。衙门口既有安祖庙，可证宋、辽时的安祖砦就在此地。此外，上引《宋琪传》中有可分雄勇兵士“至青白军以东山中防遏”一句，是知青白军在山中。今门头沟区中部有青白口村，地当永定河与清水河交汇处，地理形势与宋琪所说相合。青白军即指今青白口，也就是说，它在宋、辽时已经存在。

总之，见于《辽史》《宋史》等文献的古北口、龙泉、银冶岭、庙城、安祖砦、青白口、大安山等村庄，今大多沿存，只是有的名称稍作变化而已。

辽代墓志和经幢碑文中记载的村落也有很多，如：

《全辽文》中收录的《刘存规墓志》记载：“大辽间，屡著奇功，拜积庆官都提辖使、金紫荣禄大夫、校尉司空兼御史大夫、上柱国，应历五年卒，葬密云县嘉禾乡。”《光绪顺天府志·地理志十》云：密云县“东南八里提辖庄，即八里庄也。相传为刘存规庄院”。据此则知今密云区东南提辖庄是因辽刘存规庄院或墓地所在而得名。

北京西郊八宝山鲁谷村出土的《韩资道墓志》记载：“咸雍五年二月十二日终于燕京北罗坊之私第”，“以其年五月十九日葬于宛平县房仙乡鲁郭里”[①]。按：今石景山区之鲁谷，即辽之鲁郭里无疑。

据1956年昌平县城西城墙下出土的《史洵直墓志》知今昌平区城处有辽代村庄东道里，属仁和乡。

门头沟区清水镇上清水村西北有座双林寺古刹，辽称清水院，为瑞云寺（在房山区史家营乡曹家房村）之下院。寺创建年代无考。寺内有辽统和十年（992年）建造的经幢，经幢上题名的多数捐资村落和邑众都是辽玉河县（五代刘仁恭置，今门头沟区为其主要辖境）斋堂川内者。直接见于该经幢的辽玉河县村落有：清水、斋堂、胡家林、齐家庄、青白口、交道村、僧道岩等。又根据题名者姓氏分析判断，还涉及梁家庄、燕家台、灵水、淤白、苇子水、千军台、庄户村、杜家庄、努财口（今称奴才岭，在齐家庄西南10余里）等。也就

① 《全辽文》卷八。

是说，在西山深处的门头沟区，辽代已有如上的村庄。

辽《阳台山清水院创造藏经记》是辽咸雍四年（1068年）的碑，碑文末有“玉河县南安窠村邓从贵合家成办”[①]语（按：辽阳台山清水院即今大觉寺，其地在辽属玉河县）。《辽史·地理志四》：“玉河县，本泉山地，刘仁恭于大安山创宫观，师炼丹羽化之术于方士王若讷，因割蓟县分置，以供给之。在（南）京西四十里。”玉河县治所，当在今门头沟区东南隅之东、西辛秤（城）处。南安窠村，今作南安河，其北又有北安河，均在辽清水院（今大觉寺）东不远，旧属昌平县，今属海淀区。据此碑知，南安河为辽代村落。北安河当亦如是。

辽乾统四年（1104年）的《范阳丰山章庆禅院实录》（按：这里所说的范阳丰山章庆禅院，在今房山区上方山）碑文中提到的地名很多，为村落名称者有甘泉村、坟庄、辗庄等。甘泉村，北魏至唐代即有，历史悠久，今分为东甘池、西甘池、南甘池、北甘池四个村，在房山区长沟镇境内。其东南即坟庄，是知坟庄辽代已存在。

据乾统五年（1105年）纂刻的《白继琳幢记》得知，今房山区刘李村、芦村，至迟在辽代均已成村。

《全辽文》卷十一《静严寺造像记》记载：保大元年（1121年），“大辽国燕京渔阳县大王镇西寨务静严寺内，创造释迦佛像一铺”。按：《金史·地理志》谓“平峪（谷），大定二十七年以渔阳县大王镇升”，是知唐、辽之大王镇即今平谷区。静严寺遗址在今平谷区西北大辛寨村南，故西寨务即今大辛寨村。

《全辽文》卷十二《齐师让妻阿石造经题记》云：“施主良乡县十渡村住人齐师让妻阿石，奉为生身父母，法界众生，同登觉岸。”据此而知，今房山区十渡村已有千年左右的历史。十渡村既见于辽代造经题记，那么，如六渡、七渡、八渡、九渡等村，也有可能在辽代已形成。

此外，从文物考古中发现的辽代村落也很多，如：

---

① ［清］麻兆庆：《昌平外志》卷四。

20世纪80年代，北京市文物考古工作者在今门头沟区军庄乡龙泉务、房山区河北镇磁家务、密云区西略镇小水峪、平谷区刘家店镇寅洞村等地，都发现了辽金时代的烧瓷窑址。特别是在龙泉务窑址出土的一件琉璃三彩瓷片，器内残存阴刻“寿昌五”三字。“寿昌”（1095—1101年）是辽道宗年号，“五”字后当有“年”字，有力地证明了辽代即在此烧制瓷器。这些发现辽金时代烧瓷窑址的地方，当时当有村落。

还有其他文献记载的辽代村落，如：

宋《王沂公（曾）行程录》记载了金沟馆、黄罗螺盘等地名[①]，黄罗螺盘即为螺山，但非今怀柔区红螺山，而是指罗山而言。罗山既是山名，又是村落名，在今怀柔区北房乡境，即大罗山、小罗山。金沟馆在今密云水库区，村已不存。

《读史方舆纪要》卷十一，昌平县“五代唐曰燕平县，徙治曹村；又徙于白浮图城，在今州西八里，自辽以后皆治焉”。可见，曹村、白浮图城皆为辽之前的聚落。“双塔城在（昌平）县西南一十里孟村社，旧传辽人所筑，遗址尚存。”[②]五代唐将昌平县迁此，晋高祖割地入契丹，继而辽人筑城，时间衔接，且双塔北之土城，多辽金时代断砖残瓦，亦证明辽人所筑不虚。即使这里非辽、金昌平县治所，土城村为辽代聚落也是无疑的。

乾隆《延庆州志·山川》：“养鹅池，在州城西南二十里，相传辽萧后所建。近得石碣于土中，云‘影娥池’。”又：“莲花池，在州城东南三里许，相传辽萧后植莲花之所。殿宇虽废，基址犹存。”即今延庆区养鹅池、莲花池2村，辽代已有。

综上所述，可以说辽南京地区的村落，在唐代村落的基础上，屡遭战乱而又有新的发展。辽太祖曾将掳掠的定州百姓安置于檀州旷地，设立十寨，就是战争移民的典型例证之一。辽中期后，因辽帝常

① 《契丹国志》卷二十四。

② （永乐大典本）《顺天府志》“昌平·古迹”。

常到通州延芳淀游猎，延芳淀周围居民集聚，村落增多，以至圣宗太平年间（1021—1031年）新设漷阴县以统领周边村落，这是皇家生活对村落发展影响的反映。辽代的村落多称里、称砦（寨）、称村。尤其称砦者，带有比较鲜明的时代色彩。由于地名具有稳定性，因此今北京郊区称寨的村落，如昌平区的黑山寨平谷区的熊儿寨、纸寨等，很可能是辽宋时期形成的村落。此外，辽代始见有称“庄”者，如天柱、华林二庄。

2. 金代郊区村落

金灭辽后，占据了燕京并以它为金朝的中都。随着继续攻打宋朝的进程，金朝以淮河为界与南宋各占半壁河山，从而金中都也就成为北中国的首都。与此同时，金统治者向中都地区大量移民，充实人口，当地村落随之得以大大发展。

据《金史·海陵王本纪》记载，贞元三年（1155年）三月，“命以大房山云峰寺为山陵，建行宫其麓”。十月，“大房山行宫成，名曰磐宁”。随着金室陵寝的建立，在金太祖陵侧建造了瑞云宫，还在陵区修建了磐宁宫，作为金帝谒陵驻跸之所。更重要的是，大定二十九年（1189年）分良乡县西境新置万宁县，以奉山陵，明昌二年（1191年）改名奉先县，元代又改名房山县。毫无疑问，金室皇陵选址营建于大房山东麓，必然促进当地村落的发展。《金史·章宗纪》记载：大定二十九年九月，因世宗新葬，“诏增守山陵为二十丁，给地十顷”。这说明，在金室山陵附近有不少守护山陵的陵户。现这片区域有车厂、龙门口、皇陵、长沟峪、捐兵湾、西庄、良各庄、迎风坡、凤凰亭、歇息冈、坟山等村庄，其中一些村庄的成因与金陵密切相关。例如车厂村，曾为金代皇室谒陵停存銮舆之处，故名车厂（场）。附近的皇陵、龙门口二村，也是如此。

据《金史·世宗纪上》记载，金代设有鹰房，并有专人管理，养鹰用于打猎。金世宗、章宗经常到中都近郊打猎。北京郊区称鹰房的村庄有两个，西鹰房地属西郊，而东鹰房在今德胜门外西北五里许水磨村之东。雷思霈《北郊鹰房诗》云："辽城金垒古鹰房，羊角风沙接大荒。野窟旧无狐兔迹，小池今有芰荷香。黄鹂独语遮深柳，粉蝶丛飞恋短墙。千古幽州还禹甸，卜年开统忆先皇。"[①]诗中描写了古鹰房的残败与变化，抒发了作者的思古之幽情。从作者将古鹰房与辽城金垒并论揣度，北郊鹰房当是辽金时的遗物。也就是说，德胜门外的鹰房村应是辽金时形成的。

《金史·河渠志》记：大定二十六年（1186年）五月，"卢沟决于上阳村，先是，决显通寨，诏发中都三百里内民夫塞之，至是复决，朝廷恐枉费工物，遂令且勿治"。又二十八年（1188年）六月卢沟河再次决堤，右拾遗路铎上疏言："当从水势分流以行，不必补修玄同口以下、丁村以上旧堤。"两段文字中出现了上阳村、显通寨、玄同口、丁村4个新见村名。除丁村可知确址（即今大兴区定福庄乡之丁村）外，上阳村、显通寨、玄同口均已无考，推想当在石景山至卢沟桥之间。

《宛署杂记》卷四"古迹"记载："天宫院在县南六十里。旧名史家庄，因金章宗幸本村打围举膳，改名。"可知，今丰台天宫院这地方与金章宗在此打围用膳有关，而且此前这里有村名史家庄。

《金史·章宗纪四》：泰和四年（1204年）七月，"幸望京甸"。按：金望京甸即宋辽时望京馆，为今北京东北郊之大、小望京村之前身。又《金史·卫绍王纪》：大安元年（1209年）七月，"幸海王庄"。按：海王庄即唐、辽时的海王村，只是村改称庄而已。

《金史·五行志》：宣宗贞祐二年（1214年）六月，"潮白河溢，漂古北口铁裹关门至老王谷"。可见老王谷是当时古北口内的一个村落，按方位推测，应是今黄瓜峪沟（西庄）所在地。

《金史·地理志》："平峪（谷），大定二十七年以渔阳县大王镇升"。按：平谷区，汉始置，北魏省入潞县，至金大定二十七年（1817年）于渔阳县大王镇复置平谷县。大王镇见于《新唐书·地理志》，历

① 《日下旧闻考》卷一百〇七《郊坰北》。

五代、辽以至金大定二十七年前仍为村镇，即后来的平谷城址。

据1958年房山县张坊公社广禄庄出土的《赵畦墓碣》知，今房山区张坊镇广禄庄在金代称南抱玉村，属奉先县（元改房山）白玉乡。

1971年，石景山区金王府村出土的《金故定远大将军利涉军节度副使（吴前鉴及妻王氏）墓志》则显示，今石景山区西黄村至少已有800年的历史。

1973年，房山上万村的“土寺”塔墓中，出土1个石函，其覆斗行盖中阴刻楷书“大金谷积山院故长老悟玄大师，皇统八年三月二十七日”23字。[1]是知“谷积山院”在金初已是重要佛寺圣地。因此，金代谷积山显然已有人家。今地现有谷积山庄，为坨里乡北车营所辖自然村之一。

20世纪80年代初，丰台区王佐乡米粮屯砖厂发现金乌古伦氏家族墓地。所出《大金故开府右丞相判彰德尹驸马都尉任国简定公（乌古伦元忠）墓志》云：“大定二十四年改葬于大兴府良乡县西北乡永安村之原。”[2]据此可知，米粮屯一带有金代的永安村。

房山区云居寺石经题记中也载有一些金中都地区的村落。兹据《房山石经题记汇编》摘录于下[3]：

李河、黄公垡、求贤、胡林、张谢各村皆为金代已有之村，如今俱存，除张谢属房山区外，余皆属大兴区，只是李河村今作里河，黄公垡今作黄垡而已。

今房山区大紫草坞乡有大董村（居西）、小董村（居东），旧属良乡县。题记中的东董村当即今小董村。

今房山区张坊镇广禄庄在金代称南抱玉村，北抱玉村必定是与南抱玉村相对而称，也就是说，北抱玉村在南抱玉村之北。今广禄庄西北有北白岱、南白岱、西白岱3村，其前身疑即金代的北抱玉村。南、北抱玉村的得名，当与此地盛产汉白玉有关。

---

① 《北京市石景山区地名志》第41页。

② 《北京考古四十年》第四编第二章。

③ 《房山石经题记汇编》，书目文献出版社1987年版，第399—613页。

其他文献中记载的金代村落：

宋朝使节洪皓出使金朝，著有《松漠纪闻》，其中有句："潞县三十里至交亭，三十里至燕。"交亭即郊亭，《宋史·宋琪传》有记载："大军如至（燕京）城下，于燕丹陵东北横堰此水（指桑干河），灌入高梁河，高梁岸狭，桑水必溢。可于驻跸寺东引入郊亭淀……"郊亭淀岸边的聚落，亦称郊（交）亭。可见今朝阳区南磨房乡的大郊亭，高碑店乡的小郊亭，是从辽金时就有的重要村落。

《析津志》记载："葆台在南城之南，去城三十里。故老相传，明昌时李妃避暑之台。""明昌"为金章宗年号。也就是说，今丰台区之大葆台附近不仅出土有汉代的大型墓葬，还有一处金代建筑遗址，曾出土许多金代文物，特别是"大定通宝""泰和重宝"铜钱，说明该遗址与金章宗李妃避暑台有关，亦即今丰台大葆台村的历史可追溯至金代。

《元史·郭守敬传》："金时，自燕京之西麻峪村分引卢沟一支东流，穿西山而出，是谓金口。"据此而知，今石景山区麻峪村最迟也是金代形成的村落。《石景山区地名志》释"麻峪"云："麻峪村历史悠久。元以前，从山西迁来几户人家，在此地以野麻为生，麻峪即得名于此。"

刘定之《重修仰山栖隐寺碑记》云："京师之西，连山苍翠，蟠亘霄汉，所谓西山是也。仰山乃其支垄，而蜿蜒起伏，特为雄胜。所止之处，外固中宽，栖隐寺据之，创始于金时。金之诸主，屡尝临幸。有章宗所题诗在焉。"《续文献通考》云：大定二十年（1180年）"敕建仰山栖隐寺，命元冥公开，赐田设会，度僧万人"[①]。可见当初仰山栖隐寺地位的崇高和寺容的繁盛。按：栖隐寺在妙峰山东南麓，其地今有涧沟村、仰神寺、樱桃沟村、南庄等村庄。这些村庄的形成，当皆与金栖隐寺的兴建有关。

《日下旧闻考》引《良乡县志·古迹》载：相传金代良乡人王恭，

---

① ［清］于敏中等编纂：《日下旧闻考》卷一百〇四，北京古籍出版社1985年版。

养了一只黑狗，颇通人性，形影不离地跟着他。有一天，王氏酩酊大醉，倒卧路旁。不料路边野草着了火，眼看危及其身。黑狗见状，一次一次地跳入道边水中，尽湿其毛，濡灭野火，救其主人。迨王氏醒后，见身边草湿火灭，而黑狗却累死一旁，深感其狗神灵，遂于其地筑台葬之，人称黑狗台。后成村落，以台命名。该村在今房山区良乡镇南，名黑古台。

据《日下旧闻考》卷一百二十三记，银山在今昌平区上庄乡与黑山寨乡交界处。自唐、辽、金至元、明，都是一处佛家圣地，曾建有华严寺、大延寿寺、法华寺，盛时僧徒达五百余众。随着僧众在这里的开发经营，村落逐渐形成并增多。今有海子、湖门、西湖、花果山等村，当与银山的佛寺兴建有关。

同书所引《元混一方舆胜览》记："翠平口在昌平北二（十）里，旧名得胜口，金大定二十五年改名。"说的是今十三陵西界之德胜口在金代称翠平口。翠平口因翠屏山得名，《清一统志》所谓"九龙池在昌平翠屏山"可证。这处山口由得胜改翠平，复称德胜，反映了它在军事交通上的重要性以及很早即为人们所关注。至少自金代始，已有军民驻守形成了村舍。

《日下旧闻考》引《平谷区志》："鸡足山在县东北三十里，下有三泉寺，金承安二年建。"又："净宁寺去县八里，在西鹿角庄，金大定二十年建，俗名鹿角寺。"又："白云寺在黑豆峪寨北，……金皇统四年建。"按：今平谷区有三泉寺村，东、西鹿角村，白云寺村。这几个村庄的形成，显然是金代所建几个寺发展的结果。其时称"庄"、称"寨"，已成村落。

金代以前的村落，比如上文已列举的唐代村落和辽代村落，至金代大都仍存，因此，金代中都地区的村落数量，实际上要比这里列举的多得多。特别是大批猛安谋克内迁后，在原有村落之间，出现了许多猛安谋克村寨，从而使中都地区的村落数量增多，密度加大，这是毋庸置疑的。

另外，隋唐至辽宋，北京的村落多称"村"和"寨"，很少见有称“庄”者。到金代，村落称“庄”者多了起来，而且大多分布于城郊平原地区。但值得注意的是，如上文所提到的西鹿角庄、南庄、西庄等，山区也出现了以“庄”命名的村子。这或许从一定意义上反映了郊区人口聚居和农田开垦的规模已相当之大。

3. 元代郊区村落

金亡元替，北京地区又经历了一次从战乱、衰落到复兴、繁荣的过程。进入元朝后，今北京被称为“大都”，成为全中国统一王朝的首都，城市本身及周边村落都空前地繁荣起来。《元史》中记载的属于大都地区的郊区村落十分丰富，例如：

《元史·仁宗纪一》：皇庆二年（1313年）十月，“徙昌平县治于新店”。新店即今昌平区西之辛店。

《元史·仁宗纪三》：延祐四年（1317年）十一月，“卢沟桥、泽畔店、琉璃河并置巡检司”。泽畔店在今涿州市西南，其余的在今北京丰台区及房山区。

《元史·文宗纪一》：致和元年（1328年），蒙古贵族内部发生激烈的争权斗争。九月，上都梁王王禅率兵攻大都。“王禅游兵至大口”，“燕铁木儿与王禅前军战于榆河，败之，追奔红桥北”，“燕铁木儿与上都军大战于白浮之野”；又“上都兵入古北口”，“燕铁木儿遣撒敦倍道趋石槽，掩其不备击之”等。这里有大口、榆河、红桥、白浮、石槽等村。其中除大口已不见之外，余皆存。榆河，今作玉河，属海淀区；红桥，今作横桥村，与白浮村皆属昌平区；石槽，今有北石槽、南石槽、东石槽三村，属顺义区。

《元史·文宗纪五》：至顺三年（1334年）七月辛未（初四日），“以车坊官园赐伯颜”。始知车坊元已为村，今存，在延庆区东北大柏老（旧县）村北。这里是元大都与上都间往来的缙山道经行之地，故亦见于元人行记。

《元史·顺帝纪八》：至正十八年（1358年）三月，“毛贵犯漷州，至枣林，……遂略柳林”。枣林、柳林二村在今通州区南部。

元有两都，除大都外还有上都（开平府）。元帝每年春末赴上都过夏，秋后回銮大都过冬，故上都又称夏都，大都又称冬都。两都间的道路和驿站尤为重要。可以说，元大都与上都间的交通有东路和西路。东路往来于古北口，西路则进出居庸关。《元史·世祖纪九》记载：至元二十年（1283年）十月，“车驾由古北口路至自上都”，就是走的东路。但元帝两都间往来，以取西路为常。西路出居庸关后，除上文已述及的，即向西经榆林、怀来至统幕（土木），又向西北经雷家站（今新保安）、宣德（今宣化），出张家口，转东北至上都；或者，向正北经洪赞、雕鹗、赤城、独石至上都之外，还有一条极其重要的路，称为缙山道，或色泽岭道，或黑峪道。此路由居庸关三堡东北行，出小张家口，经缙山县城（今延庆旧县）、车坊、黑峪口、白河堡至赤城县龙门所，然后东出长城，转北去上都。此路在元代称辇路，是元帝銮舆经常通行之路，故在缙山县建有行宫，名香水园（今延庆区东北上、下花园村处），元仁宗诞生于此。仁宗延祐三年（1316年）九月，遂升缙山县为龙庆州，改属大都路，领怀来一县。此外，据《读史方舆纪要》卷一七附“延庆州永宁县四海冶堡”下记载，今延庆区东境的四海冶，“元时往来上都，恒取道于此”。

需要特别提出的是元大都地区驿站道路的设立和辟治，对沿途村落的形成和发展产生了很大影响。《元史·兵志四》记载：“大都至上都，每站除设驿令、丞外，设提领三员、司吏三名。腹里路分，冲要水陆站赤，设提领二员、司吏二名。其余闲慢驿分，止设提领一员，司吏一名。”除官吏外，各站赤都有站户，急递铺则有铺卒，以供役使。站户及百者，设百户1名为长。驿官、站户“家属于立站去处安置”。“站户贫富不等，每户限（地）四顷，除免税石，以供铺马祗应。”站赤有人有家属，站户又有土地，这便为村落的形成和发展提供了必要条件。由此推测，诸如门头沟区牛战（站）之类的村庄，应是这一时期的产物。

另外，通过《元史·河渠志》对通惠河的记载，可知有白浮村、双塔店、榆河、高丽庄、魏村、王家庄、银王庄、郊亭等村；对坝河的记载，有深沟村、王村、郑村、郭村等；对双塔河的记载，有孟村、双塔店、丰善村；对卢沟河的记载，有东麻峪村；对白河的记载，有李二寺、吴家庄、深沟村以及寺洵口、蔡村、清口、孙家务、辛庄、河西务；对金口河的记载，有京西田村、薛村等。

通过《元史·百官志·兵部大都陆运提举司》条，知有海王庄、七里庄、魏家庄、腊八庄等村。

通过《元史·枢密院·隆镇卫亲军都指挥使司》条，知有白羊、南口、北口、黄花镇、芦儿岭等村。

《元史》诸帝纪中还多有“次大口”“驻跸龙虎台”“次香水园”“畋于柳林”等记载，表明了昌平区龙虎台、延庆区香水园等村落历史的悠久。

清麻兆庆撰《昌平外志》录昌平州“元村名”计44个：“曹王村、双塔、坊市、白虎涧、西郭、辛店、阿苏卫、太平庄（州东南与旧县北二）、孟村、红桥、栗园、惠义乡（州东）、信德乡（州西）、润济乡（州北）、仁和乡（州南）、辛庄、茶务、花木儿、桃林、辛城、乔子、苏家口、北侧、白浮、宋王务、常乐、丰善、榆河、邵家庄、石家庄、崔家庄、龙门庄、芹城、西柳（大西柳，今萧家村；小西柳，今后牛房）、兴寿、麻峪、崔村、曹房、常丰屯（州东）、广敬屯（州东南，系惠义乡）、福田屯（州北）、安顺屯（州东北，系润济乡）、日新屯（州西南）、兴善屯（州西南，系信德乡）。”[①]姜纬堂先生在《校理记》中补充了姚店、黄花镇、桃峪口3村。据前所引《元史》中的记载，其实还可补充龙虎台、大口、白羊口、卢儿岭等。此外，《元史·郭守敬传》中记有“蔺榆河”，蔺榆河即蔺沟与榆河之合称，说明“蔺沟”一名元代已有。今昌平区东南境之前、后蔺沟村，很可能元代已存在。又《析津志辑佚·物产·兽之品》有云：“象房，在海子桥金水河北一带，房甚高敞。丁酉年元日进大象，一见，

① 详见昌平县县志办公室编：《昌平外志校理记》，北京燕山出版社1991年版，第22页。

其行似缓，实步阔而疾，撺马乃能追之。高于市屋檐，群象之尤者。庚子年，象房废。今养在芹城北处，有暖泉。”[1]按：芹城即今昌平区之秦城，其北恰有个村庄名曰象房。那么，这个象房村始于元大德年间毋庸置疑。

除上述元代昌平县的村落外，从有关北京的地方文献中还可以钩稽出其他州县的部分元代村落。例如：

《日下旧闻考》卷九十五引《戴斗夜谈》：“宛平县京西冯家里旧有太乙集仙观，元元贞元年以其地畀纯一真人（阙）全佑。有栗五千株，全佑相栗林隙地重冈环抱，下有寒泉，旁地衍沃，可引灌溉。构正殿三楹，翼以两庑，缭以石垣。王恽为之作记。”据此得知，今门头沟区冯村当为元代成村。

同书卷一百〇六引欧阳元功《送熊梦祥赴西山斋堂村诗》云：“先生去隐斋堂村，境趣佳处如桃源。西出都门二百里，山之盘厔水浩亹。一重一掩一聚落，一溪十渡深而浑。羊肠险径挂山腹，蜂房小屋粘云根。立当阨塞若关隘，视入衍沃同川原。市朝甚迩俗尘远，土产虽少人烟繁。锄畲秫陆宜菽麦，树栅作圈收鸡豚。园蔬地美夏不燥，煤炭价贱冬常温。前年熊郎入卖药，施贫者药人感恩。熊君携笈今就子，绕舍木叶书缤繙。……”此诗不仅说明了斋堂村元代之前已有，更反映了元代西山深处的村落状况。

同书卷一百三十引《天开中院碑阴记》云：“天开古名刹，在房山之麓，规制始于汉，历晋、隋、唐迄五季，盛于辽，废于金季之兵。至元十年，岁次癸酉，应公禅师始来住持，次建栗园寺，次建皇后台东西两寺，……又建中院于寺南沙河，按据上游，创水碾三，以给众僧日馔费。至元二十七年，世祖活动闻而嘉之，特赐圣旨护持。”可知今房山区的上下中院、皇后台、栗园等，皆为元代村落。而天开村的历史，则要追溯到后汉了。

同书卷一百一十引《漷县志》：“天津桥俗呼新河店桥，元总管郭

---

① ［元］熊梦祥：《析津志辑佚》，北京古籍出版社1983年版，第232页。

汝梅建，在县西北二十五里。”新河店即今通州区次渠镇（现已并入台湖镇）辖村新河，正好距漷县25里。《读史方舆纪要》也说：“漷河，在（漷）县西，一名新河。”此河即今凉水河。元人郭氏在新河上建桥，俗称新河店桥，说明新河店村于元代已经形成，且处于桥头要地。

《漷县志》又云：“马家庄飞放泊在县城北八里，南辛庄飞放泊在县南二十五里，栲栳垡飞放泊在县西南二十五里。”另据《元史·兵志四》：“冬春之交，天子或亲幸近郊，纵鹰隼搏击，以为游豫之度，谓之飞放。”可见，马家庄、南辛庄、栲栳垡皆为元代漷州村名。马家庄、南辛庄今已消失，栲栳垡改名为东垡、西垡，今仍在。

《日下旧闻考》卷一百一十引王恽《秋涧集》：“隆禧观原隰平衍，洄流芳淀，映带左右。建元以来，羽猎岁尝驻跸。民庶观羽旄之光临，乐游豫之有赖。”同书还引了其所撰《大都路漷州隆禧观铭》。隆禧观在漷州，今通州区牛堡屯（今属张家湾镇）曾有村名“潞观”，元朝皇帝到附近的飞放泊游猎，曾驻跸隆禧观，“民庶观羽旄之光临”，由此村名取为“潞观”也未尝不可。也或许因为元代此地建有道观一座，名露云观，村名由此同音转化而来。总之，今通州区潞观村的形成和得名，当与元代皇帝游猎以及建隆禧观有极大关系。

总之，辽金元时期是北京地区村落由平原向山区逐步发展、深入的时期，新出现的村庄在其产生原因、功能、规模、名称等诸多方面体现了这一历史时期的特点，比如：为满足都城皇室及王公贵族的生活需要而出现的聚落（皇庄、皇陵、行宫、驿站、马房、象房、琉璃房等）；由多民族融合、混居或少数民族集聚的村庄（如阿苏卫、孛罗营、高丽庄、骚子营、达子坟之类）；由多种宗教文化汇聚、各种寺庙林立而形成的居民点；由战争、驻防、屯兵而形成的兵营式村寨；等等。

三、明清时期北京的村落

在北京村落发展史上，明代占有极其重要的地位。有明一代，北京郊区村落发展呈现一个高峰期，并奠定了今日北京郊区村落地域分布格局的基础，也使北京郊区村落名称的类别结构基本定型，郊区开发面积与山村数量增多。有关明清以来北京郊区村落的文献记载等各种材料极其丰富，浩如烟海，在此不便一一罗列，仅依其特点做如下概述：

1．明代北京郊区村落发展的主要特点

促进明代北京郊区村落蓬勃发展的因素是多方面的，其中最根本的有两点：一是永乐皇帝决意迁都北京。由于这个缘故，既需要不惜人力、物力、财力，大规模营建北京宫殿城池和皇家山陵；又需要屯驻重兵和不断加固整修长城，以确保北京的安全；还需要继续向北京地区移民，包括平民、富户、工匠、罪囚等，以充实北京地区的人口，满足京城各方面对劳动力的需求。二是民族矛盾。元朝灭亡以后，败退朔漠的蒙古贵族势力屡谋复兴。因此，蒙古民族与明王朝间的矛盾始终存在并经常激化。为了防御蒙古势力的侵扰，明王朝就不得不在北方特别是北京地区部署大批军队，大规模开展军民屯田，重视修筑长城。除官府外，还动员民众养马，将塞外居民迁入关内，等等。上述各种因素，对北京郊区村落的蓬勃发展起到了一时的或长期的推动作用。

第一，涌现出大批新村落。洪武初期，安置山后移民，一次即置254屯，见于文献记载的如京西屯、永安屯、孝义屯、丰宁屯、永宁屯、富安屯、福宁屯、安乐屯等。永乐初，为充实新都周边的人口，从山西、山东移民到北京地区，专设上林苑（后改蕃育署）于今大兴区采育地区，以百户为一个村（按移民来处命名为营）安置移民开发农牧业，一次即设58营，如延续至今的石州营、霍州营、解州营、留民营、赵县营、沁水营、蒲州营、潞城营、山东营、屯留营、包头营、山西营等。另在东直门外设御马苑，顺义区西北设良牧署，形成一批与移民和畜牧有关的村落、村名，如良牧署所在的衙门村；如由移民组成的河津营、夏县营、稷山营、绛州营、忻州营、赵县营（今作赵全营）等；如一系列以“卷（圈）”为名的村庄芦正卷、官志卷、荆卷、马卷、良正卷等。嘉蔬署所在的广安门外则有菜户营、鹅凤营等产业化程度较高的村落聚集。

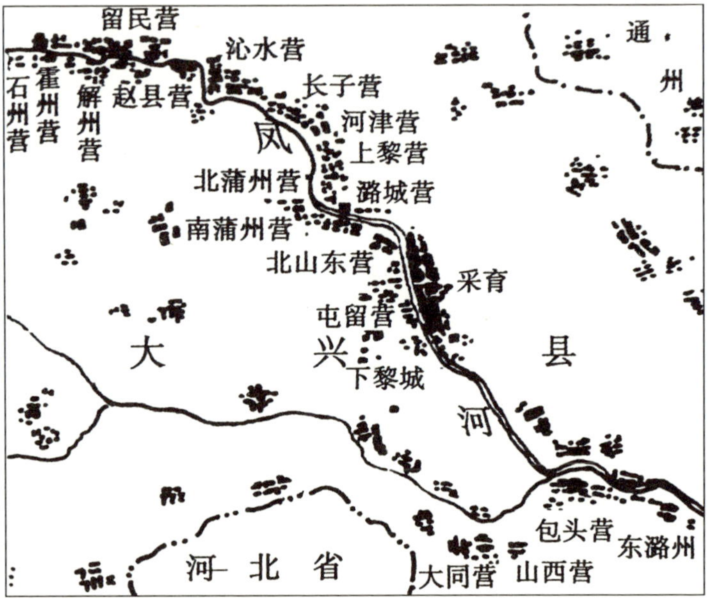

图1-2　大兴区采育镇附近移民村落略图（引自《北京郊区村落发展史》，北京大学出版社2001年版，第181页）

而在平谷区、密云区、昌平区、延庆区等山区加强军事防御，增设卫所，开展屯田，从而形成了一批与之相关的村落与村名，如：平谷区的陈良屯、王官屯、青羊屯、郭家屯等；密云区的金钩屯、下屯、太师屯、不老屯等；怀柔的四季屯；昌平区的秦家屯、香屯、景文屯等；房山区的元武屯、普安屯、水碾屯、东杨户屯等；延庆区的孟官屯、米粮屯、左所屯、后所屯、广积屯、高庙屯、屯军营、曹官营、程家营、常家营、艾官营等。

第二，村落的分布趋于均匀。无论是安置移民，还是设立军屯、民屯，都选择在人烟较少、村落稀疏的旷土荒地，比如北部山区、南边的永定河故道以及东南部泥沙淤积填掉的淀泊等。例如，通州区招理社（今作召里，位于通州区城东13华里）下辖6个军屯，至今其附近仍保留了常屯、后屯、霍屯和新安屯4个村子；又如，大兴区的清润社（今作青云店）下辖4个军屯，至今仍旧保留下了西大屯、中大屯、东大屯和东辛屯4个村名。新的村落填充了原村落间的空白地，使村与村的间距缩短，村落的密度大大提高。同时，由于在长城沿线的山区，也出现了许多新村落，由此也就缩小了平原与山区间村落平均密度的差距。

第三，塞外和长城沿线的村落出现城堡化趋向，尤以延庆区境的村落为典型。例如，延庆区境内的许多村庄都修筑了土夯或石砌的城垣，有的至今可见，如双营、白庙、榆林堡等村，仍有比较完整、高大的土城墙矗立着。延庆区被称作堡的村庄也很多，延续至今的有榆林堡、靳家堡、晏家堡、丁家堡、辛家堡、苗家堡、刘家堡、米家堡、唐家堡、张伍堡、刘斌堡、永安堡、白河堡、永新堡等，多达几十个。这是当时因军事防御而形成村落的典型反映。

第四，与皇家、官府、宗教有关的村落急剧增多。皇室、官僚、太监、僧道利用特权，大肆兼并土地，设置皇庄、田庄，修建陵墓、寺庙，失去土地的农民沦为官家土地上的佃户和奴仆。因此，明代北京郊区出现了一批名为皇庄（黄庄）、官庄、驸马庄、内官庄、庄头、庄户、庄窠以及称作陵、监、坟、寺、庙的村庄，最典型的如昌平区十三陵附近的村庄。

第五，因服务于北京城市建设而被带动发展起来的村落增多。如德胜门外的冰窖村、东西校场、石碑铺、土城关、松林闸等；东便门外的神木厂、朝阳门外的黄（皇）杉木店；通州区的皇木厂、竹木厂、砖厂等；今西城区的琉璃厂、黑窑厂等；房山区的大石窝；怀柔区的石厂村；丰台区的大灰厂；等等。

第六，在上述诸多因素影响下，明代村落名称也颇有特点。突出地表现为称作营、屯、庄、堡、卷（圈）的村庄开始增多，而且较为集中地分布在近郊区或山间台地上。

总之，明代是北京郊区村落发展的高峰时期，它奠定了今日北京郊区村落地域分布格局和名称类型的基础。

2. 清代北京郊区村落发展的总体趋势

民间谚语说："穷奔山，富奔川。"这种社会现象，在北京的发展历程中亦有充分体现。

清军入关后，持续20年的满洲王公贵族和八旗官兵在京畿地区大规模的圈地运动，迫使大批京畿汉民失去土地家园，离乡背井，有的逃往山东、河南，有的逃往太行山、燕山深处。仅雍正年间，一年之内逃亡的奴仆就多达四五千人。鉴于这种情况，清代的户口管理就极为严格。严密的户口监控制度，如同天罗地网，逃亡者难以藏匿。恐怕只有那些人烟稀少、交通不便的深山沟壑或是水泊芦荡，才是较易安身的地方。

顺治、康熙年间，为了军事防御和安置内迁的八旗兵丁，曾在北京北部郊区派驻一些兵丁驻防，并拨给一定量的土地让其屯种。到清中期即康雍乾时期，集居北京内城的八旗人口迅速滋生。"顺治初年到京一人，此时几成一族。以彼时所给之房地，养现今之人口，是一份之产而养数倍之人。"①以致大批闲散旗人无钱粮供应，亦无房地安置，"至有窘迫不能养其妻子者"②。面对这种情况，清朝在雍正、乾隆年间开始有目的、有计划地遣迁京城闲散、穷困人丁到古北口、张家口外等地安家落户，开荒种地，自力更生。乾隆三年（1738年）谕："满洲、蒙古、汉军在京者人数众多，……闻古北口外巴沟地方辽阔，可以添兵驻扎。"③乾隆年间，从京师共外派了20730名八旗官兵到直隶等省围垦。④

清朝后期，朝政腐败，国力衰竭，列强侵凌，社会动荡，民不聊生。太平天国北伐进抵京畿、英法联军入侵北京、八国联军进攻北京、义和团运动以及辛亥革命与清帝逊位等一系列重大事件，都导致北京城郊民众大批逃离。特别是清末，连年的战争损耗和巨额赔款，

---

① 《皇朝经世文编》卷三十五《复原产·筹新垦疏》。

② 嘉庆《八旗通志》卷二十六《兵制志》。

③ 嘉庆《八旗通志》卷三十五。

④ 光绪《大清会典事例》卷一一二八。

使清政府再也无力优恤供养八旗兵丁，而旗人又不善谋生，故大批旗人陷入生计维艰的窘境，甚至沦为乞丐。为了给贫困的旗人一条生路，清朝廷不得不放松对旗人的一些禁约，允许八旗子弟出外经商和谋生，“俾得各习四民之业，以资其生”[①]等，因此，清末有许多旗人也离开京师而流向四野。

总之，无论是清初逃亡的旗下奴仆，还是康雍乾时期朝廷有计划遣散的八旗兵丁，特别是清末因失去生活来源而被迫离京、另谋生路的大批旗人，都是底层穷困人民。他们只能奔向郊野购买荒地，甚至深入山区安家立业。尤其北京北部、西部山区，人烟稀疏，尚可开垦的沟谷坡地较多，谋生的门路也较广，种地、砍柴、挖矿、采药等，皆可糊口。因此，清代北京山区得到较广泛的开发，人口增加，大批山村也随之形成。例如，20世纪50年代，北京大学地理系林超教授等，在研究北京西山清水河流域自然地理时，访得今门头沟区西陲黄安坨、椴木沟、江水河等沟谷里的村落历史，都不过百年左右，许多居民反映，来这里居住不过三四代。

北京北部山区的村落大部分是清代才形成的，而且这些村庄中的居民差不多都有数量不等的满族人。如怀柔区喇叭沟门、七道河两个乡都是满族乡，它们形成于清代。据20世纪90年代的《怀柔县地名志》记载，喇叭沟门满族乡有满族人口2919人，占全乡总人口的34%以上；七道河满族乡有满族人口1392人，占全乡总人口的35%以上。又如密云区的檀营村，也是八旗兵丁屯垦聚居形成的村落。这些情况反映了清代大批八旗兵丁被遣送到远郊山区垦种自食的史实。

纵观清代北京郊区村落的发展，呈现出以下几个特点：

第一，平原地区新村落增加较少，远郊区新村落增加较多。比如，以顺义区和房山区为例比较一下：顺义区地处平原区，仅北部边缘有些低山残丘，而房山区东部为山麓平原，西部为大房山山地。根据康熙三年（1664年）撰修的《顺义县志》和康熙十三年（1674年）

① 《清朝续文献通考》卷二十六《户口》。

撰修的《房山县志》所记县辖村庄比较，显然，清代成村但不见于康熙县志记载的村落，房山区比顺义区要多得多。而在房山区境，东部平原的村落大都先于康熙十三年（1674年）形成，相反，西部山区的村落，大都在康熙十三年以后出现。又如，今延庆东部山区和今怀柔北部山区的村落大部分是清代形成的事实，也反映了这一特征。究其原因，一是平原地区农业开发得早，早已是人烟稠密，除了像永定河、潮白河等河流故道及其中下游泥沙淤垫的湖沼荒地外，已没有多少可容纳大批新村落、新人口的空间余地了；而远郊区尤其是山区相对人口较少，村落稀疏，尚有可容纳新村落、新人口的空间。二是清初的战乱和满旗入京的圈地风潮，迫使京畿地区大批人口奔向山区，去开垦山岭薄地借以生存；清中期以后，随着在京旗人的人口剧增，大批旗民亦变成穷困人口，也被迫迁往城外特别是北部山区，而成为自耕农。这两个方面原因造成清代远郊区县特别是山区村落大量增加。

第二，旗庄旗地的出现是清代北京村落发展的特别现象，在一定程度上改变了京郊村落、包括山区村落的性质和构成。随着满族首领入主中原，大量满洲人拥入北京地区。为安置这些本族的贵族和八旗兵丁，清初顺治年间即开始了圈地运动，京城五百里范围内的良田沃野，包括前明官地和汉民田园皆被圈为旗地，设立旗庄（包括皇庄、王庄、官庄），专门供养满族贵族和八旗子弟。据《清史稿·食货志》记载，仅顺治四年（1647年）就“圈顺直各州县地百万九千余垧”（约合60540顷）。清代的旗地旗庄主要分布在盛京（今沈阳）和北京周围州县，是清初满族农奴制存在的基础。这些旗庄有的独立成村。例如，今房山区东境、永定河西岸有个村庄，名叫佛满庄，清属宛平县。原来是两个村，分别称为佛家村、满洲村，其中满洲村就是独立成村的旗庄之一。后来因村落发展，合为一个村，变成满、汉杂处，村名也合成为佛满庄。有的像军营一样呈规模化布列，如康熙《大兴县志》卷二“营建·里社考”记：“大兴治内之里社与他邑不同，以其错满汉而杂处也，庄屯棋布，庐墓星罗”，并列出了八里庄、大王庄、楼子庄、高庙庄、太平庄等属于“旗下村”的20个村庄；同书卷三《食货·户口考》又说："大兴畿辅首地，旗屯星列，田在官而不在民"，因而土著户籍人口极少（也就是自耕农极少）。虽然，大部分旗庄是满汉杂处，但村庄的性质却和前代不同，耕种的土地是旗人的，村庄的主人是八旗贵族，原来的汉民成为租种旗地的长工和为旗人服务的奴仆。他们承受着繁重的剥削和奴役，难以度日，故纷纷逃亡。为了制止旗下奴仆逃亡，顺治初制定了严格的《督捕则例》，规定："有逃走者，逃人及窝逃之人、两邻、十家长、百家长，俱照逃人定例治罪。""逃人鞭一百，归还本主。隐匿之人正法，家产籍没。邻右、九家长、乡约各鞭一百，流徙边远。"又在兵部设置专掌"缉逃扑寇事务"的督捕衙门。但严刑苛法阻止不了农奴的逃亡。顺治三年（1646年）数月之间，逃亡人口已达几十万。顺治六年（1649年），满洲官兵纷纷奏报旗下奴仆几乎逃尽，土地无人耕种。据所报，有的一年之内"逃人几及三万，缉获者不及十分之一"。康熙帝亲政之后，苛峻之法稍有松弛，后又将督捕衙门裁撤。但是，旗下奴仆逃亡现象仍持续发生。如，康熙二十八年（1689年）有报旗下奴仆逃走8000名以上，又如，康熙四十八年（1709年）、四十九年（1710年），京郊通州拿获解送的逃人有571人。雍正年间，一年之内逃亡的奴仆多达四五千人。

第三，清代皇室生活及政治活动对北京郊区村落发展的影响，远超前代。元代皇陵远在大漠，元帝的巡游，多是在大都和上都间往来；明室皇陵集中在昌平天寿山（十三陵），而明帝的巡游，主要往来于北京与南京间；清室皇陵一在遵化马兰峪（东陵），一在易县梁各庄（西陵）。《元史》《明史》《清史稿》中，有关皇室谒陵的记载，明代多于元代，清代又多于明代。清帝除往来于北京与盛京间外，又往来于北京与承德避暑山庄间，还往来于北京西郊三山五园与紫禁城间。此外，康熙、乾隆两帝六下江南，经常巡视黄河、永定河与东、西淀，多次游五台山、盘山、丫髻山等，几乎没有闲着的时候。元帝郊游狩猎多去城南的下马飞放泊和城东的柳林海子；明帝则主要是到南苑；清帝除去南苑外，又年年到木兰围场、承德避暑山庄以及后来兴建的三山五园。由此略做比较可见，清代皇帝在皇宫外的活动比元、明皇帝要多得多。因此，清代修建的皇家行宫别苑也比元、明两代要多得多，相关活动对北京郊区村落的发展及分布也产生了至今清晰可见的影响。如围绕清代三山五园为主体的西郊皇家园林的兴建，一批村落形成而发展起来，留下了深刻的历史烙印：雍正二年（1724年），为了守护圆明园的安全，始设圆明园八旗护军，驻防园之四周。据《八旗通志》卷二十四记载“共盖房一万间，分为八处，每处各一千二百五十间”。其中，镶黄旗营房坐落树村西边，正白旗营房坐落树村东边，镶白旗营房坐落水磨，正蓝旗营房坐落保福寺（以上属右翼四旗），正黄旗营房坐落萧家河，正红旗营房坐落安河桥，镶红旗营房坐落东四木村东边，镶蓝旗营房坐落蓝靛厂西边（以上为左翼四旗）。当时上述散布在圆明园四周的八旗护军驻地，虽然其聚落形态与村落没有多大差别，但就其性质与功能来说，还是真正的军营。但是在清亡以后，这些军营逐渐演变为村落，村名与原来所驻防的旗营相同。与此相类，在香山东麓，也有清健锐营八旗军驻防地。健锐营也称云梯兵，清乾隆十四年（1749年）置。随着清朝灭亡，香山东麓的八旗驻地也变成了保留八旗名称的村落。

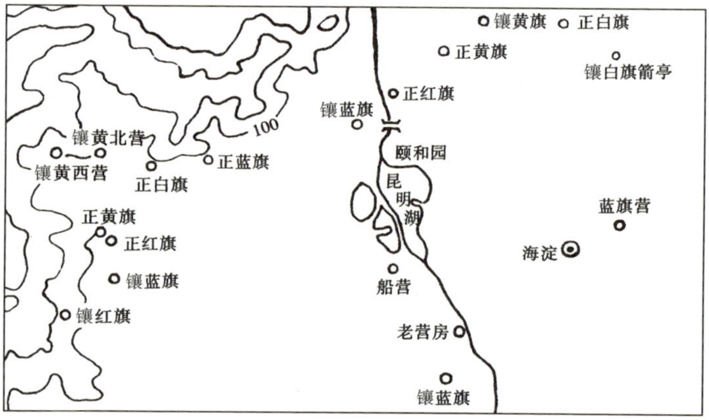

图 1-3　圆明园、香山附近清代八旗营房演变成的村落（引自《北京郊区村落发展史》，北京大学出版社 2001 年版，第 271 页）

除了八旗军驻地形成的村落外，周围有些村落的发展与三山五园也有密切关系。如圆明园西北不远的黑山扈、马连洼等村，200年前住户极少，康熙四十八年（1709年）圆明园建成后，居民迅速增多，大都是在园中或附近八旗营房当差的。因清代西郊园林的建设而发展起来的个体村落可以海淀镇为例。海淀，作为一个聚落，在金、元时已有了。自清康熙年间开始大规模营造西郊园林起，至晚清英法联军和八国联军先后焚毁圆明园200年间，清帝每年都有很长时间在圆明园起居和听政。因此许多王公官员都在海淀建造宅第，或暂住在附近旅宿，以便早朝。甚至清廷军机处也在海淀另立衙门。海淀的各色行业随之兴旺起来，出现了礼王园、军机处、苏州街、彩和坊、南大街、前后官园、金龙馆、墨蟠居、西栅栏、南栅栏、香厂子、菜库、果子市、驴市口、鹰房、贤孝牌、太平庄、龙凤桥西岔、西大街、杨家井大院、槐树街、老虎洞等密集的街巷胡同，把原来的海淀、黄庄、太平庄、辛庄等多个村庄连为一体，形成京城西北郊的一个大镇，统称海淀。1919年成书的《大中华京兆地理志》称赞其“为京西第一繁盛之市场。有中国银行、邮政支局、电报局；街道自东之北，为万寿山之通衢，夹道市廛，与京师无异，凡京师所有，海甸（淀）无不有之”。可见，清代三山五园的建设为海淀这个聚落的迅速发展提供了难得的机遇和条件，注入了巨大的活力。其他如成府、树村、蓝靛厂、青龙桥等村落，也都得益于三山五园的兴建而盛于清代。

再如清帝谒陵、巡游、避暑、秋狝等方面的活动，对北京郊区村落的发展也产生了深刻影响：不仅使陵区内及周边近地由于修陵、守陵以及护陵的衙署、营汛、堆拨的设立，而形成了一大批居民点（村落），而且在帝王及大批随从的往来路上，修建了一系列行宫，并由此形成了为行宫服务的村落，如燕郊行宫，卢沟桥龙王庙行宫，良乡黄新庄行宫，房山半壁店行宫，顺义的三家店行宫，南石槽行宫，昌平的蔺沟行宫，怀柔的祇园寺行宫等。甚至留下了一些就以行宫作为村名的村庄，如顺义、平谷都有行宫村。

第四，军事因素对清代北京郊区村落发展的影响较明代大为减弱，但仍存在。清代由于满族入关，关内关外统为一家，因而在北京关防的驻军、屯田没有明代那样密集和普遍，也无须像明代那样重视长城，更没有像明代那样让民间为官府牧养战马，以供军需。所以，军事因素对清代北京郊区村落发展的影响，总体上有所减弱。然而京城皇都的地位依然需要巩固，因为其安危关系到社稷的存亡，所以北京地区驻扎的八旗兵仍相对较多。在古北口、密云、延庆、千家店、圆明园、香山、蓝靛厂、南苑、采育、通州、清河、昌平、顺义、良乡、巩华城（今沙河）、拱极城（今卢沟桥宛平城）、郑家庄（今海淀万寿寺东）等地，都有规模不等、职能不同的清军驻防，并在这些地方形成一些新的村落。例如，乾隆四十五年（1780年），“设驻防密云满、蒙兵二千”。密云城东北3千米的檀营，即因此而形成。又如海淀蓝靛厂北，有一个很大村庄，名叫外火器营。这里是清外火器营驻地。据清朝人震钧写的《天咫偶闻》卷九记载：“外火器营，全营翼长一，委翼长一，营总三，正参领四，副参领八，委参领十六，护军校一百十二，凡一百四十五人。鸟枪护军二千五百三十，枪甲三百五十二，养育兵八百十八，凡三千七百人。”其营房驻地“街衢富庶，不下一大县”。前面已经说到的圆明园和香山附近由八旗驻防地而形成的村落，也是这一类情形的佐证。

第三节　北京村落名称特点及其成因与时代分析

纵观北京村落发展的历史，可以看到北京村落的名称形形色色，五花八门，但大致以村、庄、屯、营、堡、寨、口、峪、河、泉、桥、旗、寺、坟、园、房、垡、城等为村名的居多。这些村落名称，不仅是各个村落的代号和彼此区别的标志，它们还在一定程度上反映了村落所在地的自然环境、村落形成的时间、原因及发展特点等。例如，海淀区的万泉庄，历史上的确是遍地流泉、泉眼众多，以至于清乾隆年间特意在此建了一座泉宗庙，称其为万泉之宗，万泉——泉多的意思。朝阳区的北马房、驹子房，过去也的确是牧养马匹的地方，因为明代的御马苑就设在东直门外的郑村坝（东坝）。由此可见，村落名称并非只是一个简单的地名问题，其中蕴含着丰富的历史信息。

一般来说，村落名称属地名大家族中的聚落地名一类。而一个地名是由专名和通名两部分构成的。专名显示地名的个性，是形形色色的地名彼此区分的根本标志。通名则显示地名在一定范围内的共性，是地名类别区分的标志。在北京郊区村落名称中，有多少个村落名称，就有多少个专名，相同者极少。但是，通名则不然，不仅数量少得多，而且只限于用具有特定意义的某些字，最常见的有村、庄、屯、营、寨、房、卷（圈）、园、里、社、疃、铺、店、务、府、城、镇、埠、寺、庙、堂、堡、场、院、关、宫、观、厂、坞等。这些村落名称的通名用字，有一个共同的特点，即都具有聚落或人工建筑物的含义。应当指出的是在北京郊区有这样一些村名，如牛栏山、桑峪、灰岭、红泥沟、高崖口、秋坡、韩村河、台湖、珍珠泉、张家湾、卢子水、甘池、枣林、神树、葫芦垡等。这些村名中的山、峪、岭、沟、坡、口、河、湖、泉、湾、水、池、林、树、垡等都是称谓自然地理实体的常用字，本身没有聚落或人工建筑物之义，因此不能视为村落名称中的通名。如上的村名，只是借用自然地理实体的名称，或者说是省略了如村、庄、屯、营、寨、城、镇、堡、铺、店之类的聚落名称的通名。此外，北京郊区村落名称中，还有一些是明显地省略了通名，如通州区的摇不动、里二泗、样田、大甘棠，海淀区的东西北旺、前后沙涧、上地，朝阳区的大小望京、东西湖渠，大兴区的贺北、钥匙头、求贤，房山区的南白、交道、务滋、崇义、吉羊等。这类村名实际上是不完整的地名，只是人们约定俗成，加以简化，时间久了就固定成村名。

北京村落名称中的专名繁多而庞杂，没有明显的规律可循。但通名往往显现出一些规律性的特点，反映出村落形成的历史背景和由来。

一、以“村”为村名者

北京村落中，以“村”为通名者，较为多见。例如，海淀区的魏公村、东冉村、龚村、田村；丰台区的樊家村、柳村、邓村、马村；石景山区的庞村、麻峪村、广宁村；朝阳区的龙道村、皮村、仰山村、北皋村；通州区的姚村、郭村、马村、张村；大兴区的丁村、刘村、翟村、薄村、桂村、李村、侯村、韩村、大臧村；房山区的阎村、苏村、夏村、卢村、周口村、大马村、董村、路村、祖村、梨村；门头沟区的大村、冯村、宋家村、徐家村；昌平区的崔村、流村；顺义区的衙门村；平谷区的周村、东西古村、东西高村；密云区的沿村、宁村、向阳村、漕村等。“村”字，古作“邨”，《说文》释为地名，意为聚落名称用字。考察北京郊区村落的发展历史，发现称“村”的村落，多见于唐至辽金时代。例如，在唐、辽、金时代的房山云居寺石经题记中，见有“良乡县观音乡成村”“良乡县昌乐乡北陶村”“良乡县鲁张村”“良乡县葫芦伐村”“良乡县金山乡中继村”“良乡县尚义乡北乐城村”“良乡县交道村”“蓟县归仁乡李曲村”“宛平县求贤村”“宛平县鲁廓村”“良乡县复叶乡董村”“幽州蓟县招贤乡西綦村、平村”“蓟县石崖村”等。此外，还记载着今属房山区的北正村、独树村等。①唐至辽金时期的村落多称“村”，在北

① 见《房山石经题记汇编》，书目文献出版社1987年版。

京地区出土的同时代的墓志中，也可得到验证。前文列举的唐代墓志中就有姚村、庞村、海王村、杜村、樊村、刘村、邓村等地名。可见，这些以“村”为名的村落，历史可能十分悠久，或许形成于唐至辽金时期甚至更早。

二、以“庄”为村名者

北京村落中的“庄”，数量远远胜过“村”。例如，据20世纪八九十年代编制的《北京市大兴县地名志》《北京市顺义县地名志》《北京市通县地名志》统计，在大兴县的517个自然村中，称作“庄”者有156个，约占30.17%；而称作“村”者有46个，仅占8.90%。在顺义区的439个自然村中，称作“庄”者137个，约占31.21%；而称“村”者仅有8个，只占1.82%。在通州区524个村落中，称作“庄”者176个，约占33.59%；而称作“村”者仅有16个，只占3.05%。北京郊区的“庄”分布也有特点。平原地区多，山区少；平原地区开发时间越晚，“庄”越多。这与明代中期兴起的在京郊建立大批皇庄、官庄和达官显贵的庄田有直接关系，更与清初圈地并建立大批旗庄有着密切关系。值得特别注意的是，作为明清皇家苑囿的南苑，直至清末才开禁，成立南苑督办垦务局，招佃屯垦，许多官僚、巨商、军阀、太监等，蜂拥而至，纷纷抢占购买苑中土地，建立田庄。因此，这里新建的“庄”特别多。据《北京市大兴县地名志》统计，大兴县原红星区所辖的旧宫镇和瀛海、亦庄、鹿圈、金星、太和5乡以及红星区街道办事处，共辖91个村，称“庄”者有49个，约占53.85%。其中，太和乡有13个村，称“庄”者约占76.92%；金星乡14个村，称“庄”者约占71.43%。这里的“庄”，如大有庄、吉庆庄、隆盛庄、义盛庄、万聚庄、广德庄、玉善庄、信义庄、瀛海庄、四义庄、有余庄、同心庄、怡乐庄、忠兴庄、裕德庄、富源庄、宝善庄、天恩庄、来顺庄、清合庄、宁海庄、寿宝庄、振亚庄、志远庄、太和庄、瑞合庄、宏农庄、四海庄、海宴庄、德茂庄、毓顺庄、同义庄、三余庄、大生庄、金星庄等，起名文雅、吉利，颇有文化底蕴。原因就是这一片新开垦的土地原是旧日的皇家园林——南苑，历史文化色彩本就浓厚；而这些数以百计的村庄大都是清代光绪末年开放南苑禁地以后形成的。最初能在这里建立庄园者，大都是宫内太监、皇亲显贵、官僚士绅、军阀巨商等，他们近水楼台先得月，也有实力购置这样的风水宝地。同时，他们也更向往荣华富贵，财源茂盛和官运亨通，更愿意显示自己不凡的身份地位，所以纷纷在庄园名称上费尽心思，从而留下了一片引人注目的相对文雅的村名群落。

三、以“营”为村名者

北京村落中村名为“营”的数目之多，也是令人印象深刻。例如，据《北京市大兴县地名志》《北京市延庆区地名志》《北京市顺义区地名志》统计，大兴区的青云店、长子营、采育、朱庄、大皮营、风河营6个乡镇中，共有98个村，其中有34个称“营”，约占34.69%。延庆区张山营、康庄、下屯、沈家营、井庄、永宁6个乡镇中，共有128个村，其中有46个称“营”，约占35.94%。顺义区西部的北石槽、板桥、张喜庄、南法信、赵全营、李家桥、天竺等7个乡镇中，“营”村也占全部村落的近30%。据不完全统计，在北京郊区各区都有“营”字作为村名的村庄，而这正是与明清时期军队驻扎、屯田、圈地、移民等一系列军事化的农业开发进程有关。

“营”字，《说文》释为“市居”，《辞海》释文第一义“军队驻扎的地方”。也就是说，遍布北京郊区的“营”，有相当多的一部分与历史上的驻军有关系，曾经驻军的地方后来演变成村落，所以以“营”相称。例如，明代正统年间，曾调集大量守卫士兵于中、东、西三山口及东西二营地方驻扎，以护卫长、献、景三陵陵寝。今昌平区十三陵西山口有后营村，东山口外有营坊村，无疑就是明代护陵卫军驻地的遗存。明正统末年“土木堡之变”后，明朝除大量增兵驻守居庸关及其左右的大小关口外，还调兵3万，分设十营，驻防居庸关外。今延庆区西有三营、四营、七营、八营、十营等村，即因此而来。今海淀区的蓝旗营、镶黄西营、镶黄北营，则是由清八旗军中的正蓝旗和镶黄旗的驻地营房演变而来。至于朝阳区的勇士营、黄军营，顺义区的军营、北军营，延庆区的军营、刁千户营，今大兴区的崔指挥营，等等，更鲜明地显现出驻军营地的印记。

除了由古代驻军营房演变而来外，有些“营”则是移民屯田的结果。前文所述今大兴区东部凤河沿岸和顺义区西北部，有很多村庄都是用山西省州县名加上一个“营”字命名的，如长子营、河津营、绛州营、忻州营、夏县营、屯留营、大同营、山西营等，就是明朝初年由山西、山东往此地大规模移民以充实京师的例证。因是强迫移民，这些移民村落一开始也都是实行军事化管理，同样有营房的特征。

此外，明清时代一些专为皇家服务的工匠、菜农所居住的聚落，也称作营。如永定门外的铁匠营，右安门外的菜户营，房山区大石窝的上营等，就属此类。他们也是被官府严格管理、定籍，与一般居民区分、隔离的一种职业化程度较高的村民，大多还子传父业。

四、以“屯”为村名者

北京郊区村落中，称作“××屯”者也不少。如海淀区的挂甲屯、皂甲屯、永丰屯、辛力屯、六里屯、梅所屯、后屯、前屯；朝阳区的大屯、六里屯、高安屯、何家屯；丰台区的大屯、小屯、米粮屯；通州区的常屯、后屯、新安屯、东永和屯、西永和屯、军屯、南屯、徐官屯、小屯、临沟屯；大兴区的大屯、王家屯、马家屯、贾屯、崔庄屯、海户屯；房山区的黄管屯、普安屯、水碾屯、东杨户屯；昌平区的畲套屯、乃干屯、姜屯、东西沙屯、香屯、新力屯、水屯、景文屯；顺义区的龙湾屯、吕布屯、水屯、珠宝屯、下坡屯；平谷区的韩屯、陈良屯、青羊屯、马家屯、郭家屯、王官屯、普贤屯；密云区的太师屯、不老屯、南金沟屯、北金沟屯、大屯、下屯；怀柔区的大屯、四季屯；延庆区的高庙屯、左所屯、孟官屯、后所屯、广积屯、西屯、米粮屯等。北京郊区的“屯”，虽然数量不及“营”多，但分布也较广泛，几乎每个区都有。

《光绪顺天府志》卷二十七“地理志九·村镇”记载：“顺天人，

村亦呼为屯，……非因屯田之制。”说的是顺天府境内有些“屯”并非因屯田而形成，例如南苑外有几个海户屯，是明代为守护南苑、服务于南苑养殖业的“海户”们而专设的居住地，的确与屯田没有关系。但是，大多数的“屯”还是军民屯田的结果。《明史·食货志》记载，明制“土著之民编为里，迁发之民编为屯”。明初向北京地区大量移民，实行的就是屯垦。除民屯之外，还有大量的军屯。《永乐大典》卷三五八七记载，明初大兴左卫在今昌平区清河社设置有5处军屯，今清河镇附近即有前屯、后屯，属海淀区西三旗街道；通州卫在通州招理社设有6处军屯，今通州区召里（即招理社）附近有常屯、后屯、辛安屯；密云卫在今顺义区牛栏山社有2处军屯，今牛栏山镇南即有下坡屯。这些例子说明，北京郊区的“屯”与军民屯田密切相关。今通州区东南有个村庄，名字就叫军屯。今延庆区永宁镇附近有2个村庄，名字分别叫左所屯、后所屯。这样的“屯”，形成于明代的军队屯田，是毋庸置疑的。此外，今昌平区自元代始就是军队屯田的重点地区，所以今昌平区内称“屯”的村落相对更多。

五、以“城”为村名者

村落与城镇本是性质不同的两种聚落。但北京郊区有不少的村落却以“城”命名。例如，昌平区的土城、秦（芹）城、东西新城、长峪城、白羊城，顺义区的古城，通州区的古城、鲁城，大兴区的芦城、回城，房山区的广阳城、洄城，门头沟区的东西新秤（城）、城子、沿河城，延庆区的古城、柳河城、营城，怀柔区的庙城、黄花城、兴隆城，密云区的城子、大城子、新城子、半城子、横城子、南石城、北石城、三角城，平谷区的英城、城子、北城、孔城峪，海淀区的团城，石景山区的古城，等等。明明是村庄为何又叫作“城”？

其实，这些村庄所在地，原来皆有城——城墙，此“城”不是城市的意思而是围城的意思。各村围城的来历不同、功能不同，规模大小也不一样。有的因原本曾在此设官置守是个小县城而得名，如顺义区的古城村，曾是汉代渔阳郡所属的安乐县城，今尚存有一点城墙遗迹。通州区的古城村即在西汉渔阳郡所属的路县城故址上。延庆区的古城村，则因在西汉上谷郡所属的夷舆县城旁而得名，该城北垣至今仍高高耸立。房山区的广阳城村就坐落在西汉广阳国所属的广阳县城故址上，该城俗称小广阳。昌平区的土城村也有古城遗址在，或以为是汉上谷郡所属之军都县城，也有人认为是辽代所筑，乃辽昌平区城遗址。又如昌平区的东、西新秤（城）村，是因东魏军都县城在此而得名，该城遗址仍清晰可见。门头沟区的城子村疑为五代时刘仁恭所置之玉河县城所在，但也有人认为玉河县城当在长店冈西县村，即今门头沟区东南的东、西新秤（城）处。至于其他称“城”之村，也都多少与“筑城”有关。例如，昌平区的秦城，《水经注》作芹城；平谷区的英城和北城子，《水经注》分别作续城和博陆城。也就是说这三个村子在北魏之前都曾是行政据点，有过城的建置，可见历史极其悠久了。又如，大兴区的回城很可能就是东汉末年公孙瓒攻幽州牧刘虞时于蓟城东南所筑征北小城的回城。芦城有可能就是《旧唐书》和《读史方舆纪要》中记载的笼火城或东闾城，唐代还曾侨置羁縻州县师州阳师县于此，其历史还可追溯到汉广阳国所属阴乡县城。可见，回城、芦城二村也有着更为深远的历史。有的则与长城关口和军事驻防修筑的防御城堡有密切关系，如昌平区的黄花城、长峪城、白羊口城，门头沟区的沿河城，延庆区的柳沟城、营城，密云区的南石城、北石城、大城子、新城子、半城子、三角城，平谷区的北城等，这些村子大都有城堡的形制和坚固的城墙遗迹。

六、以“堡”为村名者

在京郊村落地名中，“堡”读作“补”音的，多为集镇之意；“堡”字读作“保”的，则指土筑的小城，城堡之意；也有读作“铺”的，意为驿站。分布相对密集的如延庆区，有丁家堡、晏家堡、辛家堡、靳家堡、白河堡、刘斌堡、米家堡、唐家堡、辛庄堡、刘家堡、张庄堡、郭家堡、永安堡、苗家堡、蒋家堡、曲家堡、小堡、南辛堡、李家堡、王家堡、三堡、张五堡、榆林堡、兴安堡、永新堡、祁家堡、里仁堡等。延庆区的这些“堡”，既有集镇，如靳家堡；也有驿站，如榆林堡；但更多的则是土筑小城，或者以砖石包裹夯土实心的城堡。这些古城堡多形成于明代。当时为了加强北部边防，抗御蒙古贵族势力南下侵扰，在永定河上游流域及燕山山脉设置了许多卫所，围绕长城防线修建城堡驻扎军队。即使不是军事堡垒或者不以“堡”为名的村庄，也几乎是村村修城堡，庄庄建围墙。这是因为当时北方草原地区的蒙古军队不断南下侵扰，地处居庸关外的延庆、怀来、蔚县、大同等地的村落是首当其冲的。所以在永定河中上游地区遍布大大小小的古城堡，如新平堡、得胜堡、开阳堡、榆林堡、土木堡、鸡鸣驿堡、双营、柳沟、岔道城、沿河城、斋堂城、柴沟堡等。它们都有高大厚实的土筑墙垣，有的还甃以砖石，坚固、方正，自成一体。这种城堡形态的古村落在永定河流域和北部山区普遍存在，显示出这里农牧交错、民族纷争地带的聚落特征。这类村庄遗存较多的有门头沟、延庆和密云。一些古城堡至今保存完好，如延庆的榆林堡、双营、白庙、柳沟等村，沾满岁月尘埃的土墙砖瓦仿佛历史的定格或缩影。

七、以“卷”为村名者

在顺义区城北、潮白河西岸，有一系列名为“卷”的村庄。自南而北有芦正卷、官志卷、荆卷、马卷、良正卷、庙尔卷、南卷等。此外，还有一村名秦武姚，是秦家卷、武家卷、姚家卷3村于1958年合并而成。清代文献中还可见到网卷、樊家卷、王家卷、石家卷、曹家卷、萧家卷等的记载。为什么这里有如此之多的“卷”呢？原来是因为明代上林苑所属之良牧署设在这里。署衙在顺义城西北5里，今衙门村（旧称安乐庄）即由此得名。良牧署掌管牧养猪、马、牛、羊等牲畜，以供皇家和军队所需。所以，这里建造了许多猪圈、马圈、牛圈、羊圈等，并有专人专户负责喂养放牧。这一系列“卷”村就是由明代良牧署所属的许多牲畜圈演变而来的。“卷”本应作“圈”，但作为村庄，人居“圈”中就显得不伦不类，因而都改“圈”为“卷”。

八、以"垡"为村名者

"垡"字的本义，是指耕地翻土。《周礼·考工记·匠人》说："匠人为沟洫，耜广五寸。二耜为耦。一耦之伐，广尺。深尺谓之甽。"唐贾公彦疏云："此两人耕为耦，共一尺。一尺深者谓之甽。甽上高土谓之伐（垡）。伐，发也。"据此可知，农民耕垦潮湿板结的土地时，掀翻起来的大土块，叫作垡，或垡头。有趣的是，"垡"字竟然是北京部分地区村落名称中的通名用字，也就是说北京有一批通名为"垡"的村庄，而且它们多分布于北京南部地区。例如，房山区的葫芦垡、阎仙垡；大兴区的榆垡、东西黄垡、东西黑垡、张公垡、狼垡、大狼垡、加禄垡、南北顿垡、南北研垡、东西芦垡、立垡、垡上；通州区的大小耕垡、大小松垡、东西垡、东西黄垡、南北火垡、尖垡、卜落垡、朱家垡、胡家垡；朝阳区的垡头等。此外，除北京以南的河北固安、永清、廊坊、天津武清等地还有"垡"的村落外，其他地区则很少见到。这些村名其实在一定程度上反映了所在区域的自然环境。它们聚集分布的京南地区，正是历史上永定河频繁改道的泛滥区。多条永定河故道之间多为洼地，潴水积潦，形成胶泥土或盐碱土，土性黏湿板结，耕地时结成土垡就很普遍，因而形成一批叫"垡"的村子。有研究将北京的"垡"村分布图与同比例尺、同地区的北京土壤分布图做比较，发现"垡"村大都坐落在胶泥土或盐碱土分布区域的边缘地带。[①]那么，这一片村落的出现基本可以断定是在永定河主流向西南改道之后的明代以后，这与前述明代曾大规模向永定河故道区域移民屯垦的史实也正好相符合。

通过以上对村落发展历史进程的梳理及8类比较引人注目的北京村落通名名称的分析，我们可以了解部分北京郊区村落的历史成因和环境特征，对北京村落发展的阶段、脉络及影响因素有个基本把握。

---

① 详见尹钧科：《北京郊区村落发展史》第十章，北京大学出版社2001年版，第341页。

第四节　影响北京村落发展的主要因素

影响北京郊区村落发展进程的因素有很多，但归纳起来主要有以下几个方面：

一、地理环境及交通因素

地理环境对村落发展的影响是首要而明显的。在地势较高、土地广阔、交通方便、水源充足的山前平原地区或山间盆地、较宽阔的河谷地带，村落发展比较早，现在已知的隋唐以前的村落几乎都分布在房山、昌平、平谷等区的山麓地带，而地势低洼的平原深处如通州、大兴等区的村落大多是金元以后逐渐形成的，尤其明清以来河流改道之后河滩地的村落发展更为迅猛。

北京自古是北方地区的交通枢纽，是太行山东麓大道、居庸关大道、古北口大道、燕山南麓大道等几条重要干线的交会处。古人行路，日不过百里。因此，沿着这些交通要道的一些大型村镇自然而然地发展起来。官府沿路要设立驿站，饭馆、酒肆、客栈、商铺等也应需而兴，人口自然不断向这些地方集聚，房屋宅第随之增建，村落便壮大起来。官府也因之设置相应的行政、工商税务、社会治安等管理机构，从而进一步促进这些村落的发展，最终成为一方的行政、经济、文化、交通的中心。同时，一旦交通条件发生变化，村镇的兴衰也会随之变化，如通州的张家湾和昌平的南口等。

二、战略地位及移民政策

北京地区地处农牧交错带、民族交会区，自古以来围绕长城沿线北方游牧民族和中原汉族王朝纷争战乱不已，战略地位险要而特殊。由早期的军事重镇发展到后来的统一王朝都城，军事上的防御及经济上的保障一直极其重要。东汉初，为避战乱将上谷、代郡、雁门3郡的汉民迁移到居庸关、常山关内安置；东魏时，居庸关外战乱不已，故将东燕州所领3郡6县内迁到今昌平境内安置；唐代，也曾将山海关、古北口外的羁縻州县，大都迁移到关内，寄治在幽州地区，不同民族的人口也随着这些羁縻州县的内迁而散居在幽州地区。像这样的几次重大移民事件，必然会在今北京地区形成一些新的村落。辽、金、元、清几个朝代，先后建都于此，契丹、女真、蒙古、满洲等几个民族的大量人口也随着其首领入主中原而迁到北京地区，也必然会推动北京地区村落的发展。明代为了充实北京地区的人口，增强对蒙古南侵的防御实力，洪武、永乐年间，不仅将塞外汉民大批迁到北京地区，还多次从山西、山东及江南有计划、有组织地向北京地区移民，动辄万户，使得北京地区移民村落猛增。直到现在北京郊区一些村子里的老人仍在口口相传地说其祖上“是明朝从山西省洪洞县大槐树底下迁来的”，这说明了明代移民对北京地区村落发展的影响。前文所述，大兴区和顺义区有很多用山西省某些州县命名的村庄，如长子营、河津营、蒲州营、黎城营、大同营、绛州营、夏县营、稷山营、屯留营、潞城营等更是这方面的实证。至于清代满人入关后，大量圈占土地，建立的旗庄就更多了。清中期，因为北京城的旗人人口大量繁衍，这些旗人全靠政府养育。为了减轻政府负担，雍正、乾隆年间就将北京城的旗人分批向外迁移，由此带动了北部山区村落的发展。

三、屯田、驻军和修筑长城

这方面因素与上一条所涉北京地区的战略地位及都城性质紧密相连。元、明时期，开始在北京的平原地区开展大规模的军民屯田，由此形成大批新村落。昌平区太平庄是元代重要的屯田区，所以昌平地界上称“屯”的村庄比较多，有些还是用蒙古语命名的，如阿苏卫、畲壱屯、乃干屯等。明代尤其突出，如上所述从山西、山东分批大量向北京地区移民屯田，形成大批新村落。由于是民族纷争的战略前沿，北京地区修筑长城历史悠久，从战国时的燕国到秦汉、北朝、隋唐，都有在北京地区修筑长城的历史。特别是明代，修筑长城的工程更加宏大、持久。除修筑长城外，还要在长城一线修建一系列的关口、城堡，以便驻军防守。因此在长城沿线形成许多新居民点，并多以关、口、城、堡等称名。如居庸关、白马关、将军关、沿河口、河防口、高崖口、长峪城、白羊城、黄花城、杨家堡、新城庄堡、黑汉岭堡等。

四、王朝的治乱兴衰与社会的安宁动荡

北京长期以来是我国的政治文化中心，其特殊战略地位决定了历史上的王朝兴替、社会变局都会与它密切相关。当社会长期安定时，农民们能够安心生产，经济发展，人口繁衍，不仅村落规模扩大，而且房舍更新，呈现一派欣欣向荣的景象。反之，当社会动乱时，人们无法安居乐业，逃荒避难，流离失所，村落就呈现衰败景象。因此，北京地区村落的发展、变迁受时局和政治的影响尤其之大。对此，无须赘述。

总之，如今北京古村落的发展现状是围绕北京城市发展而不断演变和积累的结果。因此，这些古村落的演变历史在一定程度上反映了北京城市发展的历史轨迹和北京地区环境变迁的时空脉络。

第二章

类型与分布

——北京村落发展变化的空间轴

从第一章关于历史进程的叙述中可以看到，北京有不少从人类早期聚落和文化遗址一直延续发展下来的古村落。尤其自辽、金以后，北京长期作为都城的地位，对周边村落的形成和发展产生了重大影响，举凡城市建设、居民供应、日常消费、风俗习惯以至皇家的政治、经济、军事、文化活动，都在北京乡村留下了清晰的印记。围绕古都北京的历史进程，北京村落的形成和发展呈现明显的几种成因类型和相应的空间分布，在村落形态及地域风格上也不同程度表现出古村落文化与北京都城文化之间的紧密关系。

第一节　北京古村落的成因类型及其分布

如今，北京郊区依然分布很多历史悠久的古村落，反映了各个历史时期的文化内容和地域风格，类型多样，各具特色。仅从各个村庄的历史成因上分析，可以基本归纳为以下7类，其相应的地区分布也有规律可循：

一、生生不息、一脉相承——自古生发延续至今的古村落

北京郊区村落发展的历史悠久，一些从新石器时代的人类早期聚落开始持续繁衍的村庄历经沧桑，生生不息，绵延发展至今，它们承继了北京地区顺应天时地利的发展基因。如房山的周口店、镇江营，门头沟的东胡林，平谷的上宅、北埝头，怀柔的转年，昌平的雪山，密云的燕落寨等等。北京地区已发现的新石器时代遗址有29处，大都在延庆、怀柔、密云、平谷、昌平、海淀、门头沟、房山等河谷台地、浅山丘陵地带，平原地区只有通州发现1处，如今它们仍是重要的村落据点。

据20世纪80年代全市各区县地名录统计，这类村庄最多的是平谷。当时，平谷417个自然村中，先秦时期即有人居住并留下聚落遗址的有18个村。村址或村庄附近有汉代居住遗址的达39个村。例如英城、峪口在北魏《水经注》中就有记载。此外，从村庄始建年代考察，形成于唐代的有9个；辽、金、元时期的有18个；明代的有135个；清代的有177个；民国时期形成的村庄有14个；还有7个村庄是新中国成立后以后因为修水库搬迁而新建的。在北京市现辖的远郊10个区中，很少像平谷区这样有如此之多的汉代以前形成的村庄。这是因为，平谷区的农业开发很早，三面环山的小盆地形势，造成了相对封闭静谧的自然地理环境和基本稳定的社会人文环境，为这里村庄的发展创造了循序渐进的良好条件。其次是房山区。据《房山石经题记汇编》

及辽代的一些石刻所载，隋唐及辽代的许多村庄名称今天仍然存在，如：葫芦垡、交道、甘池、独树、羊头岗等，到辽代时又出现了十渡村、坟庄等村。再如，密云区的番字牌村，据其村北山上的石刻推断为元代时已有；还有昌平区的芹城（今秦城），延庆区的上下阪泉等村落，都见于《水经注》的记载，它们已有1500年以上的历史。像这些形成于远古时期的古村落，能得以延续不断地发展到现在，证明了北京地区人类文明的源远流长、生生不息，应当对其加以格外的保护。

其中一些村落虽然没有显赫的背景，有的也只是保留了历史上的名称，但作为一个地区历史发展的印记，它们有着不可忽视的文化意义。尤其是一些古村，或者由于地处偏僻所在，没有受到过多破坏，从而保留了一种历史风貌，包括古老的街道肌理、建筑格局和完整的民居院落；或者因经济和人口发展稳定，历史传承性较好，保留了一些传统的民风民俗、民间文艺、传统工艺等非物质文化遗产。比如，门头沟区的爨底下、灵水村，怀柔区的九渡河、琉璃庙、喇叭沟门，密云区的古北口、司马台、檀营等，这些村落，无论其拥有的是物质的还是非物质的文化遗产，只要它风貌犹存，具有可见性、对比性和延续性，那么，它们在当今社会就更显得珍贵和稀有，越发吸引人们去访古探幽。

二、时空交织的节点——由历史行政建置或城邑遗址发展而来的古村落

这类村落对于研究北京地区的建置沿革具有重要指示性作用。它们作为曾经重要的行政建置，其遗址或地名的存在就反映着本地历史文化发展的脉络。某些古城在历史上曾经非常著名，具有北京历史空间标志和时段标志的作用，这些遗址附近的村落也就具备了某种文化符号的意义，成为北京政治中心由来的历史印记。因此，这是北京郊区历史文化资源中的珍贵类型，非常值得重视和保护。例如，房山区的琉璃河商周古城、广阳古城、长沟古城，密云区的共工古城，怀柔区的渔阳古城，昌平区的战国芹城遗址、汉军都故城，昌平区故

城遗址、唐辽西县城、后唐白浮图城遗址，延庆区的古上谷郡、居庸废县、夷舆废县、乌桓校尉府、缙山县故城，大兴区的笼火城、回城，顺义区的安乐故城、狐奴县城以及通州区的潞城，平谷区的城子，等等。这类村落之所以称“城”，都是因为历史上这里的确曾是或州或郡或县的古城所在地。有些村庄虽然不以“城”称，而是叫作“关”，如平谷区的大小北关，通州区的大小北关和前后南关等。原来西汉的平谷县城就在大小北关村南，辽代始设的漷阴县城就在通州的大小北关与前后南关之间。这类古城遗址在郊区各区均有分布，尤以平谷、密云、房山的为早，昌平、延庆的为多。

三、关隘与藩篱——因军事防御或屯兵而兴起的古城堡或聚落

这类村落有昌平区的居庸关、白羊城、长峪城、黄花城，延庆区的古州城、永宁镇、四海冶、周四沟、靖安堡、千家店、双营、柳沟营、岔道城，门头沟区的沿河城、斋堂城、洪水口，密云区的檀营、墙子路、古北口、曹家路、司马台、白马关，平谷区的峨嵋山、熊儿寨、镇罗营，怀柔的河防口、渤海所、二道关、官地村、水峪村、汤河口、喇叭沟门等。这些古城堡或是军队驻扎营地，或是筑城保护的居民点，在北京山区分布很广，东起平谷、密云，经怀柔、昌平，西至延庆、门头沟，主要围绕长城呈带状分布，彼此遥相呼应，互为犄角，是长城防御体系的重要附属部分，具有十分突出的军事文化特色。尽管其军事特色已随着时代的变化逐渐消失，但在某些深山小村，依然可以看到当年古城堡的风貌，给人以强烈的历史沧桑感，是难得的北京地区军事文化的体现。其中原貌保存较好的，以延庆、门头沟为多，在密云、平谷也有相当一部分。

四、府库、仓廪与供应——为都城服务而兴起的古村落

这类村落围绕北京特殊的历史发展而来，是北京都城地位与城市功能的反映，因而成为其历史文化脉络中非常特殊而重要的一部分。

例如，为宫廷服务发展成村落的有房山的磁家务、大石窝，门头沟的琉璃渠、龙泉务，昌平的马坊、象房，怀柔的石厂村，平谷的厂门口，通州的皇木厂，丰台的大灰厂，大兴的海户屯等；与守护皇陵有关的村落，如昌平十三陵附近的村庄，房山金陵区的子皇陵、龙门口等；还有很多与帝王们游乐生活有关的村庄，如平谷的看花台、望马台、发箭台、乐政务（原名下箭务，亦作夏箭务），都有与帝王有关的传说。此外，还有专门供应宫廷饮食、菜蔬、花卉等特供生产基地形成的村落，如丰台的菜户营、鹅凤营、栗园、黄土岗、花乡等。又如，石景山南部的衙门口村和顺义西北的衙门村，曾分别是明代朝廷设置的林衡署（为皇家经营果园、苗圃、花卉等）、良牧署（为皇家牧养猪马牛羊）所在地。

典型的如京西蓝靛厂，因出产蓝靛而得名。明代在此设厂染布，属内织染局。附近建有碧霞元君庙，俗称西顶。清代于此设外火器营，又有圆明园八旗中的镶蓝旗驻守于此，故建有大批营房，据说“城市比于大县”，营内有大街二,一由南门通正红旗关帝庙；一由东门至西门相对。“营外西门大街不甚繁盛。南门外西顶庙，每年四月开庙半月，自初一至十五日，颇繁盛。”“旗户二千余，丁口逾万。”①可见，明清两代的宫廷织染服务和皇家园林的安保功能使蓝靛厂发展成为特大型村镇。另据明张爵《京师五城坊巷胡同集》的记载，圆明园后的黑山扈、马连洼等村，明代时住户极少。直到康熙后期圆明园建成后，居民迅速增多，大都是在园中或附近八旗营房当差的。香山东麓出现的以清八旗命名的村落，也是由服务和守卫皇家园林的旗兵家丁们聚居成村的。

此外，还有很多作为京城重要矿产、能源特供基地的村落，如密云区南部的银冶岭开采银矿、冶炼白银已有千年的历史。门头沟区军响乡南部有张家村、吕家村、杨家村、梨树台4个村，过去人们习惯上统称为“煤窝四村”。“文革”前还曾有“煤窝公社”。地称“煤窝”，

① 林传甲：《大中华京兆地理志》第22篇第143章，第285页。

是因为当地煤藏丰富。虽然在明朝人的笔下也记作“泥窝”，但是这几个村都处在门头沟区南山里，不可能是“泥窝”，应是误把煤窝作泥窝。房山区南部有大石窝村、独树村，史书记载是盛产汉白玉石的地方。隋唐以来有些僧人利用这里的汉白玉镌刻经文，藏于山洞中，以便保护佛经，大量石经成为极其珍贵的历史文化遗产。元明清时，大都和北京城的宫殿与园林建设所用的汉白玉，都是从这里开采的。所以，保护像银冶岭、煤窝、大石窝这样的古村落是很有价值的。

五、通衢、驿站与行宫——因交通枢纽和御道行宫而兴起的古村落

作为交通干线上的通衢和枢纽逐渐发展成为大型村落的，有房山区的琉璃河、窦店、张坊，延庆区的榆林堡、岔道城，昌平区的阳坊、清河、沙河、白浮，门头沟区的三家店、斋堂、王平口，密云区的古北口、怀柔区的汤河口，海淀区的海淀、玉（榆）河，丰台区的卢沟桥、长辛店，通州区的张家湾、马驹桥，顺义区的李遂、牛栏山，朝阳区的八里庄、高碑店等。这些村落除了历史悠久之外，一般都还保留了古代交通文化的若干遗迹，如古道、路碑、寺庙、城墙、驿站建筑、闸坝桥梁等。在这些交通要道上还有一些因设皇帝行宫而独立发展成村落的，如昌平区的巩华城、小汤山，平谷区的刘家店、行宫，怀柔区的祇园寺，密云区的刘家庄、要亭等。这些村庄除了有交通文化特色，还有更多的园林风光、名人遗迹以及民间传说、花会风俗等非遗文化传承。

现在的交通要道与古代的御路官道已经不一致了，比如现在经清河镇、沙河镇、昌平城等地的京藏高速就与从前进出居庸关的道路有很大不同。古代大道是从清河镇向西北，经唐家岭、皂甲屯、皇后店、玉河、双塔、横桥、辛店、龙虎台等地出居庸关，元代文献中详细记载的元代皇帝往来于大都与上都之间走的就是这条路。如今这条路上的村落虽然随着交通重要性的削弱而流于普通，但作为古代交通文化的管窥，保护这些村落也有特殊的意义。此外，在门头沟区斋堂

镇北部有个牛战村，其实，该村名应作“牛站”。牛站是元代的一种驿站，元代的驿站有马站、骆驼站、牛站、舟站、步站等多种。在曲折狭窄、崎岖不平的郊区道路上，设有牛站，用老牛拉破车的办法转运物资，传递信息。今牛战村就是元代在斋堂通往沿河口以至涿鹿的山路上设的一处牛站。这是北京地区保留至今的有关元代驿站信息的稀有古村落，应当格外珍惜。

六、流动与交融——因民族交往和人口迁移形成的古村落

辽金元明清各朝都曾有向北京地区的大规模人口迁移，有的是北方游牧民族随政权内迁关内，典型的如金朝海陵王迁都燕京，迁入了大批女真贵族、军士及家属随从定居于中都；清朝时又有大批八旗子弟入关分配在京畿，跑马圈地建立庄园。这种迁移不仅增加了北京地区的村落与人口规模，刺激了经济增长，还直接带来了民族杂居，促进了民族融合，增强了北京地区文化的包容性、开放性。

还有的是将中原农业发达、人口稠密地区的人口往北京地区迁移，开荒屯垦，发展经济以充实北方防御。如大兴区东部凤河两岸和顺义区西北部地区，较集中地分布着许多以营为单位的村子：长子营、屯留营、河津营、蒲州营、绛州营、忻州营、大同营、黎城营、稷山营、沁水营等，就是明初从山西、山东等地移民过来而形成的。又据《天府广记》记载：永乐五年（1407年）三月“命户部徙山西平阳等府、山东青州等府民五千户隶上林苑监，牧养栽种”[①]。这次移民有相当一部分安置在顺义。这些移民村的出现不仅为北京周边农业的发展和提供京城物质保障起到了良好作用，也切实深入地促进了各民族的融合和不同生活生产方式的交流，带来了文化中心的博大气象。

除民屯之外，更有大批的军屯。文献记载，明初大兴左卫在昌平县清河社设置有5处军屯，今清河镇附近即有前屯、后屯，属海淀区西三旗街道。通州卫在通州招理社设置有6处军屯，今通州区召里

① 《天府广记》卷三十一“上林苑”条，北京古籍出版社1984年版。

（即招理社）附近则有常屯、后屯、辛安屯，通州区东南境还有个村庄，名字就叫军屯。密云卫在顺义县牛栏山社有2处军屯，今牛栏山镇南即有下坡屯。今延庆区永宁镇附近有两个村庄，名字分别叫左所屯、后所屯。这样的“屯”，多形成于明代的军队屯田。今昌平区内称“屯”的村落也很多，它们曾是元代军队屯田的重点地区。

七、革新足迹与红色记忆——革命战争与图强历程中贡献卓著的古村落

在中国人民的革命斗争史上，北京的古村落占有重要的一席之地。北京乡村的广大人民群众为中华民族的独立崛起、为中国新民主主义革命的胜利，做出了巨大贡献。比如丰台区的长辛店是近代中国工人革命运动的摇篮，中国共产党的发源地之一。1937年7月7日卢沟桥事变（又称七七事变）爆发，标志着中国全面抗战开始。国民党军宋哲元部、傅作义部等官兵在北平城郊和长城内外奋勇抗击日寇，二十九军副军长佟麟阁、一三二师师长赵登禹，都在南苑壮烈牺牲。八路军一一五师、一二〇师奉命由陕北东渡黄河，挺进晋、察、冀边区，建立了著名的晋察冀抗日根据地，而平西、平北和冀东都是晋察冀抗日根据地的核心地区。1938年3月，八路军一一五师一部由邓华率领，挺进北平西山，建立平西抗日根据地。同年5月，八路军一二〇师一部由宋时轮率领，也进入平西抗日根据地，与邓华部在斋堂川会师，组成八路军第四纵队，在平西、冀北、冀东同日寇展开游击战。1939年初，萧克、马辉之又奉命率部进到斋堂川上、下清水村，并成立冀热察挺进军，进一步在北平周围山区开展敌后游击战和建立抗日根据地。今门头沟区斋堂、马栏、黄塔等地，都曾是八路军抗日挺进军司令部的驻地。京东平原地区的农民也利用水泊和地道与敌人周旋对抗，如顺义区焦庄户是著名的地道战样本；而通州区的八里桥早在清末就曾以抗击八国联军的英勇战役而扬名。密云、平谷、延庆等各区也都留有许多仁人志士的故居、遗迹，或者忠义烈士们洒血埋骨的墓地陵园，同时也流传着许多可歌可泣的英雄故事。

第二节　北京古村落的形态类型及其分布

所谓村落的形态主要是指两个方面：一是指村落在平面图上的结构形状、街道布局以及对外交通的特点等，姑且称之“格局形态”；二是指村落的房舍建筑形式、建材种类、规制特点等，姑且称之“建筑形态”。不同地域、不同环境、不同时代的村落形态，有着明显的差别。在一定意义上说，村落形态是对村落所在地的地理环境、村落形成时代以及当地社会历史和文化背景的反映。

一、村落格局形态类型及其分布

北京郊区村落的格局形态可以分为以下4种类型：

1．集团型村落

集团型村落是指那些在平面图上大致呈圆形、方形、长方形，规模较大、居民较多、房舍布局紧凑、街道比较规整、村间距离明显、道路四通八达的村落。集团型村落在行政上一般自设村民委员会，大型村落群甚至分设两个以上的村民委员会。集团型村落是北京郊区村落的主体，主要分布在清河—温榆河以北、以东，永定河以西的广大平原地区以及延庆盆地。北京城近郊和山区较平阔的河谷地带，也有一些集团型村落，但往往与散列型村落相混杂，形成另外一种村落形态。集团型村落的成因及分布特点，主要有两个方面起决定性的作用。第一，地形相对平阔，第二，族群较大，聚族而居。所以，这一类村落在平原地区是主体，山区则主要在山间盆地较多。

历史上北京地区兴修水利，军民屯田，主要是在平原地区进行的，所以北京平原地区集中了全市农业人口的大部分。随着人口的繁衍，平原上的每个村落差不多可以向任何一个方向扩展。于是形成了规模较大、人口较多、房舍紧凑、街巷规整，平面图上呈现较有规则形状的集团型村落。又因为平原地区，地面坦荡，交通便利，土地随处可以耕种，房屋任意选址修建，所以当北京小平原上还是地旷人稀的时候，人们便有可能根据自己的需要，在道里适中之地安家落户，兴建新村。这样长期发展的结果，使北京平原地区的村落分布表现为点上的集中和面上的分散，就村落个体来说，房舍是集中的，但就村落在整个地域空间的分布来说，却是散开的。

在漫长的封建社会里，传统的宗族观念根深蒂固，成为聚集人口的无形力量。一个姓氏或一个家族，同宗同门，聚族而居是人们劳动和生活的普遍模式。同时，安土重迁、重农轻商和小农经济，使得一家一户为一个生产单位，“二亩地，一头牛，老婆孩子热炕头”就是人们的理想生活。土地是农民的命根儿。人们在一个地方居住下来，靠着几亩地祖祖辈辈生活繁衍下来，除非无可抗拒的天灾人祸，人们是不会轻易迁居他乡的。因此，一个村落出现之后，哪怕开始只有三家两户，也能够在宗族力量的维护下长期稳定地发展，人口日益增多，房屋不断添建，街道逐渐形成，规模陆续扩大，成为典型的集团型村落。

2. 散列型村落

散列型村落是指那些平面图上形状不规则，规模有大有小，人口有多有少，但房舍布局稀稀拉拉，三两户一堆，四五家一片，整个村子或者拉得很长，或者扩得很散，既无成形街巷，又无像样道路的村落。这种类型的村落在行政上往往需要多个自然村共同组建一个村民委员会。在北京郊区村落中，散列型村落也占有相当大的比重。散列型村落主要分布在山区，或沿道路展伸，或顺沟谷排列。其分布特点及成因，主要有两个方面：一是因地形和土地资源制约，二是因村落形成时间较晚，村民较穷苦。之所以多见于山区是因为山区地势崎岖，缺水少地，既不利于耕垦，也不便于生活。在一个居民点上，容不得很多人共同生存。几户人家都把附近可耕的土地占尽了，后来的人们只得另择他地，别处安家。然而，一座座崇山峻岭限制了人们的视野，一道道深涧峡谷阻碍着人们的往来，除非循山谷而上或沿羊肠小道而进，没有更多的余地可供选择。即使一个新居民点设立了，同样因附近耕地有限而排斥晚来后到者。所以，山区中的村落一般不大，几户人家一二十口人的小山村不乏其例。郊区建房，不像平原地区那样可随意择地而建，只能在地形适宜、空间容许、生活较方便的地方破土动工。这样，山村的房舍布局难以紧凑，村中不能形成规整的街道；多是沿着沟谷、顺着道路呈条带状延伸。因此，与集团型村落相反，散列型村落呈现为点上的分散和面上的集中。就村落个体而言，房舍布局是分散的，但就地域空间的分布来说，却集中于山谷之中，如糖葫芦般布列。

北京深山区的村落发展历史普遍较短。虽然在某些条件较好的山谷或因特殊原因（如屯军驻防、修筑长城等），有些村落已有数百年甚至上千年的历史，如门头沟区斋堂川及其两侧的斋堂、上下清水、东西胡林、杜家庄、齐家庄、军响、灵水、桑峪、牛战、爨底下、柏峪、燕家台等，至少在明代以前就有了，少数早在唐辽时代便出现了。但是远离清水河谷的深山荒沟里的不少村落，却只有一二百年历史，许多居民反映来这里居住不过三四代。[①]若把清康熙三年（1664年）编修的《房山县志》和康熙十三年（1674年）编修的《顺义县志》所记载的两个县的村落与今日同地区的村落做比较，就能发现康熙之后顺义县内新增加的村落很少，而房山县西部山区却增加大批新村落。由此可证，今房山区西部山区村落大都是清康熙之后才陆续出现的。据曾在房山区西部郊区搞过社会调查工作的北京大学历史系张传玺教授相告，那里的许多人家都是近代从山西省逃荒过来的。这一情况恰恰与根据文献记载所做的如上推测完全吻合。[②]由此可以推知，北京其他区深郊区的村落大致也是清代以来形成者多。俗话说："穷奔山，富奔川。"在旧社会，家无立锥之地、以糠菜充饥肠的穷困农民很多，或因遭大灾大难、全家背井离乡的流民也常有。他们为了生存，便逃到深山荒沟里去，寻个僻静之处落脚，开垦一点山岭薄地，

① 林超：《北京西山清水河流域自然地理》，载《地理学资料》1959年第四期。

② 详见尹钧科：《北京郊区村落发展史》第十章，北京大学出版社2001年版，第349页。

赖以存活，或者靠砍柴、打猎、采药、挖矿等活计以糊口。他们家贫人穷，势单力薄，难以进行大型生产活动，也无力修建像样的房屋宅院。这是京郊山区村落小而分散的主要社会历史原因。

3．集团—散列型村落

集团—散列型村落是介于集团型村落和散列型村落之间的带有混合性质的一种村落形态。这种村落形态是就地域内的村落整体形态而言的。其间，既有规模较大、房舍紧凑、街巷较整、居民较多的集团型村落，也有不少零散杂乱的散列型村落。即使其中的集团型村落，也没有平原地区的集团型村落那样规整和典型。这种类型的村落，主要分布在京郊浅山区、深山区较为开阔的河谷地带和20世纪50年代以前的北京城近郊区。

在以低山陵岭为主要地貌特征的浅山区，或深山区中较为开阔的河谷地带，形成集团—散列型村落，是很容易理解的。在地势稍低、空间开阔的地方，可耕地较多，生存环境较好，人烟较盛，村落便发展为集团型；相反地，在缺水少地、空间狭窄，生存环境较差的地方，村落便成为散列型。值得关注的是，由于北京城市生活的深刻影响，北京近城郊区也形成了集团—散列型村落。

当古老的蓟城发展为金中都、元大都和明清北京城，成为封建王朝的都城以后，它的城市职能发生了根本性的变化。这种变化所引起的必然结果是北京城市居民的构成，特别是职业构成和民族构成进一步复杂化。居民构成的复杂化所引起的连锁反应是城市生活的多样化与层次差异。这一切对北京近城郊区村落的发展产生深刻的影响，并留下清晰的烙印。原本在北京近郊区主要分布着一些集团型村落，经过清代以后的发展，一方面，明代已有的村落进一步扩大了。例如，圆明园后的黑山扈、马连洼等村，200多年前住户极少。康熙后期圆明园建成后，居民迅速增多，大都是在园中或附近八旗营房当差的。另一方面，在明代已有的村落之间，又添建了大批或大或小的新村落。圆明园周围和香山东麓出现的以清八旗命名的村落就是有力证明。城市郊区的功能主要是为城市服务的，它的发展变化必须与城市生活需求相适应。随着北京城市居民构成的复杂化和城市生活的多样化与层次分异，北京近城郊区居民的来源和职业构成也日益复杂，大量的来自外地的非农户人家散居近城郊区，其中有军户、匠户、海户、畜养户、菜户、园户、护坟户、杂役户等，正所谓“为仆役者莫多于京师”[①]。这些外来的职业户具有较大的独立性。他们相互之间少有血缘宗亲关系，与北京近郊原有村落中的土著居民也没有血缘宗亲瓜葛。因此，聚族而居的传统对于他们来说没有多大的意义。与其依附于已有的村庄，寄人篱下，受宗族观念的歧视和排挤，不如另外择地安家，自成庄园。

与北京城市生活的需求相适应，北京近郊的土地利用方式也多种多样，要比远离北京城的农村的土地利用形式来得复杂。在一般农村，主要种植粮、棉、麻、油作物，大田耕作，粗放经营。所以人们需要集中居住，尽量少侵占耕地。但北京近郊则不然，皇庄、官地、学田、庙产、操场、仓库、园林、墓地、厩圈、闸坝、菜畦、果园、牧场、草地、苗圃、窑坑等，官私交错，新旧相杂，把北京城近郊的土地分割得七零八碎，各有其主。土地利用形式的多样决定了经营方法的不同，也决定了经营者的分散居住、因地制宜。例如，菜户就近菜地而聚居，坟户则在墓地中或近旁形成小居民点，并以墓主的姓氏名之曰李家坟、高家坟之类。这类特殊的小村庄零星孤立地散布于京郊大地，填充着较大村落间的空当。

总之，北京近郊区形成集团—散列型村落是在原有的集团型村落之间充填了许多户寡人少的专业性、服务型小村落的结果。

4．带状村落群

这种形态类型的村落已不是个体村落，而是若干村落共处一地，或沿河岸布列，或顺山谷排开，紧相毗连，难分彼此，在大比例尺的

---

① 《北京历史风土丛书》卷上《燕京杂记》。

平面图上，呈现一条醒目的村落带，故称为带状村落群。

在本书第一章，谈到明初移民使北京地区涌现大批新村落的时候，曾以今大兴区凤河两岸村落的形成为例。北京郊区村落中，堪称构成带状村落群者，也以这里的村落最为典型。永乐二年（1404年）开始从山西、山东大规模移民于此，开发永定河故道（今凤河两岸）的荒滩地，为皇家种植蔬果、繁育鹅鸭的时候，曾设立58个营，即58个新村落。当初，这58个新村落肯定是各据一方，相望而不相连的。但是，连同原来的采育等旧村，经过500余年的发展，人烟越来越盛，村落不断扩大，以至彼此相接，连而成带了，于是，民间有了“七十二连营”之说。但这些村庄为什么没有向南向北广泛而均匀地散开，而是紧傍凤河两岸呢？原来，辽金时代的卢沟河（即后来的永定河）曾流经这里，后来由于河道淤积，河床增高，从元代开始卢沟河（又称浑河）主河道向西、向南迁徙，这里反而成为地势平坦的河滩地、荒沙地，非常适合开垦。明代上林苑所属的蕃育署就设在此，专门职掌种植蔬菜瓜果、养鸡养鸭养鹅，以供京城所需的副食。由于要随河流走势而居，因而形成带状村落形态。

二、村落建筑形态类型及其分布

从村落房屋建筑的形式和特点角度考察，北京郊区村落的建筑形态大致可分为以下4种类型：

1．坡顶覆瓦平房村落

这种村落的房屋建筑形式，主要是平房，房顶前后坡，上覆灰色小瓦。近几十年来，有的房屋改用红色带槽板瓦。京西、京北、京东的村落，无论坐落在平原上的，还是分布在山区里的，大部分属于这种类型。

2．坡顶覆石板平房村落

这种村落的房屋建筑也是平房，房顶前后坡，上覆薄层石板，呈鱼鳞结构。在北京市西南部山区，有这类房屋建筑的村落分布，但数量不多。这是利用当地资源、以石板代瓦的一种房屋建筑。

3．平顶覆泥平房村落

这种村落的房屋建筑，同样是平房，但不是坡顶，而是平顶，更严格地说是鱼肚顶，即脊部略高，前后檐部略低。顶部覆以厚厚的泥，为防开裂，泥中掺以石灰和麻、草类纤维。这种房屋建筑的村落，主要分布在京南平原上，如大兴区的许多村落即属此类。

4．现代新式楼房建筑村落

这种村落是在传统村落建筑形制上进一步发展而来的。例如，房山区韩村河即为典型代表。由于改革开放后，该村经济大发展，农民富裕了。于是将原来村里的旧式房屋有计划有步骤地推倒铲除，经过认真的规划设计，分期分批地修建起二层新式楼房住宅，并增建了一系列配套服务设施，如学校、医院、宾馆、饭店、公园、幼儿园、电影院、图书馆、展览馆、银行、邮电所、办公楼等。村办企业、高科技蔬菜园等也建立起来。韩村河已不是传统概念中的村落，而是现代化、城市化的社会主义新农村的典型。随着新世纪的到来，新农村建设正在京郊大地上如火如荼地展开，更多这样整齐划一、高楼大厦式的集中居住小区出现在农村，取代了原来的农家小院，代表着新时代北京郊区城镇化发展的方向。

以上4种类型的划分只是相对的。实际上，自中华人民共和国成立以来，特别是改革开放以来的40多年里，随着社会经济和文化的发展，北京乡村面貌日新月异。传统的建筑风貌消失在高低错落的楼房群里。先将平顶泥房改造为坡顶瓦房，又将坡顶灰瓦房改造为红瓦房，然后改造为平顶小楼房，不同时代呈现不同的建筑样本。这当然反映了新时代的气息，但又由于缺乏统一规划和精心设计，与旧有房屋建筑格局很不协调。所以，现在的北京郊区村落若从房屋建筑角度区分其形态类型，已经很困难了，因为绝大部分村落都变成了不伦不类、不中不洋的混合型。

第三节　北京古村落文化特色的各区分布概况

在北京16个行政区中，除目前已全部被城区覆盖的东城、西城这两个城市核心区外，其他14个区多少都还有一些村落形态保留，尤其是位于远郊的山区各区，其村落文化的地域特色体现得还较为鲜明。现按行政区划尤以山区各区为重点，将各区古村落文化特色做一简要梳理：

一、平谷

平谷盆地四面环山，中有洵河、泃水流贯，地肥水美，非常适宜农作和居住，因而农业开发很早。四面环山的小盆地形势，又造成了相对封闭的自然地理环境和相对安定的社会人文环境，为这里的村庄创造了稳定有序发展的良好条件。在北京各区中，唯有平谷自汉代设县以来名称沿用至今且治所变动不大。因此，平谷盆地千人以上的大型村落最多、最密。在上宅、北埝头发现的距今已六七千年的属于新石器时代早期的文化遗址及其出土的大批珍贵文物，也有力地说明这里农业开发的悠久历史。例如，这里的英城见于北魏时期的《水经注·鲍丘水》记载，书中作“纻城”；洵河，见于先秦古籍《竹书纪年》记载：周显王十四年（公元前355年）“齐师及燕战于洵水，齐师遁”；峪口，又称泃河口，后又简称泃口，因泃河流经峪口村东而得名。据文物考证其成村于汉代。这些聚落名与河流名，历几千年而不变，可见这片土地稳定发展的年代十分悠久。20世纪的《平谷县地名志》称：今平谷县的上下纸寨、北台头、东西高村、克头、南埝头、前台头、山东庄、大小北关、刘家河、马各庄、贤王庄、东店、小屯、石佛寺、南北张岱、河北村、中胡家务、大辛寨、青羊屯等村，皆为汉代成村。甚至有些村庄形成于商周时期，如夏各庄、安固、中后罗庄、齐各庄、杜辛庄等。其根据就是在这些村址或其附近发现有汉代或商周时期的聚落遗址。再以明清为例，据《大中华京兆地理志》第21篇129章所载："原有村数七十二村。相传（明永乐）京师建设之始，……又斜对后门择七十二村，立平谷县。前应天罡，后应地煞。现有村数，滋生日众，分列二十余村，共九十余村。惟新设之村仍附庸于原有之村。"也就是说，经明清两代的发展至民国初期，平谷增加了20多个村庄。

与平谷良好的自然条件相关的是这里靠近长城边关，河谷地带又适宜屯田养兵作为后备，因而大量因为屯粮驻军的村寨在此形成，如熊儿寨村、镇罗营、峨嵋山村等。到了清代，大量京城人口往口外疏散，平谷的村落进一步增多变大。

作为皇帝出行和巡幸华北地区著名道教文化圣地——丫髻山的必经之地，平谷因帝王驻跸而成村的村落也有不少，如位于刘家店镇北部的行宫村，正是清康熙五十三年（1714年）为巡幸丫髻山驻跸而建的行宫所在，曾占地20余亩，康熙、乾隆、道光三帝以及大批官员都曾居留此地。清朝末期，原驻守行宫的清兵及其后裔开始转化为当地村民，与原住民融合为一体。又如看花台、望马台、发箭台、乐政务（原名下箭务，亦作夏箭务）等村庄，也都有帝王巡游在此驻跸安营的历史传说。

二、密云

密云区东、北、西三面环山，山区占境内主要部分，三面多山的环境限制了区域村落的发展；中部低缓，是密云水库；西南是冲积平原，但面积较小，为山区面积的1/8强。由于密云地区有充足的水源，为农耕和人类生活提供了充分的发展条件。在旧石器时代早期，密云县北部地区已有人类活动。根据密云各地出土的新石器时代石斧、石刀、石板锄、石铲、石环、石磨棒和陶器等器物，可以认为密云已经有聚居而形成的村落。传说中的尧放共工于幽陵，根据考古推测"共工城"就在今密云区燕落村以南，进一步佐证了密云悠久的村落发展史。西南的冲积平原村落发展则较为稳定，村落的规模也应该较大。由于接近关外，又有充足的水源，密云是十分理想的农耕与林牧兼顾的区域，因此唐代曾经在密云设置了羁縻州府，安置内附的游牧民族。辽占有北京后，为充实陪都，也掳掠了定州大量人口到密云垦荒。密云古北口是北京通往塞外的要道和交通枢纽，军事因素显得更加突出，对北部山区的村落发展具有重要意义。明代在密云置卫所和屯田，军户及其家属开垦土地，逐渐转化为聚居村落。清代由于八旗人口增长，遂开始向较为偏远的山区疏散一部分，一些新的村落成长起来。

现今一些古村落的遗存正可以说明密云的自然地理条件对村落发展的影响，其中古北口和墙子路就是因为处于交通枢纽及军事要地而形成了规模较大的村落。番字牌村和檀营村的历史，则反映了密云村落发展的另一种典型，即少数民族在密云地区的活动较为频繁，民族文化底蕴比较丰厚，对促进民族融合的贡献在北京发展史上占有重要地位。在历史上，密云曾是北京小平原的北部防线，因此少数民族迁居此地有着悠久的历史渊源，现在也有可考的历史文献记载。此外有适宜的耕作环境，能够容纳一定的人口维持生计，是密云古村落另一种典型，这种村落的发展历史久远，比较稳定。例如历史十分悠久的燕落村，其最早的遗迹是现今已淹没于密云水库之下的共工城遗址，据说是遭尧流放的共工居住过的土城。其后又有修建于隋大业初年的古城遗址。燕落村后面的云峰山北侧而下，还有建于唐代的祠庙。这些说明燕落村是一个持续发展、十分稳定的村落。

三、怀柔

怀柔区除东南部为华北平原北缘的平原区外，其余均为山地，占全区总面积的89%。自然环境对怀柔村落发展产生了直接的影响。狭小的平原地带有着优良的农耕条件，因此很早就出现了聚居的村落。如东梨园庄，村东有秦、汉渔阳城的遗址。又因为有丰富的水系，在这些水系附近也是村落成长的理想之地。而在怀柔北部的山区，发现了转年新石器早期人类聚居的遗址。但是怀柔山区的河谷和山间盆地多形成小型的村落，而且形成相对较晚。历史上还有移民、军屯等措施影响村落的发展。唐代就在怀柔设置了奚族羁縻州府。清代有大批的八旗闲散兵丁被政府遣散至此屯驻，特别是清末有许多穷困旗人，为生活所迫而离开京师，到京郊山区垦种自食，所以清代北京西部、北部郊区得到进一步开发，怀柔北部山区大量新村落也就随之形成，其中很多村庄的居民都是满族人。典型的如汤河口村、喇叭沟门、长哨营等。

怀柔区现有古村落遗存，也有很多跟历史上的军事活动有关。由于是北京地区最北的军事防御地带，崇山峻岭，关隘重重，所以历代因驻军而发展的村落有很大比例。尤其明代迁都北京后，军事驻防给北京的村落发展带来深远的影响，如作为长城重要关口和附属设施转化而来的河防口村、渤海所、二道关村、官地村及水峪村等。

四、昌平

昌平区地势由西北向东南逐降低，西部山区属太行山脉，北部山区、半山区称军都山，属燕山山脉。山区面积占全区一半以上。西北部的山前地带，为农业生产提供了有利条件，南部平原适宜种植各种农作物，这样的自然环境为昌平早期人类聚居奠定了地理基础。昌平是北京西出关外的军事与交通门户，村落的发展深受军事与交通因素的影响。在南口镇发现的雪山二期新石器晚期遗址，说明了居庸关这样的重要山谷通道很早就吸引了人类的聚居。由战国时期著名的城池——芹城发展而来的秦城村，历北魏、辽、金、元、明、清各朝均有历史记载，至今仍有古城遗迹可考。同样位于交通要道的德胜口村早在元代就已形成，由于是人来人往的关口，其附近的沟崖自元代中期相继建起道观寺庙72座，一度为大都郊外著名的道教圣地，有“北武当山”之称。在交通与宗教的双重因素带动下，德胜口迅速发展成一个较大村落。而位于南口东，有一个长3里、宽2里的条形高土台，有龙盘虎踞之势，辽金元时期的帝王往返燕京与草原本部时经常会于此中途休息，由此形成龙虎台村。据《元史》记载，至顺元年（1330年）五月十八，元文宗返回上都，途中驻跸龙虎台，元朝诗人马祖常应制赋诗。可见，其成村年代应不晚于元代。后来明代皇帝北征也曾多次驻跸于此。元代昌平作为大都与上都的重要通道之一，还驻有许多军站奥鲁，后来归属地方兼管，也渐渐发展成为新的村落。再如明代的巩华城（沙河行宫）、清代的蔺沟行宫（今大东流乡蔺沟村）等，也都是因地处交通要道、皇帝出行必经和驻跸而发展成大的村落。

自秦以来所修筑的长城就从昌平北境蜿蜒而过，明代内长城的加筑更是在昌平形成了几重关卡哨所，需要众多的军士驻守和屯田供养，由此进一步促进了当地村落的发展。如白羊城村原名白杨口，据

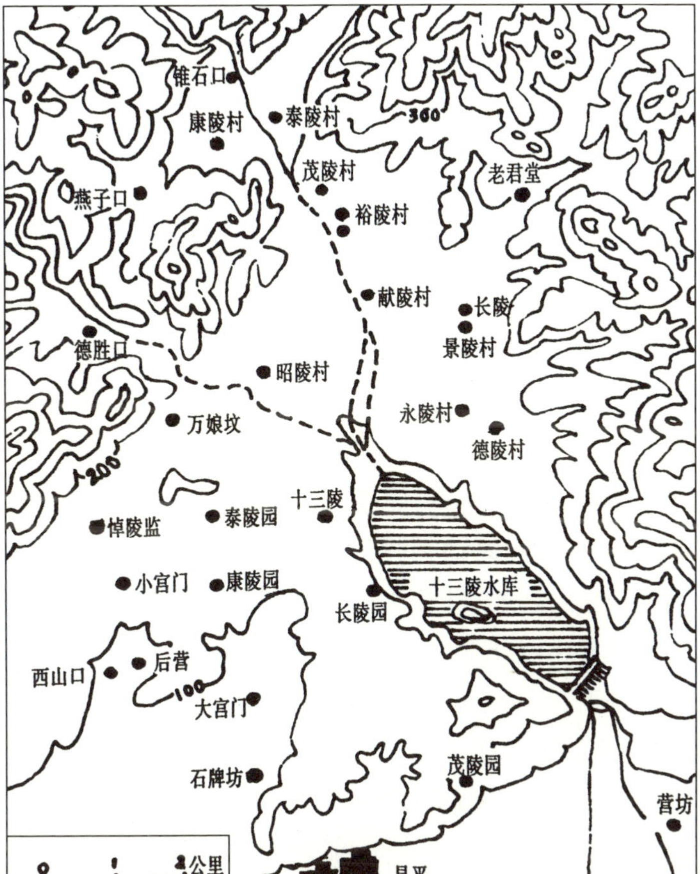

图 2-1　明代修十三陵而形成的村落（引自《北京郊区村落发展史》，北京大学出版社 2001 年版，第 219 页）

《昌平县地名志》记载：附近多白杨树，又是重要关口，故名白杨口。元代开始在白杨口设千户所。明正德十五年（1520年）建造城池，遂改称白羊城；景泰元年（1450年），又在五峰山下建白羊新城一座；隆庆三年（1569年）至万历元年（1573年）多次对白羊城旧城进行扩建和加固，增设附墙台3座，空心敌台19座，使之成为明代护卫京师的重要关隘之一，与长峪城、镇边城、居庸关、上关城、黄花城、古北口等形成一条连绵数百里的整体军事防线。

此外，明代在昌平天寿山一带修建皇陵的工程，带动此地一批以守陵卫士及其家属后人为主体居民以及相关服务行业的村落发展，如以“陵”为村名的康陵、泰陵、长陵、昭陵、景陵等村，以及一批以“园”“监”为村名的村子，还有小宫门、大宫门、石牌坊等带有明显皇陵特征的村庄。

五、延庆

延庆区位于涿鹿—怀来—延庆盆地的东部，北、东、南三面环山，是北京通向山西及蒙古草原的二级阶梯和咽喉要冲，具有重要的军事战略地位，其村落发展深受军事活动影响。盆地由永定河支流妫水冲积而成，水土条件较好，也是人口密集的地区；东北部地区还有白河的上游水系，自然植被较为丰富。因此，延庆区的村落发展有较长的历史和较大的规模，但所受战争因素的影响也比较明显。唐代延庆东北部郊区为奚族羁縻地，辽升幽州为南京后，又将征服的渤海、奚人迁徙到延庆。元代时期的延庆也是因军事形势而导致村落大量增长。明代洪武初年开始要求边关守军都要屯田，且战且守，进一步推动了延庆的土地开垦和村落新增。此外，增设卫所，允许军户携带家室驻守。长期驻扎的军营占有了大量的土地，军人家属也获准开垦，这样就大大刺激了延庆边塞之地村落的形成。明代在居庸关设隆庆卫，兵士多为江淮人，散于各处从事守卫和屯垦，逐渐成为延庆的早期居民；明永乐十二年（1414年），设隆庆州和永宁县后，本州、县、卫又安置了大量山西移民和贬谪官吏；万历二十一年（1593年）蒙古部族鞑靼及其他少数部族归顺明朝，亦安置于本州、县。清顺治元年（1644年）清兵入关后，又圈占大量土地安置八旗子弟。由于不断有大规模的人口拥入，延庆的村落也就越来密集，规模也更加扩大。

延庆的古村落大都保留了元明以来的军事遗迹，甚至在建村史上可以追溯到唐以前。像榆林堡村、永宁镇、岔道城和柳沟村、双营村等一些著名古村落，大都是坐落在交通要道上或由军事据点发展而来。如榆林堡村是古代的驿站，位于延庆西南与河北怀来县交界处，是北京周边现存规模最大的古驿站遗址，土城堡也保留了基本的格局和原有风貌。它作为曾经的交通枢纽和军事重地，带动了当地的经济文化发展。自元代以后，“榆林夕照”就被称为延庆的八景之一。又如延庆盆地东端的永宁镇，作为重要的军事据点，明代起多次增修，至今保留较规整的街巷格局和高耸的城楼。双营村始形成于唐代，历来为驻军屯防之地。现有明代建成而保存至今、较为完好的土城。周长2里70步，设有东西2门，上砖下石砌成。城内尚有保存完好的古民居近百间、古庙3座。柳沟村，明代在这里筑城屯兵，称柳沟营，又称凤凰城。因这里土质较好，清代后有大量人口迁入。现尚有城墙、城门、古庙等遗址。岔道城原为明朝嘉靖三十年（1551年）修筑的兵营。明代《长安客话》记载：“逾岭（八达岭）数百步即为岔道堡，实为关北藩篱，守岔道所以守八达岭……”岔道城与八达岭关城遥相呼应，形成纵深防线。又由于它是出八达岭后的第一个岔路口，历来又是商旅重镇，十分繁华，直到民国年间京张铁路开通后才逐渐衰败。现已恢复岔道明城中心古街、城隍庙、关帝庙、古驿站、临街店铺、客栈、四合院等。周围山峦起伏，尤其到了秋季山色烂漫，因而构成延庆八景之一的“岔道秋风”。

六、门头沟

得益于永定河，门头沟的山间盆地以及冲积平原上很早就有了定居的村落文明。从新石器时代早期开始，门头沟即有人类活动的遗址遗迹，其中尤以前桑峪村古人类遗址、东胡林人遗址、卧龙岗新石器晚期遗址、燕家台商代贝币窖藏遗址、大村战国至汉代遗址、石窟崖汉代遗址等几处古人类遗址的发现对社会影响为大。数量多、分布广、年代久、影响大，并且具有历史延续性，这是除房山之外北京其他区所不可比的。

其后，门头沟人口聚居的村落逐渐发展起来，留下了许多有史可查、文物古迹丰富的古村落。目前可见最早的，是自辽代起，古籍、碑刻文献里就出现了门头沟区境内的村名。辽金元时期见于记载的古村有清水、斋堂、青白口、三家店等30余村。明清时期，由于供应北京城的生活物资，门头沟村落的形成进入高峰期。门头沟现有村落中见于明代记载的102个，见于清代记载的有112个。现基本保留古村风貌的有54个，约占北京市现存古村落的70%。由于门头沟地处京西山中，近代以来较少与外界沟通，尤其在现代，深山坳里的古村经济贫乏，村民多数外出务工或迁移，对古宅较少改造。这些因素，有利于古村落维持原貌，保留一些历史文化传统。现存最多的是以明清古民居为主体的古村落，其中尤以爨底下村、灵水村为中国北方明清时期乡村民居建筑的典范，分别在2003年、2005年被建设部、国家文物总局联合评为“中国历史文化名村”。

通过对门头沟区遗存较丰的古村落建村史的考察，可以发现对门头沟区的村落发展有着重要影响的因素有以下几点：一是永定河，永定河水系所形成的冲积平原以及沿河流走向形成的道路，为人口的迁移提供了必要的条件，因此在这些区域的交通连接点很早就形成了村落，如三家店、斋堂、青白口、燕家台、千军台等。二是辽金元时期北京逐渐发展为全国都城，对门头沟区等永定河上游地区及西山自然资源的开发，大规模开采树木、煤炭、建材、石材等官府行为更深入地促进了这一区域村落的发展。如龙泉务村、琉璃渠村及碣石村等。三是因为地处西北部山区，军事屏障的作用在该区体现得也很充分。因军事需要而发展起来的村落也非常多，主要集中在门头沟区最西北的长城沿线，如沿河城、黄草梁、方良口、洪水口、柏峪村等。这里与塞外相接，至今留有军事城堡遗迹的村庄不在少数。抗日战争和解放战争的烽火给此地古村落又抹上了一道亮丽的红色，如马栏、斋堂等村镇已成为红色文化的经典记忆。

门头沟的古村落不仅保留了古朴苍凉的雄关古道、存世珍稀的明清古民居，还传承着历史悠久的非遗文化，如秧歌戏、太平鼓、幡会、台火等，具有深厚的文化底蕴和历史延续性。由于数量多、保存好，相比于其他区县，门头沟的古村落文化资源优势十分突出，可以称为门头沟区历史文化遗产中的精美名片。

七、房山

历史上的房山和门头沟一样，既是北京的西南屏障，也是都城森林、煤炭、建材的供应地。山区的优美风景又使这里集中了许多寺庙和名人墓葬，相对封闭的环境有利于保存古村落和类型多样的非物质文化遗产。房山是古村落形成历史最早的区域。在房山境内有大小河流十三条，拒马河、大石河回旋曲折，永定河、小清河穿境而过。房山又是北京的西南门户，连接华北大平原，在这里发现了周口店这样举世瞩目的人类文化遗址，并不是偶然的。根据考古发现，房山不仅有早期的人类文化遗址，而且有商周以来形成的村落。还有很多实物或遗址说明，秦汉之际这里就有很稳定的村落了。据《房山石经题记汇编》及辽代的一些石刻所载，隋唐及辽代的许多村庄名称今天仍然存在，如葫芦垡村、交道村、甘池村等，到辽代时又出现了十渡村、坟庄等名称。房山有大量宋辽以前的古村落，在辽金以后，因为政治重心逐渐转移到北京，房山得到进一步的开发，村落的发展明显受到交通、资源和商贸往来的影响。

房山区古村落的显著特点就是成村历史悠久而且发展稳定，如琉璃河镇、镇江营、窦店镇、南正（郑）村、东长沟村等村落，建村史远追商周之际，并且延续发展到明清时期仍有规模较大的村落。隋唐到辽金时期村落的发展也较为迅速，因为隋唐时期北京发展成为东北的军事重镇，而辽金之际又进一步发展成为政治重心。当时的都城靠近现今北京市区西南，离京西的房山和门头沟都比较近，通往中原腹地的交通干线也是紧傍太行山东麓的南北大道。因而，无论是人口的增加和迁移、上层统治者和平民的生活需要，都最先激发对城西南一带的开发，房山区的村落也由此发展起来，如因产汉白玉石而出名的石窝村、独树村，因从元代就大量出产瓷器而出名的磁家务村等。始建于隋大业年间的云居寺是历史上的佛教圣地。对面的石经山珍藏着中国唯一的石刻大藏经，自隋朝至明代历时千年刻成。云居寺与河北镇万佛堂孔水洞的隋唐石刻及唐辽时代的佛塔是房山宗教文化的象征。此外还有南尚乐镇高庄村辽代玉皇塔、河北镇明代铁瓦寺、岳各庄乡孤山口村明代周吉祥塔等数十处宗教建筑。明代琉璃河大桥、南尚乐镇高庄村西大白玉堂、良乡文庙与郊劳台，代表了房山在交通、经济、文化等方面的资源。车厂村、龙门口的金陵遗址是北京地区的第一个皇陵，比明十三陵早约200年，是房山区墓葬文化的典型代表。总的说来，房山区的古村落和其他区不同之处：首先，在历史早期发展得较快、较密，而到明清时期新发展起来的较少，这是其开发历史悠久的体现；其次，这一区域古村落受到军事因素的影响相对较少，古村落的发展一直是长期且稳定的。

八、近城各区

除以上几个远郊山区区域的古村落呈现出鲜明特色，近郊的海淀、石景山、丰台、大兴、通州、朝阳、顺义等区，也各有其独特的古村落资源。鉴于其离城区近，绝大部分历史上著名的古村落都已消失在高楼林立、车水马龙的繁华闹市中，因而在此仅做笼统概述。

海淀、石景山是都城核心区外围风景优美的园林、寺庙集中区，西郊还是堪舆家所谓风水绝佳的墓葬区，因而古村落的形成和分布也都体现出这一特色。如海淀的清河、中关村、青龙桥、温泉镇、上庄、挂甲屯、车耳营、管家岭、北安河、六郎庄等村，石景山的古城、衙门口、模式口、鲁谷、麻峪、五里坨、八大处等村，要么是在人们前往西山地区郊游、扫墓、进香的必经之路上，要么是因服务于皇家园林、宫观寺庙、名人墓地、皇庄旗地而兴起。

东郊的朝阳和通州，以大运河、通惠河为代表的交通条件深刻影响着历史上的北京，由此成为水陆交通文化资源集中区。如通州区的张家湾、永乐店、漷县、德仁务、马驹桥、样田、宋庄、台湖、甘棠、古城等，朝阳区的高碑店、金盏、东坝、酒仙桥、十里河、大小郊亭、西坝河、孙河等，要么由大运河沿岸重要的码头、仓储、闸坝、桥梁等发展而来，要么是水陆交汇的交通枢纽、集镇，河流和道路对村庄的位置及名称都有深刻的影响。位于东便门外的高碑店村，历史上是“逛二闸”（庆丰闸—平津闸，通惠河上的重要闸门）的名胜所在；而原皇木厂村就是由存放内务府所需珍贵圆木和木材的仓库发展而成的村落，如今早已没有了村庄旧貌，但仍有《神木谣》碑与重修朝阳门石道碑等古迹印证着历史。

东北郊的顺义区拥有牛栏山、石槽镇、魏家店、高丽营、李遂店、河南村、衙门村等著名村庄，反映了顺义区农业、畜牧业开发历史的悠久和较为持续、稳定的发展。如古城村秦汉古城遗址、北小营西汉狐奴县遗址，记录了早期行政沿革；顺义城东门唐代开元寺，元代回民营清真寺，明末安乐村药王庙，清代高丽营清真寺、南郎中关帝庙与清净庵，是多种宗教信仰共存的见证；北小营村张堪庙遗址是对种稻兴农的东汉渔阳太守张堪的纪念。另外，红色文化在顺义的村落历史上也留下了深刻印记，如焦庄户地道战遗迹。焦庄户地道全长约11.5千米，是1943—1948年抗日战争、解放战争时期群众创造的打击敌人的地下长城，为保卫村庄安宁做出过贡献。

北京南郊的丰台、大兴源于门户交通和政策性移民屯垦、京城特供基地等因素而兴起的古村落非常典型，如丰台的宛平（卢沟桥）、长辛店、南苑、马家堡、草桥、大灰厂、凤凰嘴、鹅凤营等，大兴区的采育、庞各庄、长子营、礼贤、榆垡、芦城、旧宫、瀛海、梨园等，它们要么位于交通要道，是历史上的著名驿站、渡口，要么是因皇家果蔬基地、集中采办物资基地和政策移民开垦新土地而出现的新村庄。

第四节　影响北京村落地域特色与空间分布的因素

上述北京郊区古村落的类型、形态及其空间分布，也是围绕北京城市发展而不断演变和积累的结果。因而在一定程度上反映了北京城市发展进程中的空间功能变化和区域文化的特征。本节即着重从空间因素上分析一下北京郊区村落文化的地域特色之形成。

一、浅山山麓地带和河谷两岸的农业开发

北京地区的浅山山麓地带和河谷两岸，是农业开发较早、村落分布较密、村落规模较大的地区。依据20世纪80年代编制的各区地名志统计，千人以上的大型村落分布，呈现出在山麓平原和近河两岸既多且密，而其他地区尤其深山区相对稀少的基本规律；北京地区千人以上大型村落的空间分布是极不均匀的。村落的大小和疏密，在一定程度上反映了区域内自然环境的优劣和农业开发的广度与深度。

首先，平谷盆地西部王辛庄一带，千人以上村落最多最密，平均约2.8平方千米即有一个；而大兴区中部半壁店一带最少最稀，平均接近11平方千米才有一个；二者之比几乎为4∶1。其次，顺义区东北部北小营一带，千人以上村落也不少，平均约3.4平方千米就有一个，约为大兴区半壁店一带的3倍。最后，房山区的石娄一带和海淀区的上庄一带，平均约4平方千米有一个，约为大兴区半壁店一带的2.7倍。即便同一个区县内，不同地域上千人以上村落的疏密也不等。例如，房山区西近山区的石娄一带比东近永定河的交道一带多、密，二者之比为5∶3；而大兴区西近永定河的庞各庄一带也比其东远离永定河的半壁店一带稍多稍密。为什么会出现这种极度不均？一是因为地理环境也就是农业开发的便利程度不同，二是因为开发的时间早晚不同。

平谷盆地四面环山，中有泃河、洳水流贯，地肥水饶，极宜农作

和居住。考古工作者在上宅、北埝头发现的距今已六七千年的新石器时代早期文化遗址及其出土的大批珍贵文物，有力地说明这里农业开发的悠久历史。这里的缑城、泃河等聚落地名与河流地名，历1500余年乃至3000余年不变，也说明了这片土地上社会动荡少相对稳定。因此，平谷盆地千人以上的大型村落最多最密。

顺义区东北部，夹居鲍丘水（今潮河）与沽水（今白河）之间。鲍丘水与沽水本是分别入海的两条河流。今三河县与宝坻区内仍有一条河名为鲍丘水，显然是古鲍丘水的故道。《水经注》中的鲍丘水与沽水是在潞县（今通州）北相汇的。至辽代，二水才汇流于今顺义北牛栏山附近。也就是说，今顺义东北部曾是鲍丘水流经的地方。由于河水的泛滥淤积，两岸土地不粪而沃；又水源充足，灌溉便利，兼有舟行渔苇之利，所以，沿河两岸是人们居住和农耕的理想之所。西汉于此地置狐奴县，属渔阳郡。东汉渔阳郡太守张堪为防匈奴入寇，屯狐奴，“开稻田八千顷，劝民耕种，以致殷富”①。可见，顺义东北部的自然条件也是优越的，农业开发有悠久的历史，发展也相对稳定。因此这里千人以上村落也有较多分布。

房山区山麓平原，冬季背风向阳，夏季迎风致雨，既是全北京市年平均气温最高的地区，又是全市年降水量最多的地区。水沛土沃，草繁木茂。这里是“北京人”、山顶洞人的故乡，又是西周初年燕国的封地，琉璃河西周古城遗址就是燕国最早的都城所在。汉代在这片土地上设有广阳、良乡、西乡3县。唐代这里的村落已经不少。《天府广记》卷一记载说，宋朝人曾用“村墅连延”来描绘这一带的风光。清康熙三年（1664年）编修的《房山县志》所记载的村落，约占该地区今日村落的80%。因此，房山山麓平原也是千人以上大型村落较多的区域之一。

那为什么同时期大兴区的千人以上的村落最少呢？应该说主要是永定河的水文状况及其变迁造成的。两汉前后，古永定河迁流于蓟城

① 《后汉书·张堪传》。

（故址在今广安门一带）南。大约成书于三国时的《魏土地记》曰："蓟城南七里有清泉河"。按：清泉河即㶟水流出西山后的河段名称，河称清泉，表明水质清澈。至北魏时，㶟水也是流经蓟城南，大致就是今凉水河河道。隋唐时期，清泉河与上游通称桑干河，下游河道尚有行船之利。辽、金时期，河水发黑，因称卢沟河，大致流经今凤河河道。至元、明时，因上游森林植被遭到彻底破坏，水土流失加重，河水泥沙增多，水色变浑，遂称浑河。其时，浑河流至卢沟桥以下看滩（今丰台区看丹）地方，分为二派：一派东趋，至通州高丽庄入白河，今凉水河河道是其遗迹；一派南注，经固安、霸州或永清等地汇入华北平原中部的众多淀泊（俗称"九十九淀"）。今大兴区恰好位于浑河二派分流处扇形夹角区域。由于浑河泥沙含量大，当它一流出西山而进入平原地区后，河床坡度陡缓，河水流速骤减，大量泥沙淤积，河床抬高，水泄不畅。华北地区夏秋又每多暴雨，河水猛涨，势非人能所控，便决堤改道，洪患迭生。今大兴区境内的凤河、龙河、天堂河等都曾是浑河的故道。同时，今大兴区内有几条西北—东南走向的沙带，也都是浑河泛滥改道的遗迹。虽然于清康熙三十七年（1698年）曾对浑河进行大规模治理，深浚河道，厚筑河堤，并赐名"永定河"，但此后永定河并未"永定"，卢沟桥以下河段泛滥改道仍常常发生。正是因为今大兴这片土地在历史上受到永定河洪水的威胁最大最频，严重影响着这片土地上的农业开发进程和人们安居乐业，所以这里的村落出现得较晚，规模也有限。

举南苑内外村落状况为例：南苑地处永定河洪泛区的上部。古河道和湖沼众多。元代尚为开放的皇家狩猎区，称下马飞放泊。明永乐年间，修起了周长120余里的围垣，封闭了起来，设有许多海户看守和管理。清代亦然。苑内"例禁开田"，甚至"前已开者，并须荒弃"。据《清史稿》卷一二〇记载，清咸丰、同治年间，有人屡上疏奏请开放，均遭"严旨诘斥"。直至清末，才准允招佃屯垦。所以，南苑内的土地被广泛开垦，并出现一些村落，只是20世纪初的事。但南苑以外的地方，却早已成为人烟繁聚的富庶之乡了。南红门之外的绝大部分村落，已见于康熙《大兴县志》的记载。这就是说，南苑内外土地的开垦和村落的发展至少有200余年的时间差。正因为如此，南苑内外村落的大小与疏密，有着明显的差别，苑内村落小而稀疏，苑外村落大而稠密。这个例子说明，村落的大小与疏密和区域内自然条件、农业开发早晚有着直接关系。

二、交通干线上的大型村落

可以说，北京绝大多数特大型村镇近乎等距离地坐落在交通干线上。

同样依据20世纪各区编制的地名志统计，所谓的特大型村镇可以界定为住户超过1000户，人口超过3000人的村落。这样的村落大都是乡、镇人民政府驻地，是当地的行政、经济、文化、交通中心，在20世纪尚可称之为特大型村镇。但在21世纪以来，随着城镇化进程的加快，很多这样的村镇已经变为卫星城或者直接被并入城区了。

根据各区20世纪编制的地名志中的资料，北京郊区特大型村镇有：朝阳区楼梓庄、西八间房、东坝、平房、姚家村、黄杉木店、常营、高碑店、十八里店；海淀区的蓝靛厂、田村、西苑、北安河、白家疃、东北旺、马连洼；石景山区的衙门口、模式口；房山区的周口店、娄子水、琉璃河、石楼、吉羊、夏村、窦店、芦村、交道、坨里、张坊；大兴区的青云店、采育、礼贤、榆垡、庞各庄、狼垡；通州区的平家疃、富豪、漷县、牛堡屯、永乐店、于家务、德仁务；顺义区的牛栏山、高丽营、天竺、河南村、北河村、张各庄、杨各庄；平谷区的东高村、大旺务、山东庄、峪口、南独乐河、大华山、后北宫、夏各庄、安固；密云区的西田各庄、疃里、石峨；昌平区的阳坊、后白虎涧、马池口、小汤山、回龙观、沙河镇等。观察它们的空间分布，发现它们大都沿着主要交通线排列，再结合一些县城的方位看，差不多每隔10～15千米就有一个这么大规模的村镇。例如，窦店、琉璃河在北京通往石家庄的大道上；庞各庄、榆垡在通往固安的大道上；十八里店、青云店、采育在通往武清的大道上；清河、回龙观、沙河镇在通往居庸关的大道上；小汤山、高丽营、杨各庄、张各庄在昌平通往平谷的大道上；石峨、峪口在密云通往平谷的大道上；南独乐河、夏各庄在平谷通往蓟县的大道上；西苑、东北旺、白家疃、北安河、后沙涧在另一条通往居庸关的大道上；牛栏山、河南村、北河村、平家疃在怀柔通往通州的大道上；漷县、牛堡屯、永乐店、德仁务等在通州通往武清、安次的大道上；等等。

这说明交通条件是促进这些村镇发展的主要因素。北京自古是北方的交通枢纽，特别是陆路四通八达，尤以太行山东麓大道、居庸关大道、古北口大道、燕山南麓大道最为重要。古人行路，日不过百里。因此，在各条大道上，差不多每隔二三十里或三四十里地就需要有一处供行人休息食宿的地方。天长日久，路上往来的人们在这样的地方歇脚，也就成为习惯。同时，官府也往往在这样的地方设立驿站。为了满足过往行人的需要，这些地方的饭馆、酒肆、客栈、商铺等兴盛起来，人口不断向这些地方集聚，房屋宅第随之陆续增建，使原有的村落不断扩大。由于道里适中，这样的村庄一般都人为地设立集场或自发地形成集场，周围几十里地的人们定期前往赶集买卖，官府也因之设置相应的行政、工商税务、社会治安等管理机构，从而进一步促进这些村落的发展，最终成为一方的行政、经济、文化、交通的中心。

既然交通条件是京郊特大型村镇形成的主要因素，那么，一旦交通条件发生变化后，有的村镇会随之衰落，有的村落会因之兴起，典型例证是通州东南的张家湾和昌平西北的南口。元代以前没有张家湾这个聚落。但是，那时候的潮白河是流经这里的，又有浑河北派自西来汇，水路交通条件极为优越。元初，善于航海的张暄被封为万户侯，曾奉命在此督理海运，遂形成张家湾这个居民点。南北大运河因郭守敬成功地修凿通惠河全线开通后，元代漕运大规模发展起来，也为张家湾的迅速发展创造了更加有利的环境和条件。至明代，张家湾已是京郊显赫的大镇。明代蒋一葵著《长安客话》卷六记载："张家湾为潞河下流，南北水路要会也。自潞河南至长店四十里，水势环曲，官船客舫，漕运舟航，骈集于此。弦唱相闻，最称繁盛。”《日下旧闻考》卷一一〇收录明朝人徐阶写的《张家湾城记》云：“自都门东南行六十里，有地曰张家湾。凡四方之贡赋与士大夫之造朝者，舟至于此，则市马僦车陆行以达都下。故其地水陆之会，而百物之所聚也。”嘉靖四十三年（1564年）又修筑了张家湾城墙，其重要性更加突出。至清嘉庆十年（1805年），因年久失修泥沙淤积，北运河主干道向东迁徙，张家湾附近河道成涓涓细流，漕运难通。虽然清政府几次力图恢复经张家湾之河运，但终未获成功。清末，由于铁路兴起，又实行“停漕改折”政策，张家湾彻底失去了赖以繁盛的水路交通条件，发展停滞而渐成一个普通村落。再如，昌平区的南口原是一个不大的村庄，只是因其控扼居庸关的进出，所处位置极为重要，故也久已有名。光绪末年至宣统元年（1909年），著名工程师詹天佑勘测设计并主持施工，修成京张铁路后，在南口设有车站，同时又在南口修建了机车修理厂等企业，南口因之迅速发展成为京郊一大重镇。再比如，大兴区的黄村，因为铁路和公路交通条件的改善，原本经过它的干线变成普通公路了，因而黄村的交通地位一度下降。当然，现在情况又有了不同。

三、河湖水道的变迁与村落分布

在20世纪的地图上可以看到，通州区南部村落形态和分布状况显示，这里的村落大小不一，疏密分明。这是为什么呢？通州区南部地处古永定河冲积扇的前缘，为全市最低平的地区。20米等高线沿其西边通过。距今大约千年左右，这里出现了一个堪称北京历史上最大的湖泊，名叫延芳淀。《辽史·地理志四》记载：“延芳淀方数百里，春时鹅鹜所聚，夏秋多菱芡。”每年春末，辽主常率后妃宗亲、文武百官以及侍卫亲军到此打猎。因而沿湖岸畔人烟渐盛，辽廷便在此地新设一漷阴县。县名漷阴是因为县治坐落在漷河南岸。漷河上游即今凉水河，下游从高力庄（今凉水河在此村东南折向东北流，奔张家湾而去）直向东流，至今漷县镇附近注入白河（即后来的北运河）。由于浑河（今永定河）的泛滥淤积和湖泊自身的演变，延芳淀变浅，水面缩小，并离析成几个较小的湖泊，如马家庄飞放泊、栲栳垡飞放泊、南辛庄飞放泊、柳林海子和延芳淀等。直到清中期，这些小湖泊才完全消失，衍为平陆。方圆数百里的延芳淀的演变和消失，对通州区南部村落的发展和分布影响至大。

被水淹没的地区是不会有村落的，即使原来有村落，也被水毁掉。只有未被湖水淹没的地区，旧有村落才能幸存，新建村落才有可能。随着延芳淀的淤浅、缩小和离析，原来曾被水淹没的地方，水退成田或变为沼泽，沼泽经人工开辟也能成为田地。在这些由水域变为田地的地方，新建村落成为可能甚至必然。但是，这些新建村落与原来未被水淹没地区的旧有村落相比，发展历史要短得多。随着岁月的流逝，水域范围越来越小而被开垦的土地越来越多，通州南部农业开发的广度和深度在明清两朝持续推进，新出现的村落越来越多。大约在清末民初的时候，形成了如图2-2所示的通州南部村落的形态特点和分布大势。

从图中，可以清楚地看出，漷县、垡头、大北关、牛堡屯、于家务、永乐店等村之间的区域，村落普遍较大较密，故断定这片土地不属延芳淀的水域范围。这一推断可以得到如下的证明：（1）与大北关和后南关相近，还有小北关和前南关。大、小北关与前、后南关一组地名，透露出这附近有古城址的信息。经过尹钧科先生等《北京历史地图集》编辑组主要成员的野外实地考察，发现在大、小北关和前、后南关之间，有一片面积很大的聚落遗址，地面上断砖碎瓦随处可拾。经富有野外考古经验的苏天钧、唐晓峰先生观察鉴定，都是辽、金、元时代的遗物。后经图集编辑组人员结合文献记载，深入研究讨论，一致认定辽代所置漷阴县治所就在这里。大、小北关和前、后南关等村名，盖源于辽漷阴县故城。过去有人认为，辽漷阴县故城就在今北运河畔的漷县村处。《日下旧闻考》卷一一〇引《漷县志》称："县旧治在（都县）城南隅。元升为州，迁于河西务。至正间复移旧

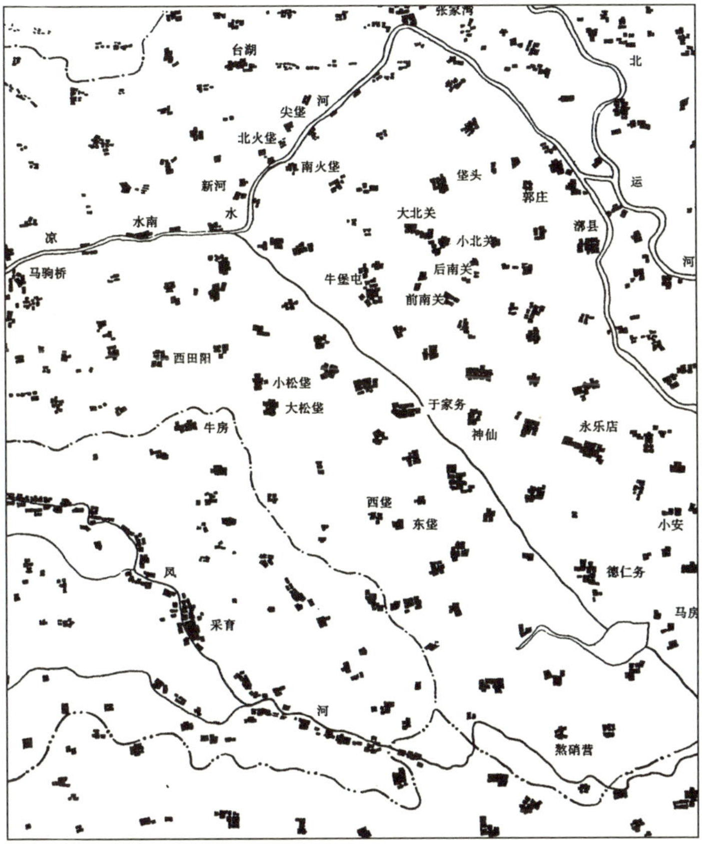

图 2-2 通州区南部村落形态和分布图（引自《北京郊区村落发展史》，北京大学出版社 2001 年版，第 364 页）

地，改立于城东北隅。洪武五年复为县，仍旧治。”是谓从辽漷阴县到元末漷州，再到明漷县，治所皆在今漷县村处。但是，光绪《通州志》谓漷阴县故城在明时已无考。可见辽漷阴县故城非明之漷县县治。民国时期，田瑞璜氏编绘《直隶五河历代河流沿革图说稿乙·北运河》的反映辽代的一幅图中，将漷阴县城绘在北运河西较远的地方，显然也不是今漷县村处。今漷县村是元末之漷州、明代之漷县治所，辽、金之漷阴县城在今大、小北关和前、后南关间，是完全合理可信的。既然辽漷阴县城所在已明晰，那么，今大、小北关和前、后南关一带，就在延芳淀水域之外。（2）载于乾隆《通州志》卷三〇的元朝王锷撰写的《辽昭勇大将军中都路总管兼大兴府尹郭公新茔碑》碑文称“郭氏世为漷阴县清太乡于家里人”，今通州南境有于家务村，据20世纪《北京市通县地名志》说“元已成村者”，于家里就是于家务。也就是说，于家务村辽代已有。那么该村所在地方，当然亦非延芳淀水域。(3)《光绪顺天府志》云：通州南二十八里“郭家庄，旧有辽司徒郭世珍独秀园亭”。下有小字注云：“《辽史拾遗》引张祥《漷县志》：‘园亭，在县北二里，辽司徒郭世珍建。’”根据方位距离判断，郭家庄即今郭庄，在漷县西北3千米多。附近既有辽时人修建的园亭，那么，延芳淀水域不及郭庄已无疑义。(4)《光绪顺天府志》又云：通州南“四十里南仪阁、神仙宫，旧有辽神潜宫，仙、潜音转”。《清一统志》云：“神潜宫，在通州故漷县西南二十里，辽后妃从猎行宫也。遗址尚存。”《日下旧闻考》卷一一〇谓：“今(漷)县西南二十里俗呼神仙村，或即是宫故址。”由此可知，今神仙村即辽神潜宫故址，并因宫而得名。此地也必未在延芳淀水中。(5)同在《日下旧闻考》卷一一〇里记载：崔氏园亭在漷县南小安村，金朝官员崔礼曾为四乡学谕，金朝灭亡后，隐居于此，建有私家园亭，种植花卉安度余生。元朝时有很多文化人慕名而往参观。按：小安村今存，金人崔礼在此建园亭，虽然时在辽后，但金时延芳淀仍在，小安村也应处在延芳淀水域之外。

由上述资料说明，今漷县以西，郭庄、垡头以南，大北关、牛堡屯以东，于家务、神仙、小安等村以北地区，皆非延芳淀之水域，实为辽漷阴县最繁盛的地方。在这片地方以北、以西、以南的广大地区，才是延芳淀水域的主体所在。

《辽史·圣宗纪》载，统和八年(991年)正月“如台湖”；九年正月复“如台湖”；十年正月又“如台湖”，三月“以台湖为望幸里”。辽之台湖，当即今通州西南之台湖。“以台湖为望幸里”，“里”，古时聚落名称，说明延芳淀之水域不包括台湖。

清《嘉庆重修一统志》云：“旧志今南海子侧有延芳村，或谓延芳淀即南海子之旧名云。”[①]按：这里的延芳村，即指旧日南苑东北侧的大小羊房村。羊房、延芳，音近而混用。如果此说有据，则延芳淀水域可西及南苑东侧。从马驹桥以东，特别是大小羊房以东，今通州区次渠镇一带，村落大小、疏密明显不均的情况看来，辽时方圆数百里的延芳淀，向西抵达这里，也是可能的。今大兴区长子营以北，采育、凤河营以东，村落亦大小疏密不均，说明这里也有可能是延芳淀水域所及的地方。虽然西北从今牛房始，斜向东南至孛罗庄止，有一线状村落密集带，很明显这是古永定河一条故道经此而留下的淤积高地，适于人们建村居住的反映。但据北京市文物局考古人员发现，在采育附近发现过一座埋于地下的辽代村落遗址。辽圣宗统和十二年（1004年）正月癸丑朔，“漷阴镇水，漂溺三十余村”[②]，此处埋于地下的辽代村落遗址，很可能就是其中的一个。因为在此之前，延芳淀已经存在，所以辽时延芳淀西南边缘不及采育。

通过上述粗略分析，辽代方圆数百里的延芳淀范围，大致在大北关、牛堡屯、于家务、永乐店以西、以南，北至张家湾、台湖，西至羊房、马驹桥，西南至长子营以北、采育以东，南和东南至今通州区南界甚至包括今天津武清北部的部分地区。但是，在这一地域范围内，并非水连水，湖连湖，汪洋一片，中间似乎还有一些地方没有被水淹没，仍然有人家居住。例如，辽寿昌五年（1099年）镌刻的《燕京大悯忠寺故慈智大德幢记》称：“师讳惟脣，俗姓魏氏，漷阴田阳人也。”[③]按：田阳，今存，分东、西田阳2村，属通州区大杜社乡。既然辽代已有此村，说明该村所处之地或为延芳淀犬牙岸畔，或为水中岛屿。又据《日下旧闻考》记载德仁务附近有辽金时期的墓葬：“漷县得（今作德）仁务有三大冢相望。其西北有冈隆起，冈首有洞，其中窈然深黑。尝有以烛入者，行里许，有瓷瓮贮油，一灯荧荧然，人间什物俱备。试掷一砾，即有矢外射，其人惧而出。盖辽金诸贵人

① 《嘉庆重修一统志》“顺天府·山川”，第339页。

② 《辽史·圣宗纪四》。

③ 陈述辑校：《全辽文》，中华书局1982年版，第257页。

家也。”[①]既然附近有辽金达官贵人之墓，那么该地必不为延芳淀水所淹，德仁务附近很可能是个高丘，因而能发展成为特大型村镇。

到元代，延芳淀已经演变离析成多个小湖泊，即马家庄飞放泊、栲栳垡飞放泊、南辛庄飞放泊、柳林海子、延芳淀等。“飞放”是元代皇帝主持游猎的一种民族传统活动。《元史·兵志四》记载：“冬春之交，天子或亲幸近郊，纵鹰隼搏击，以为游豫之度，谓之飞放。”因此，“飞放泊”的叫法也兴于元代。《日下旧闻考》卷一一〇引《漷县志》记：“马家庄飞放泊在（漷）县城北八里，南辛庄飞放泊在县南二十五里，栲栳垡飞放泊在县西南二十五里。”根据方向里程并结合村落形态与分布状况判断，马家庄飞放泊应在今张家湾以南，北大化、垡头、郭庄以北地区。南辛庄飞放泊应在通州区最南端、德仁务周围地区。栲栳垡飞放泊应在于家务西南、东西垡（旧称栲栳垡）一带。这些地区的村落普遍较小，而且稀疏，正是因为这些地方在元代还是水泊的缘故。

但元代还保有延芳淀的主体遗存和柳林海子。柳林海子是元帝经常前往游幸狩猎的地方，建有行宫。《元史·世祖纪》记：至元十九年（1282年）二月，“车驾幸柳林”；二十二年（1285年）二月，“驻跸柳林”；同书《英宗纪》：至治元年（1321年）二月。“畋于柳林，敕更造行宫。”三年五月，“大风，雨雹，拔柳林行宫内外大木二千七百”。同书《文宗纪》：至顺元年（1330年）七月，“调诸卫卒筑漷州柳林海子堤堰”。诸多资料说明，柳林海子在元代是十分重要的。《读史方舆纪要》谓柳林在漷县西。《漷阴志略》谓在县西北十七里。准其地望，当在今通州区牛堡屯镇西北境。这里有柳营村，疑与柳林海子有关。柳营之北有南大化、北大化2村，或许是柳林行宫花园的遗迹。北大化之西的陆辛庄南北，村落稀疏，也是柳林海子在此地的证据。延芳淀当更偏西，在今通州区西南次渠镇境内。其西羊房村既有延芳村之说，似乎不无道理。今次渠镇周围村落之稀疏，

① 《日下旧闻考》卷一一〇引《燕山丛录》。又《长安客话》卷六记载略同。

尤为典型。

元代延芳淀演变的结果如图2-3所示。这些由辽代方圆数百里的延芳淀而离析成的几个较小的湖泊，在明代文献中已少见记载了。至清中期，已完全消失，衍为平陆，陆陆续续出现一些新的村庄。

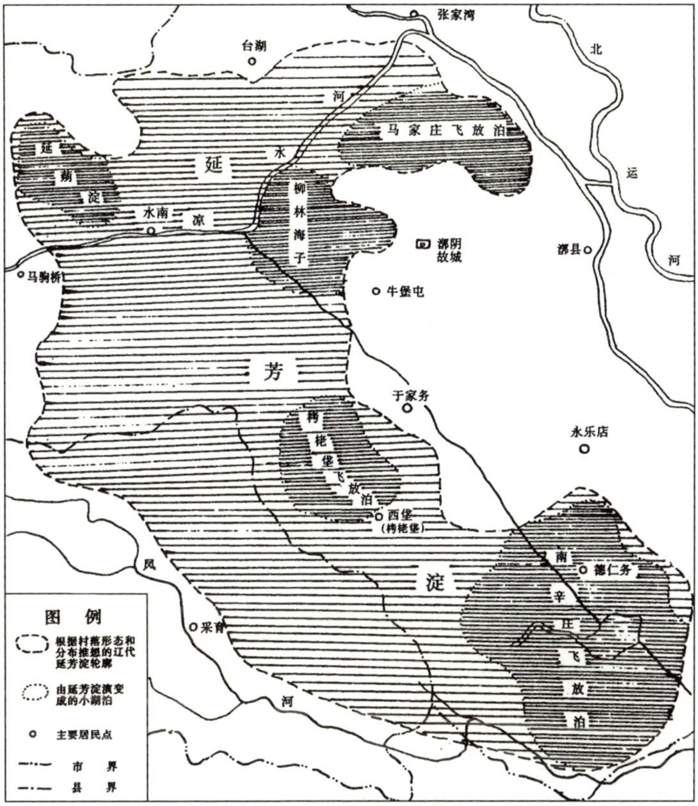

图 2-3 辽代延芳淀范围及其演变推想图（引自《北京郊区村落发展史》，北京大学出版社 2001 年版，第 367 页）

通过上述论证可以看出，延芳淀的存在、演变和消失，对今通州区南部村落的发展和分布所产生的影响，主要是使该地域内村落的形成和发展存在着空间环境的不同和时间先后的差异，从而造成该地域内村落的规模和疏密呈现较明显的层次结构。也就是说，在延芳淀水域之外，农业开发连续不断，历史悠久，村落较大较密；而在延芳淀水域地区，农业开发迟缓，历史减短，村落较小较稀。随着延芳淀的变迁，这一地区的农业开发和村落发展有一个渐进的过程。

村落分布与河湖水道的关系，还有一个典型例子，就是怀柔、密云和顺义区牛栏山之间的三角形地区内，村落的分布井然有序，状若开屏的孔雀尾巴。这是因为怀柔、密云两区之间，正当潮、白两河出山之处。历史上，这两条河出山之后多次共道和分流。远的不说，明朝中叶，白河自马头山、龚家庄全势西趋，经怀柔区东，至顺义区牛栏山；而潮河则经密云区城南，斜向西南，也至顺义牛栏山，然后两河相汇，共道南流。当时，供应密云驻军的粮饷，或者由水路自通州运至牛栏山，然后陆路转运至密云；或者完全由陆路自通州向密云运输。陆路运输往往费力低效，而且由于是运行于山间，所以常常不能保证及时安全运抵。嘉靖、隆庆年间，为了便于自通州漕运粮饷至密云，便采取“遏潮壮白”措施，即堵塞西流的白河之水，使之经密云城下南流；同时，遏制向西南流的潮河之水，使之改道西流，令两河在密云城西南汇合，共道流向牛栏山。两河提前合流后，水量增大，于是，漕船可自通州直接抵达密云城下，减轻了陆路转运之苦，也保证了对密云驻军的粮饷供应。潮、白两河在这三角地区多次分、合的变迁，留下了多条东北—西南向的故道。这些故道间的条状台地成为免遭水患的安全居住区和农耕区。所以，这里的村落都在河间台地上形成并发展，在平面图上如同一串串的糖葫芦。由于潮、白两河长期在牛栏山汇流，几串村落由东北而西南渐渐靠拢，集结于牛栏山之北。因此，从整体上看，这里的村落分布酷似开屏的孔雀尾巴，河间台地如同尾羽，村落则像尾羽上美丽的花斑。

四、小结

综合第一、二章所述，在地形地貌、河湖水系、交通道路等自然条件和各种社会历史因素的综合影响之下，北京郊区村落的名称、形态和分布经历了长期发展演变的过程。在这一过程中，既有时间、空间两个轴线，又有动态、静态两种态势。时空交织，动静结合，构成了北京古村落星罗棋布、生生不息的发展过程，为我们今天留下了灿若星辰的文化遗产。

古村落作为区域历史发展的印记，具有不可忽视的文化意义。相比于历史发展中相对后起的城市文化，村落文化更能体现人类的初始特征，更接近于整个人类文化的本原。尤其是山区的村落，它们中有的由于地处偏僻，没有受到过多破坏或改造，从而保留了一种历史风貌，包括古老的街道肌理、建筑格局和完整的民居院落；有的因经济和人口发展比较稳定，历史传承性较好，保留了一些传统的民风民俗、民间文艺、传统工艺等非物质文化遗产。门头沟的爨底下、灵水村、柏峪，怀柔的九渡河、琉璃庙、喇叭沟门，密云的古北口、司马台、檀营等古村落具备了历史文化的可见性、对比性和延续性，从而成为当今社会珍贵、稀有的历史文化载体。人们可以从一座老屋、一个石碾、一口水井、一段土路中，回味从前的生活，体验历史的沧桑，寄托人们的乡愁。

北京山区古村落的形成发展与北京的地位和城市生活的特殊性息息相关。因而，它们所展示的是既富有地域特色而又与古都文化相关的另一种文化形态，是某些即将消逝了的传统文化习俗和乡村生活形态的活化石，是北京历史文化的延伸展示和深度反映，因此更具有独特的保护和开发价值。

随着现代化脚步的大规模推进，很多藏在深山老林的古老村庄也在不断消失。所以，我们要做的工作就是留住这些民风淳朴、古朴幽静的小村古堡，让它们在当今社会发挥其独特魅力，不要让它们渐渐地只存在于我们的相片和记忆里。

第三章

星罗棋布　辉映千秋

——北京经典古村落记忆

作为华夏文明重要传承区域和政治文化中心，诸多历史悠久、文化灿烂的古村落星罗棋布地分散于北京地区的各个角落。它们随着历史的脚步从古代走进现代，将北京这个全国文化中心的文化积淀、发展脉络以及区域文化特征一一呈现，为我们展示了北京古都文化发展的深厚土壤、时代背景和另一种形态。这一部分我们按除东城、西城两个核心城区之外的14个行政区划，将那些经典的、富含历史文化价值和鲜活生命力的古村落加以梳理介绍，为它们在古都文化传承与发展中留下珍贵的记忆。

第一节　门头沟区[①]

综合来看，门头沟区古村落形成及发展有这么几个特点。一是门头沟属于永定河流域，永定河对门头沟区村落发展有着极其重要影响。永定河水系所形成的冲积平原以及沿河所形成的道路，为人口迁移提供了必要条件。因此，在山间盆地以及冲积平原上很早就孕育了定居的村落文明，如三家店村、斋堂镇、清白口村、燕家台村及千军台等村落。一般而言，分布于河谷阶地和山间盆地接近水源的村落较小，成村时间也比较晚，居民多来自山西移民。而沿河村落的规模则比较大，成村时间也较早。二是因军事需要而发展起来的村落主要集中在门头沟区最西北的长城沿线，如沿河城村与柏峪村等。这里与塞外相接，至今留有明代的军事城堡遗迹。三是随着从辽金时期到元代，北京逐渐成为全国首都，对门头沟区自然资源的开发利用促进了这一区域的村落发展，如出现了龙泉务村、琉璃渠村及碣石村等村落。

门头沟区现存的古村落不仅数量多，而且多数有文献、碑刻资料可考。辽代起有关的古籍、碑刻文献开始出现门头沟区境内的村名。辽金元时期见于记载的古村就有清水、斋堂、青白口、三家店等30余村。明清时期，由于供应北京城的生活物资，门头沟区村落的形成进入高峰期。门头沟区古村落中见于明代记载的有102个，见于清代记载的有112个。

由于门头沟地处京西山中，近代以来较少与外界沟通，深山坳里

---

① 本区古村落内容撰写，参考了孙克勤、李慧愿：《北京斋堂古村落群》，中国画报出版社2006年版；建筑创作杂志社、北京市门头沟区斋堂镇政府编：《皇都古镇斋堂》，天津大学出版社2006年版；中共北京市委农村工作委员会、北京市农村工作委员会：《北京传统村落》，京新出报刊2014年；北京市民政局编：《北京千年古镇千年古村落地名文化》，2015年3月；韩子荣、张冰主编：《日下传闻录·门头沟卷》，北京艺术与科学电子出版社2014年版，在此表示感谢。

的古村经济贫乏，村民多数外出务工或迁移，对古宅较少改造。这些因素，有利于古村维持其原貌。现基本保留古村风貌的有54个，约占北京市现存古村落的70%。下面仅就几个代表性古村落做一简略说明。

一、爨底下村

位于门头沟区斋堂镇西北的深山峡谷中，京西古道由此而过。这条古道距今已有600余年历史。据说早在明永乐年间，韩姓族人从山西迁移到这里，建立了韩氏家族聚居地。相传，有一年发生了大洪水，将整个村庄冲垮了，只有一对年轻的姑侄因外走亲戚而幸存下来。后来他们结为夫妻，在现在的村址建立了新村。

爨底下村兴旺起来是在清代。那时，该村成为京师西部古道的重要节点，过往商旅必在这个小村庄落脚，这里慢慢形成了货物集散地。特别是到了康熙、乾隆时期，爨底下村出现了多家较有规模的商铺，如瑞福堂、瑞庆堂、三义堂、保全兴等。

关于爨底下村的名字由来有两种传说。一是爨底下村因位于明代军事隘口“爨里安口”的下方，韩氏世代守护这一军事要塞，故名爨底下。在爨底下人心里，他们的祖上就是当年戍边的将士。二是该村的居民先人姓韩，因韩与寒同音，有寒酸、贫穷之义，韩氏祖先想着让本族富起来，过上好日子，正巧村北的山岭形状似爨（锅灶），聚落又位于山岭之下，故得名爨底下，体现了人们对地理位置和地貌形态的丰富想象。对于今天的村民来讲，哪一种说法是真，已经不重要了。“爨”字已经成了爨底下村的一种文化象征和历史记忆。为了好写好记，村民们用自己的智慧编了这样一句顺口溜：兴字头，林字腰，大字下面架火烧。这或取其“大火烧二木，韩（寒姓）也兴旺”之意，或“爨”意为灶，烧火做饭，象征“暖意融融”，家族团结。只是到了1958年简化地名用字时，为了便于阅读，“爨”才被改为谐音的“川”，却由此失去了原有的想象空间和文化味道。近年来这里发展古村落旅游后，“爨底下”这个用字独特的地名，正在自觉地回归居民生活与社会公众的视野。

爨底下村还有一个好听的名字，叫“古迹山庄”。说其是“古迹山庄”，是因为爨底下村是我国北方地区保存相对完整、具有独特价值的山地四合院建筑群之一。爨底下村的民居独具特色，虽历经沧桑，但依然保持着原有的建筑风貌。全村共有76套四合院689间房，全为清代所建。这在北京地区古村落中并不多见，享有“清代古民居，山地四合院”之美誉。这里也被当作电影电视拍摄外景地，如《太极宗师》《投名状》就是在这里诞生的。

村子整体坐北朝南，沿着蜿蜒的京西古道形成了一个圆弧形的村落。当我们站到对面的山上望去，会惊奇于爨底下村的布局和构造。村子依山而建，层层升高，错落有致，在大自然的映衬下，显得格外古朴典雅。如果从村东关帝庙所在的山梁上看去，这个村子又酷似一座城堡，被人们称之为北京地区的“小布达拉宫”。

爨底下村独特的人文景观，明清风格的古迹山庄，让人流连忘返，乡愁的思绪久久不能忘怀。2003年，爨底下村经建设部、国家文物局批准，被列入第一批公布的“中国历史文化名村”。

建筑是艺术，建筑是生活，建筑是智慧，建筑是人们心灵的传递。巧妙地把传统院落与崎岖山脉融为一体，这是爨底下村民居的最大特点。总体而言，爨底下村古民居是以四合院为主，三合院为辅，加上防洪排水和防卫系统，构成了独特的古建筑群。四合院有山地四合院、双店式四合院和店铺式四合院。山地四合院主要由正房、倒座房、左右厢房和耳房、罩房组成。正房为主人、长辈所居住，一般坐北朝南；倒座房为客房、书房；东西厢房为晚辈、儿女居住；耳房、罩房则为库房、厨房。双店式四合院既有店铺，又有骡马店，是集居住、商业、货物仓储及马棚于一体的院落。骡马店门楼的设置很有特色，既有专门供人使用的门楼，又有专供牲口进出的门楼。布局巧妙，结构严谨。店铺式四合院一般由居住、商业、仓储及自家使用的小马棚组成。

村中石板铺成的小巷，纵横交错，好似迷宫。石墙高达10米，上下有天梯相连。四合院院内构造独具匠心，门楼等级分明，影壁刻画巧妙，砖雕、木雕、石雕，形态各异，俊秀典雅。建筑群整体设计合理，布局严谨，堪称北方民居建筑艺苑中的一颗璀璨明珠。民居的门楼一般均为如意门，门框两侧采用磨砖对缝砌成，门外上部顶棚绘有图案，许多宅院下有地窖，上有花墙，真可谓巧夺天工。大门楼的角柱石的石雕上刻有“东壁图书府”“西院翰墨林”，仍在展现昔日的文化盛风。

在爨底下村的四合院中，广亮院级别最高，最有气魄，最为精美，也是保存最为完好的。它位于村地势最高的中轴线上，为清代宅院。原为南北二进，东西分三路，即3个相对独立的院落，共同构成一个大四合院。共有房45间，院外有高高的围墙。如今，东路前院正房，中路前院正房及西过厅仅存墙体或地基，其他建筑主体完好。庭院中至今还保留有闺房遗址。1998年，门头沟区政府将广亮院公布为区第四批文物保护单位。

双店院是一座古道上的商旅客栈，专门为过往商旅提供食宿，集居住、商贸、货物仓储和马棚于一体的组合院落。大门前有一影壁，上嵌一拴马桩。门楼砖雕精美。同样是两进四合院，有房36间、门楼7座，连接6个院落。门楼的设置很灵活，有的供人使用，有的供牲口进出。二进院正房后面有高18米的大墙，且墙体砌有凸出墙体的条石，以便山洪暴发时供人逃生。

石甬居亦为清代建筑。前临人工垒砌的高大石墙，由3组坐北朝南的三合院组成，有房22间，很有特点。墙垣式门楼开在院子正中，北房台基高大，东西两厢房较低，形成强烈反差。院落青砖铺地，灰瓦覆顶，小巧玲珑，布局严谨。站在石甬道上可以俯瞰下面的四合院，宛如远山的层峦叠嶂。

爨底下村还有两处庙宇遗存，即关帝庙和娘娘庙。关帝庙又称大庙，坐落在村东北部小山上，坐北朝南，外面环以围墙，有一门楼。正殿三间，进深一间，前出廊。它的建筑等级是村里最高的，有高大的台基和全村独一无二的檐廊。这座关帝庙渐渐成为集伦理教化、祈雨祭天、转灯游庙等一系列活动于一体的综合式文化活动场所。全村集体活动和重大仪式多在这里举行。1998年，门头沟区政府将关帝庙公布为区第四批文物保护单位。

爨底下村有着悠久而丰富的民俗文化，如农历正月十五转灯游庙、耍中幡、荡秋千、唱蹦蹦戏、民间说唱等。爨底下村是一个有文化的村落，历史上出过秀才、举人和官员，一些院落墙上至今还残留诗词痕迹，也默默诉说着往日主人的风雅情怀。一位韩姓村民保存有一本清末的小学课本，书名叫《初等小学修身教科书》第一册，光绪三十年（1904年）十二月学部图书局印行。这显示出清末新式教育对本村的影响，也说明本村人士的开明和开化。抗日战争时期，这里又是抗日根据地。因此，爨底下村既是民俗旅游村，又是爱国主义教育基地；既是北京民间传统文化的瑰宝，又是极为难得的古村落文化遗产。

爨底下村是一个很有历史、很有文化、很有情怀的田园式村落。当你站在这里，沐浴着春风的暖意和温情，释放着幸福吉祥的人生追求，品味着大自然的馈赠，流连在浓浓的乡愁思绪中，确实别有一番风味。

二、三家店村

早在明代，今门头沟区龙泉镇东部有这么一个古村庄，因村有3家店铺，故名三家店村。该村是交通枢纽、商旅通衢的重要通道。一方面，该村临永定河。另一方面，它是北京西山古道的出口，控扼进出西山的大道，是西山内外的物资集散地和商贸中心。这里还是京西矿区煤炭、石灰运往京城的中转站。其中，颇具代表性的天利煤厂至今仍保留了一部分格局和原址。清代以后又成为由南路到妙峰山娘娘庙进香必经之路。因此，历史上三家店村的餐饮、旅宿、商贸、运输等行业极其发达，可谓商铺林立，有字号的商铺百余家，无字号的商铺也有90余家，特别是经销煤炭的最多。民国初年，京门铁路修成，后来又修通京西公路与永定河大桥，三家店村才渐渐失去往日“京城煤炭码头”的重要地位。

三家店村地理位置独特，历史悠久，所留下来的古迹也很多。现村中有全国文物保护单位1处，市级文物保护单位5处，大小四合院几十个。庙宇也特别多，有白衣观音庵、龙王庙、树神庙、马王庙、三官庙、二郎庙、关帝庙铁锚寺等。现存五座庙宇（龙王庙、关帝庙、白衣观音庵、二郎庙、马神庙）建筑多是清代重修后的遗物。龙王庙内的四海龙王、河神等塑像保存完好，院中还有一棵500年的国槐。

龙王庙位于三家店村西。为三合院，正殿三间，两厢配殿各三间，为明代创建，后多次重修。庙内正殿完好保存着5尊乾隆年间的龙王彩塑像，代表阴阳五行的金、木、水、火、土，这在众多龙王庙中比较少见。还有一种说法，这五尊龙王塑像中，除了四海龙王外还有一尊是永定河神。这就更体现其地域特色和历史文化价值了。庙内正殿摆放的龙王塑像至今栩栩如生，仍是一派灵异气象，值得人们予以关注和保护。

关帝庙铁锚寺位于三家店村西街路南。建于明万历二十年（1592年），坐东朝西，前有门楼一间，门额上嵌阴刻楷书“关帝庙铁锚寺”，正殿三间，两厢配殿内有周仓、关平及赤兔马塑像。除此之外，还供奉着铁锚。铁锚的由来与永定河有关。明朝初年，永定河叫浑河、卢沟河，外号小黄河、无定河。经常泛滥成灾，危害百姓。当时，有人发现河中沉有一个重达300多斤的大铁锚，许多人认为它会给村民带来灾难。为了免灾，村民们把铁锚运回去供奉起来。结果，村里丰收无灾。人们认为铁锚的确是神物，索性把关帝庙改称铁锚寺。

二郎庙乃明万历二十年（1592年）前建，民间宗教建筑。坐北朝南，为四合院式。庙内供奉二郎神。相传，秦代蜀郡太守李冰的次子李二郎协助其父治水有功，死后成神，即二郎神。村中有清乾隆、光绪年间竖立的二郎庙重修碑。

天利煤厂旧址位于三家店中街，由祖籍山东殷姓家族创建于清道光年间，当地人习惯称其为殷家大院。这是一组颇具特色的清代古建筑，大院坐北朝南，临街而建。外围有高大的围墙，3组院落共计72间房，14座大门构成一处完整的大型四合院。砖雕精美，结构精细，布局讲究。

村中民间文化活动形式多样，有民间花会十几种，著名的有太平鼓、太极拳、小车会、蹬高跷等。其中，太平鼓已被市级文化部门定为非物质文化遗产，被称为古代音乐的“活化石”。太平鼓是一种有柄、有环的单面鼓，圆形，鼓面是用羊皮或牛皮纸做成，鼓边上配几个红色绒球，鼓柄下端拴几个闪亮的小铁环。耍鼓时左手持鼓，右手持鼓槌，边打边舞边唱，是流行于本区的一种古老的民间舞蹈艺术。最初人们只在农历腊月初一至来年二月初二期间，在农家的庭院街巷舞动玩耍，象征着一种太平安乐的喜庆气氛。

门头沟会打太平鼓的村子不下几十个，远至百花山下的黄塔乡、军响乡，历史上都曾有太平鼓。具有代表性的大峪村太平鼓，其来源可以追溯到清代的北京城。但其实明代《帝京景物略》已记载有“童子挝鼓傍夕向晓”风俗，可见其实际的历史可以上溯到更远。每年春节前后，圈门里、三家店、东西辛房、大峪村等地都可见到青年妇女三五成群“斗公鸡”“扑蝴蝶”“走月牙”，自娱自乐。

今天的太平鼓曾作为节日的庆典活动服务的艺术形式，参加过庆祝中华人民共和国成立35周年的游行和第11届亚运会开幕式上的表演，标志着这一古老民间艺术正焕发新的活力走向国际大舞台。

还有位于三家店的子孙万代粥茶路灯会茶棚，单从名称上就可以看出，它们是由不同的香会组织开设的，具有各自的服务特色，是妙峰山民俗文化的重要组成部分。

三、灵水村

灵水村是一座自然与人文相互融合的传统村落，古朴典雅，历史的悠久与文化的厚重，为我们留住了浓浓的乡愁。

灵水村是京西最具文化底蕴的古村落之一，距离北京市中心城区不到80千米，隶属于门头沟区斋堂镇。它三面环山，风景优美，坐落在马蹄形山坳中，是古道必经之处。村依泉而建，水绕村而流。

说其历史悠久，是因为它是千年古村。相传汉代时期，就已有慧眼之人识得这块风水宝地。明代史著《宛署杂记》记载："灵泉禅寺，在凌水村，起自汉，弘治年间僧海员重修，庶吉士论记。"谐音异写往往是地名雅化的重要手段，既可保持已经基本固定的语音，又达到了心理或审美方面的某种满足。灵水，原就有"凌水""冷水"之名。由此，我们可以得知，灵水村的起源可追溯到汉代，这可能在门头沟区，甚至在北京地区的古村落中也算是历史悠久的了。

从文献记载来看，最晚在辽朝时这里就已成规模。据包世轩《辽玉河县清水院统和十年经幢考》一文对"经幢上捐资村落和邑众"的考证①，推断早在辽统和十年（992年），灵水村就已经很有规模了。到了明清时期，灵水村规模继续扩大，人丁兴旺，呈现出一派繁荣景象。当时经济发达，灵水村有八大著名商号，号称八大堂，即三元堂、大清号、荣德泰、全义兴、全义号、三义隆、德盛堂和济善堂。在明清及民国时期，这里的商号把山货收集起来，通过京西古道，用骡马源源不断地运往京城。尤其是清末民初，灵水村商业最为鼎盛，可以说是人人经商，这也是其文化独特的一个地方。

灵水村又是一个举人村，这是该村另一个独特的文化内涵。灵水村自古以来崇尚教育，读书风气浓厚，是乡村文化的典范。自明永乐八年（1410年）以来，村中就有社学，私塾众多。虽然明清期间只有两百余户，但那时就出过22名举人、2名进士，民国初年有6人考取了北京燕京大学，所以说灵水村是名副其实的文化村。回报家乡发展，是举人文化的应有之义。清光绪三十二年（1906年）举人，历任知县、知州、候补知府的刘增广，倡导在木城涧玉皇庙建立新式学堂，此为北京地区最早的新式学堂，8年后灵水村也兴建了新式学堂。举人宅院为灵水村八景之一。村内现有多处举人故居和官宦宅院

① 包世轩：《北京佛教史地考》，金城出版社2014年版。

遗址，如刘懋恒、刘增广、谭体仁等故居，这是灵水举人村美誉的实物见证。这些宅院多为三进或五进宅院，建筑风格具有乡村士大夫风范，显出文人的风雅，是八景不可或缺的一景。

明代富绅刘增昆的宅院是一套五进四合院，各院的南侧开有旁门，每一座四合院构成一个独立的单元。该院共有90余间房。每个四合院正门和后门均设在宅院的中间位置，连成一条直线。从第一座宅院进入，直通其余4座宅院。如果关闭正门，开旁门，每一宅院又构成一独立单元。这就是合中有分、分中有合的格局。

清代知府刘懋恒故居宅院据说原来也是五进四合院，现在已为一个个独立的院落。室内木雕精美，雕梁画栋。大宅院才有的气派台阶，坚固无比的巨石地基，宽敞的院落，再现了当时的官宦大宅院。院落主人刘懋恒就出生在灵水村，曾任内阁中书、刑部浙江司主事、山西汾州知府等职，正四品官员。

在村后街81号坐落着清末举人刘增广故居。这处宅院为三进四合院，分为前院、中院和后院，共有20余间房。青砖灰瓦，雕梁画栋，非常精致。雕花门楼和砖雕影壁，与院内其他建筑，浑然一体，古色古香。刘增广曾在斋堂读私塾，后考中举人，历任山西左云县知县、静乐县知县、吉州知府。

目前，村内保存最为完好的四合院就是该村127号的民国官员谭体仁宅院。整座宅院，布局精妙，建造精良，堪称是古村落宅院之典范。谭体仁就是灵水村人，曾任宛平县县长，他重视教育，对宛平地区教育做出了重要贡献。

灵水村的东岭石人、西山莲花、南堂北眺、北山翠柏、柏抱桑榆、灵泉银杏这几处自然景观也富有文化意义。东岭石人讲的是村东一座山上，好像有一石人高高耸立，有的说像是一位教书先生在黑板上写字，这也预示着灵水举人文化的发达。西山莲花是说村西的一座山叫西山，从远处望去如同一朵盛开的莲花，因此人们称它为莲花山。传说观世音菩萨曾在此山修行，这也保佑灵水村人丁兴旺，人才辈出。举人村或许正是山水造化的神奇展现。南堂北眺指的是灵水村的整体布局，形似一巨龟，有人说灵水村的灵就是来源于这一整体布局。北山翠柏指的是村北有一座山，人们称它为北山。山口处有一株千年古柏，人们因其美妙的天然造型而称之为京西灵芝，现为国家一级名木古树。在南海火龙王庙内，长着两株千年古柏，相互拥抱，人们称之为柏抱桑榆，这也是北京古柏奇观中的两大奇观。在灵泉禅寺遗址院内，生长着两棵几百年树龄的高大银杏树，古老而神秘，被誉为灵泉银杏。

寺庙遗址是灵水村文化遗产的重要组成部分，儒释道三教合一的宗教文化，是灵水村文化的特色之一。位于村西莲花山下的灵泉禅寺现存山门、影壁和汉白玉质须弥碑座一个。灵水村西的南海火龙王庙，相传建于金代，明嘉靖十五年（1536年）重建。目前，仅存山门一座。在其北侧，清康熙时期建有天仙圣母庙。南海火龙王庙、戏台、八角水池、三禁碑和天仙圣母庙，组成了一个密集的古村落文化中心。

灵水村为中国北方明清时期乡村民居建筑的典范，在2005年被建设部、国家文物局联合评为“中国历史文化名村”。走进灵水村，一种浓厚的历史感和自豪感油然而生。灵水村民居，一部分是明代所建，大部分为清代所建。可惜的是，抗日战争期间，遭到日军焚毁。162套四合院，现存明代民居6套，房屋22间，清代宅院民居120余间。四合院一般可分为大四合院、中四合院和小四合院三种。这在灵水村民居中都有体现。青砖灰瓦，错落有致，布局合理，门楼、影壁、石阶样样俱全。

灵水村人杰地灵，文化气息浓厚，由此而孕育出特色的乡土民俗文化。正月十五的“九曲黄河灯”远近闻名，地方小梆子戏很有特色。村民的文化娱乐活动丰富多彩，民间艺术朴实无华。每年立秋的那一天，村民自发聚集在一起喝秋粥。这源于清朝康熙年间，灵水村一带灾荒连年，刘懋恒及其父刘应全先后捐粮救济村民。为了纪念这两位善人的义举，每到立秋那天，全村人聚在一起喝粥，祈祷五谷丰登，表达一份感恩。邻里矛盾往往也是通过喝粥来化解。时至今日，喝粥节变成了金榜节。每逢立秋，一些准备高考的学子到这里喝举人粥，感悟先人的中举之道。“君子不争”“不准放猪羊出圈”“三禁碑”都体现了灵水村倡导文明、环保为民的文化理念，不愧为乡村文化的典范。

四、黄岭西村

黄岭西村是古驿道文化塑造的典型传统村落。早在元代，这里就发现了丰富的煤炭资源。元末明初，斋堂曹、王两姓表兄弟来到这里开荒种田，逐渐形成了村落。因为邻近军事要塞，又在古驿道旁，这里很快就发展成了一定规模的专为驮队提供服务的商业店铺、驿站客店，还有为驮队特需的物料制作的作坊。

黄岭西村的运输很讲究，运输队分为骡马队和毛驴队，每队牲口编制一般是为五六头，领头的牲口脖子上挂着一只大扁铃铛，押尾的牲口脖子上挂一只小铜铃铛。悠远而漫长的运输道上，形成了丰富多彩的传奇故事。据说，清康熙年间，驮队中有个叫冯掌鞭的，原本是东北书香人家的一位公子，因家遭变故，流落关内，后辗转来到黄岭西一带从事运输行业。这位小伙子长得眉清目秀，还能吟诗作文，特别是画得一手好画。他过往黄岭西总是住在一家驿站，这家驿站的主人是位寡居的女子。一来二去，日久生情。可惜天下有情人难成眷属，据说这位寡妇被前来微服私访的康熙帝看上了。但驿站女主人没等圣旨到，就一头扎入黄龙古井。冯掌鞭也因此一夜白头，跑到潭柘寺出了家。[①]民间杜撰这类古道上生发的爱恨情仇、悲欢离合的故事还有很多，这从一个侧面反映出黄岭西古道文化的兴盛和悠久。

黄岭西村，历史悠久，这里有黄龙的传说，有所谓“一亩十三堰”的故事，还有“九龙朝一凤”的风水文化，以及燕窝石塘等地质奇观。这些相比古驿道文化，显得有些逊色。可以说，古驿道文化孕育、发展了黄岭西村的文明与文化。

---

① 这一传说可参见中共北京市委农村工作委员会、北京市农村工作委员会：《北京传统村落》，京新出报刊2014年。

五、西胡林村

位于清水河南岸，属于门头沟区斋堂镇。据说，辽代时称胡家林村。明代初年明成祖朱棣率军五征漠北，过门头沟古道时，都曾在此驻跸。这里是御林军的驻地，有护驾之林的含义，故称护林村。后分为东西2村，西边即西护林村。叫着叫着就又回到了辽代时的称谓，即西胡林村。

明清时，西胡林村以谭、石、王三大姓氏为主，并无胡姓。谭家是做生意起家的，石家是靠种地富裕起来的。在谭、石两大家族的带动下，西胡林村店铺林立，石德堂、万隆店等10多家商号很有名，这标志着该村进入历史上的鼎盛时期。因此，西胡林村的宅院不但数量多，建筑风格也有特点。该村共有明清门楼8处，保存完好的古民居和门楼有谭秀全门楼、石建秀宅院和王增军门楼。在京西古村落中，西胡林村的门楼较为集中且富有代表性。村内门楼主要由山墙、屋顶、木门等组成，步道为四级条石铺就，两山墙为整砖与条砖勾搭砌筑而成，下部为墙腿石雕刻图案和形状不一的门墩石，木质大门及绘有民间传统题材的门罩，门楣也刻有精美图案，使得整个门楼端庄高雅，庄重华贵。特别是谭秀全家大门楼更具独特风格，门楼为硬山清水脊，板瓦合瓦，墙体磨砖对缝，门楣木雕花卉，角柱石雕有精美的花卉，大门两扇，金属门钹，整个门楼富丽堂皇。

村里的贞节匾和戏台也是西胡林村的重要文物古迹。村民谭茂国家里珍藏着一块贞节匾，正中行楷“节励松筠”四个大字，上款竖刻“大总统题褒”，下款竖刻“谭王氏”“中华民国八年三月”两行小字。据说，谭王氏20多岁丧夫，未改嫁，将孩子抚养成人。村西北村头的戏台，建于清代，原来是坐东朝西，面阔三间，戏台北壁有墨书题记，记述了清咸丰年间村民重修戏台的情况。可惜，现如今戏台仅存台基了。

六、千军台村

位于京西古道主干道的西山大路上，自古以来就是商旅往来的必经之道，也是诸多王朝驻军的战略要地。

村东有一座古桥，俗称千军台老桥。今其大半埋入地下，地上部分长15米、宽5.5米，桥面为大青石板铺砌。清光绪十四年（1888年）最后一次修缮该桥。村中以古道为街，两旁店铺林立，很是繁华。村庄往西有一段石块铺就的古道，保存较好，这是京西古道较为珍贵的遗迹。村中的古宅院不是很多，如村民莫根友祖上给他留下了一套二进四合院，墙门保存比较完整。清水脊，平草砖雕，石板瓦铺顶。正房3间，进深1间，坐南朝北。

值得一提的是村中传承下来的京西古幡会。京西古幡会原名称天人吉祥盛会，起源于明代的山村古庙会，以颂神、祭神为主要内容，起初是娘娘庙进香时的仪仗，后演变为村里一项重要的民俗活动。整个明代，幡旗之队列，乐曲之演奏最为繁盛。京西古幡会，远近闻名，不仅北京地区，甚至全国也是不多见的花会。目前，该会被文化部列入“中国民族民间文化保护工程第二批试点名单”。

京西古幡会涉及千军台和庄户2个村，在流程上很是讲究。第一，做好准备。每年正月十五之前，2村的村民都得准备好所用道具，组织好人员分工。第二，村头接会，即两村会头互致问候，唱古曲《老爷曲》，演奏古乐，议定幡会的事项和安排。第三，沿街舞幡，这是整个幡会的重头戏，也最热闹。第四，庙前花会，也就是沿街舞幡结束后，大家拥进药神庙院内，进行花会表演。第五，文艺演出，花会结束后，村民来到大礼堂观看文艺演出。

京西古幡乐被誉为“中国古乐的活化石”，它是由吹奏乐和打击乐组成，乐谱使用的是中国的工尺谱，内容是以儒家典故为主，或反映当地的民俗。

七、沿河城村

位于门头沟区西北部，永定河南岸。明代成村。因靠近永定河，故称沿河城。这里北至怀来卫65千米，东南达王平口45千米，西南到涞水县马水口75千米，既是内长城上也是塞外通往京城的要冲之一。

沿河城是明代一座军事要塞，也是太行山余脉西山深处的一座山地军事城堡。永乐四年（1406年）设沿河口守御千户所。景泰二年（1451年）调配官员，加强防守。嘉靖二十四年（1545年），建仓储粮。嘉靖三十二年（1553年）建守备公署。万历六年（1578年）筑城。城周二里余，用条石鹅卵石砌成，有四门。城楼毁于抗日战争时期，但古城的基本风貌和轮廓尚保留，西门完好，附近敌台保存得也比较好。

城内现存的明万历十九年（1591年）《沿河口修城记》石碑一座，载曰："国家以宣云为门户，以蓟为屏，而沿河口当两镇之交，东望都邑，西走塞上而通大漠，浑河荡荡，襟带其左，盖腹心要害处也。"

这座深居大峡谷里的边塞小城，坐落于桑干河、太行山进入京师地界的咽喉之处，这里也是刘家峪沟、石岩沟、龙门沟三条道路的岔口，故称其为三岔口。整座城池依山傍水，地势险要，山水秀丽。沿河城辖有十几处隘口，如沿河口、天津关口、东龙门口、天桥关口等。

沿河城城墙依山而建，北低南高，沿永定河一面平直，傍山面呈椭圆形。周长1000余米，城门是砖石结构，东门额曰"万安门"，西门额曰"永胜门"。关城两侧城墙沿山而修，有16座敌台。城内还设有衙门、校场、营房、火药楼、大板仓等军事设施。沿河城属内长城，归蓟镇管辖，是护卫京城的一个重要关隘，战略地位突出。

现在沿河城保留下来的有城墙、城门、敌台、戏台、寺庙、修城碑、守备府碑等文物古迹，依然在诉说着那段战火雄风的历史岁月。传承至今的古民居，也在展现军民生活的历史、现在与未来。沿河城前街152号院是一处雕梁画栋的大门楼，五级青石台阶，大门前有一对精美的门墩石，院内还有雕花门楼、影壁。其中一座古宅院的墙壁上还发现了壁画，上面题诗《寻隐者不遇》《清明》。

八、琉璃渠村

位于门头沟区永定河出山口，西依九龙山。约在元代之前，该村就已出现了。原本叫琉璃局，之所以有了琉璃渠的美名，是因为清朝光绪年间治理永定河泛滥，修大灌渠穿村而过，故名琉璃渠。元明清三代的琉璃官窑厂，正坐落在琉璃渠村。琉璃渠村窑火700多年不灭，至今还在生产琉璃产品，其琉璃烧造工艺被列入国家非物质文化遗产保护名单。

由于特殊的地理位置，又有京西古道和琉璃制造业的优势，这里聚集了不少商户，因而留下了不少珍贵的古民宅。琉璃渠村至今保存着完好的传统村落空间格局。道路以两条东西走向的街道为主，其间穿插有南北向的巷道。民居建筑高度为一层，灰砖灰瓦，保留了传统的形态和尺度。

圣旨碑、水井碑、三官阁过街楼、邓家四合院、关帝庙琉璃窑遗址、清工部琉璃烧造办事公所、指路碑、杨恭林夫妇合葬墓碑等，这些历史文化遗迹都在述说一个个历史故事及传说。

三官阁过街楼位于琉璃渠村东口，坐东朝西，因券洞上殿堂供奉文昌等三官，又称三官阁。每年正月十五元宵节，街楼上张灯结彩，故俗称灯阁。据1995年出土的《琉璃局文昌东阁记》碑记载，该过街楼始建于清乾隆二十一年（1756年）。过街楼下部为城台，城台上方嵌琉璃额，东曰“带河”，西曰“砺山”，城台两侧青石上镌刻“众善奉行”“诸恶莫作”。城台上建有殿堂三间，门楼上立黄绿相间的宝象。

古民宅中最有代表的邓氏宅院原是京西著名商铺“天盛店”主人之一邓平章的居所。民国初年修建，两进四合院，坐北朝南。屋内火炕、地炉保存完好，至今仍在使用。个别青砖上印有“西通合”字样，“西通合”是我国古建专家马旭初的祖辈在北京齐化门外开建的官用青砖瓦厂和营造厂。

清工部琉璃烧造办事公所为两进四合院，坐北朝南。整个院落有22间，外观简朴，院里及室内讲究、美观、实用。这是在北京传统村落中很少见到的官方设置机构尚存的古建筑。

九、马栏村

位于清水河南岸，属于门头沟区斋堂镇，明代成村，原为圈放马匹之地，又名马兰。这里有清代建筑的戏台，还有位于村子中央的元代龙王观音禅林大殿。《宛署杂记》载：“龙王观音寺，先朝至正中建，旧名龙王庙，嘉靖三年改今名。”村中的传统民居院落，随山势错落有致。

马栏村隐蔽而又便利的特殊地理位置，使得它成为京郊地区较早的红色革命圣地，曾有北京“小延安”之称。1939年，抗日战争进入最为严峻的时期。萧克等奉中央和军委的命令，于同年2月成立了冀热察挺进军，并担任司令员兼政委。同年10月，挺进军进驻马栏村，司令部就设在马栏村一院落。十团团部、弹药库、枪械所、通信站、伙房、医院等，都设在马栏村的其他院落中。萧克司令员就住在马栏村91号院。这是一套二进四合院，坐北朝南，大门在东南角，影壁非常精美，门楼两侧角柱石镌刻着精美的“琴棋书画”图案。走进室内，当年萧克司令员使用过的文件柜、马灯、铜洗脸盆、八仙桌、太师椅等物品，呈现在眼前。院内还完好地保留着一个防空洞。十团团部所在的院落为马栏村48号院，为三进四合院，坐北朝南，正门在院东南角，对面为雕花影壁，后院面阔三间，有雕以精美花卉的木雕。

挺进军成立后，特别是进驻马栏村后，在平西、平北、冀东多次粉碎敌人大扫荡，浴血奋战，实现了“巩固平西，坚持冀东，开辟平北”的战略意图。马栏村因挺进军而威名远扬，成为北京西部敌后抗日战场最坚固的战斗堡垒，也留下了诸多红色故事。

1942年，挺进军转移到外线作战。一天清晨，100多名日伪军包围了马栏村，强行把村民们赶到戏台前，准备屠杀。危急关头，县大队大队长张崇德的父亲张兰珠老人挺身而出，说：“我是八路军家属，放了乡亲们。”气急败坏的敌人当着乡亲们杀害了这位老英雄。

接着，50多岁的女共产党员宋广福站出来，大声说："我是共产党员、干部家属，要杀杀我，与老百姓无关。"敌人无计可施，只好抓走了40多人，还不忘一把火烧了60多间房子。这就是震惊京郊的马栏事件。1955年，毛泽东签发给张兰珠老人光荣纪念证，颁发到他的后人手中，以此来纪念这位光荣牺牲的老英雄。

1997年，马栏村建成全国第一家村级抗战纪念馆，即冀热察挺进军司令部旧址陈列馆。同年7月7日，以共和国上将、当年挺进军司令员萧克为首的一些为平西抗日做出卓越贡献的原挺进军将领们来到马栏村，89岁高龄的萧克将军亲自为陈列馆剪彩。

十、龙泉务村

位于龙泉镇北部，属于门头沟区龙泉镇。三面环水，一面临山，环境优美。龙泉务是著名的龙泉香白杏原产地，也是辽代瓷窑制作工艺的发源地。1958年该村发现瓷窑遗址，后被命名为龙泉务窑址。

龙泉务村文物古迹比较丰富，有椒园寺、洪智寺、药王庙、老君堂、山神庙等。椒园寺坐落于村南一千米山区里，绿树成荫，庙宇早已坍塌，遗址内存有明代碑刻一块，碑身破损不堪。洪智寺位于村内洪智寺街，先前是村里最大的集会、活动场所，如求神拜佛、花会表演、文体活动和行政集会等。中华人民共和国成立前殿被拆除，现遗存三间后殿，保存也不是很好。该寺原有两块清代碑刻。药王庙坐落于村西山下，东西配殿已被拆毁，正殿尚存，但损坏严重。老君堂位于椒园寺南面山顶上，只剩下断壁残垣。山神庙原在椒园寺西南半山坡上，现只剩下庙基了。村南坡上的魁星楼，建于清光绪年间，是村民祈祷子孙登科及第的地方。20世纪六七十年代被毁，1988年重建。

村内还有武德将军幢、大明漳国公夫人墓志铭、野溪石刻、重修观音寺碑记等。武德将军幢。为金代文物，1992年在村南发现，刻有汉文、梵文两种，记录武德将军生平。村北发现了大明漳国公夫人墓志铭，郑亨是明初大将，镇守大同镇，死后被封为漳国公。野溪石刻是清末王德榜将军在永定河修水利时所刻，处在龙泉务野溪永定河东岸山崖石壁上，刻有“统师徒，杀水势，燕民从此乐熙熙”。

龙泉务村古代水利方面的文化遗产也很丰富。原有永定河5处堤垛，都建在岸边险要之处，是古代先民防洪的设施。2005年，实施永定河大堤工程，这五座堤垛被全部拆毁。原有两条古水渠，河东的一条叫兴隆沟，20世纪80年代修建水电站时被清除，河西的一条叫公议沟，至今还发挥着灌溉、排涝作用。原有3处古渡口，一个是野溪栏杆会渡口，妙峰山庙会时，村民就在该渡口架桥，放河灯，因浮桥两侧有栏杆，故称栏杆会。另外2个渡口分别在河庄北侧大垛子旁边和兴隆街南头小垛子边。后来村里架设了钢丝桥，这些摆渡口就成了历史。

龙泉务窑是辽金时期的一个瓷窑，出土了非常丰富的辽代琉璃器。共发现瓷窑13座，文物近万件，尤其是辽三彩的大量出土，让世人看到了中国北方琉璃烧制业的发达。金元明继续在门头沟设窑场烧制琉璃，特别是到了清代，京城内窑场停烧，全部迁往此地。该村还有金代铁器遗址，位于龙泉务村砂石场，出土不少金代铁器。

龙泉务村的童子大鼓被列入北京市第一批市级非物质文化遗产名录。

十一、王平镇[①]

京西门头沟区王平镇所辖大部分村庄，都有丰厚的历史文化积淀，称得上是未挂牌的传统村落。

王平镇村庄多坐落于九龙山北麓、长安岭西麓、清水尖东麓、乌纱帽梁南麓山下永定河畔及其支流沟谷阶地上，煤炭资源丰富，开采历史悠久，是京西重要煤炭产地。古道纵横，交通便利，商业亦较发达。

王平镇所辖16个村庄，即安家庄、吕家坡、西王平村、东王平

① 本部分参考了安全山：《从王平镇村庄谈古村落保护利用》，见北京古都学会编，《中国古村落保护与利用研讨会论文集》，中译出版社2016年版。

村、南涧、河北、色树坟、西石古岩、东石古岩、西马各庄、东马各庄、南港、韭园、桥耳涧、西落坡、东落坡，多数是明清时所成村，也有元代成村的。

王平镇地区有人类活动的历史相当悠久，可追溯至旧石器时代。汉代以来，成为军事防御要塞和矿产开采的重地。河北村北面台地边缘一巨石上刻有“大魏武定三年十月十五日平远将军海安太守筑城都使元勒又用夫一千五百五人，夫十人，乡豪督都三十人，十日讫工”。南北朝时，这里是防御奚与柔然等族的前沿。北面大村至东灵山一带，今亦存北齐长城遗迹。西落坡村，有“大寨”寨墙及古碉楼。明代，东石古岩村又是次边黑石崖口，马各庄村则为“马政”养马之地，至今存有马场围墙及草料库。清代，重修过的牛角岭、峰口庵、王平口、大寒岭关城犹存。

王平镇各村寺庙众多，今存遗址者不下数十处。如安家庄村存有龙王庙、关帝庙、娘娘庙、朝阳庵、山神庙，而河神庙、五道庙早已不存。王平村存有龙岩寺、府君庙、观音庵（东庵庙）、马王庙、五道庙等，娘娘庙、关帝庙也已不存。其中龙岩寺为辽金时创建，遗址内沟纹砖瓦遍地，存有元元统二年（1334年）正纯塔幢；平顶山碧霞元君娘娘庙庙址在王平村火车站东，曾有庙会。吕家坟村（旧址）有关帝庙、上北寺（俗称）、五道庙。南涧村、色树坟村有五道庙。东石古岩村有般若堂（修门斋铁路时毁坏）。韭园村有龙泉寺、龙王庙、菩萨庙。桥耳涧村有关帝庙、三义庙、山神庙，东西落坡村有关帝庙。南港村有姑子庙、关帝庙。东西马各庄村有黄姑寺、南庵庙、五道庙、温水峪庙。

河北村有清初“八大铁帽子王”之一的礼亲王代善第七子巽亲王满达海之曾孙、贝勒常岱之孙、贝子星尼长子星海之墓。星海的三个成年儿子葬于附近清水涧村东的黄带子坟。南港村清代马怀印夫妇合葬墓，墓室内绘有梅花、牡丹、菊花、茶花及人物故事，是罕见的清代壁画墓。

王平镇东北部为石灰岩山体结构，溶洞较多。其中“韭园大洞”

曾为战乱年代附近村民避难之所，洞内土炕犹有遗存。双洞沟（今名桃花谷）一连数洞，上下连通，洞口有石臼，洞内有神龛，曾出土古铜线及琉璃、砂锅、陶器碎片，相传有一位名曰“紫微道人”的道长曾在此修行。

王平镇为古今通衢，之所以成为古代军事重地与此有关。西山大路由牛角岭关城入境，经桥耳涧、韭园、马各庄、东石古岩、色树坟、南涧口、东西王平村、吕家坡出境，至今牛角岭、石佛岭两段古道保存完好。石佛岭段古道建于永定河南岸悬崖上，今存明万历六年（1578年）修路摩崖碑四方，其中一碑额上雕有3尊佛像，“石佛岭”由此得名。

韭园、桥耳涧、东西落坡等村，今存古桥数座。韭园村北、色树坟村西、王平村东、落坡岭附近、安家庄村南，曾有永定河古渡口。王平村东、色树坟西渡口的渡船至20世纪60年代尚在使用，其中后者还有供行人过河的吊斗；安家庄村南安家大旋处的古渡口曾有大木板搭成的“善桥”，今存桥板洞，韭园渡口的桥板洞亦存。

王平镇各村的非物质文化遗产也很丰富。例如庙会、花会、民风习俗及传说故事等。庙会有王平村平顶山娘娘庙会和九龙山九天圣母庙会。平顶山天仙庙建于明代。明末至民国初年，这里的庙会也很热闹。1947年，该庙成为完全小学石岗儿小学校址，20世纪50年代中期成立王平村煤矿时将庙拆除，建起了矿食堂和俱乐部。九龙山九天圣母娘娘庙是京西地区唯一保存下来的九天玄女庙。斋堂及百花山的娘娘庙原来也供奉九天玄女，但碧霞元君后来居上，取而代之，只有九龙山保留了下来。王平地区的煤业比较发达，而且老百姓多有看热闹的习惯，所以九龙山庙会期间，也多赶往参加。由落坡、南港村去九龙山庙会的古道至今犹存。今已成为国家级非物质文化遗产代表项目的庄户千军台幡会就是在福龙山庙会基础上产生的“天人吉祥圣会”。

花会有安家庄高跷会、中幡会、锅子会、大鼓会、音乐班、八卦灯会，王平村的五虎少林会、高跷会、霸王鞭、秧歌会，吕家坡村的蹦蹦戏，南涧村的吵子会，西石古岩的风秧歌，马各庄的腰鼓队，村村还都有太平鼓。

十二、斋堂村

位于门头沟斋堂镇的斋堂村，由此东可达京师、西可通河北至蒙古高原，历来是兵家必争之地。斋堂古称“灵桂川”，源于白铁山上的灵岳寺。斋堂原指佛教寺院用斋饭的地方，因唐代古刹灵岳寺在此地供游僧和香客吃斋，故而得名。到了辽代，这里发展成村，从此斋堂地名一直沿用至今。元代中晚期，文学家熊自得在斋堂村居住10多年，完成了《析津志》的写作。到了明代，斋堂村发展为东西两部分，即东斋堂村与西斋堂村。

明万历二十二年（1594年），沿河口守备李化龙建议筑斋堂城堡，以便与沿河城互为犄角，构成呼应互援之势。万历二十四年（1596年）朝廷批准斋堂建城垣。斋堂城呈方形，长宽各1里，城内有前、中、后3条东西走向的主要街道。东、西城门分别题写了“廓清”“辑宁”门额。清嘉庆六年（1801年）清水河山洪泛滥，冲毁城南门和南部城墙。抗日战争时期，西城门被日寇拆毁，现仅存东门城台。1981年，门头沟区政府公布斋堂东城门为第一批文物保护单位。

在斋堂东城门外，有一座古戏台。整个戏台呈方形，三面透空，虽历经风雨，仍十分坚固。戏台的北边原可能为庙宇，可惜现在寺庙荡然无存。在斋堂东城门外，原有一座关帝庙，明万历年间重修。位于东斋堂村北面山坡上，有座古庙，称天仙娘娘庙。这是个格局完整的三进院落，虽已荒败不堪，但还是保存下基本完整的山门和院墙。庙内原由前殿、中殿和后殿。现在前殿地基完好，但原建筑无存。中殿、后殿还有空架子式的房屋。

西斋堂村有一处清代民间建筑，即聂家大院。整个院落坐北朝南，呈长方形，三进四合院格局。1938年9月，日军占领斋堂川，八路军宋邓司令部所在的聂家大院被烧毁。1981年，门头沟区政府公布八路军第四纵队（宋邓支队）司令部西斋堂旧址为第一批文物保护单位。现存的旧址只有门楼为当时原建，其余老建筑只剩台基，现有房屋均为后改建。该村西南山坡上有一处佛教建筑，即宝峰寺，原属灵岳寺下院，辽清宁元年（1055年）前已建，清同治年间重修。1998年，门头沟区政府公布宝峰寺为第四批文物保护单位。该村西北山坡上的密檐塔，原有三座，现存两座。密檐塔建于明天顺三年（1459年），砖石结构。1995年，门头沟区政府公布其为第二批文物保护单位。

十三、东石古岩村

位于门头沟区王平地区东部，临近永定河畔，属于王平镇。明代成村。这里地势险要，历史上在此建造有烽火台，驻扎军队，还设有关口。西山古道之一石佛岭古道地段就从村中穿过，留下了丰富的历史遗存。因此，东石古岩村是一个比较典型的古代军事要塞与商道文化相融合的传统村落。

据传，最早在这里定居的是张姓人家，后来发展为古道上有名的张家店。村东南悬崖峭壁上的汉代烽火台军事遗址，年代最久远，位置也最险要。曾有人在此发现铁剑、弓箭等兵器。石佛岭古道是京西古道迄今为止保留最完好的古道地段之一，当年驼队、马帮行走的蹄印至今还清晰可见，非常难得。路边的山崖上还留下了石刻的佛像和碑文，共有4块，石刻连在一起，全部佛像完整，字迹清晰可辨，是一处非常值得一看的人文景观。

沟和街道把村庄分为2部分，即南院和北院。保存较好的5处古民居中，一个叫南店的院落比较典型。该院落大门楼，朝北开，正房坐南朝北，面阔2间，进深1间，鞍子脊，石板瓦铺顶，棋盘心屋面。门前出5级如意台阶，长条青石铺就。东厢房5间，进深1间。西厢房5间，进深1间。倒座5间，进深1间。

十四、苇子水村

隶属于门头沟区斋堂镇，明代成村。这里的文化、生活与斋堂地区不同，它有着江南的气息，被誉为京畿“小江南”。

明朝初年，山西洪洞县高氏一家来到这里，当时此地芦苇茂盛，于是在此定居，取名“苇滋水”。后来水干涸了，故名为“苇子水”。这里的村民全部姓高，都是同宗的亲戚。苇子水地处沟底，四周有九条山脊，远望像九条巨龙，而龙头就是低谷的村庄。又因村内有灵泉流水，像一个金盆。整体来看，像是九龙在饮灵泉，故有九龙戏金盆之说。

苇子水沿一条东西向的灵泉河而建，古民宅位于两侧。河上有8座古桥，桥身随着河床宽窄变化而变化，神态万千。村内现有明清四合院48座，三合院37座，保存比较完整的有7座院落。其中，最好的院落是窑沟的四合院，坐北朝南，布局讲究，后墙上写着“紫气东来”“吉星高照”“山高水长”“物华天宝”“人杰地灵”等祝福语，院门前是高大的影壁，往里是大门楼，雕梁画栋，东西厢房2间，古朴美观。

村内还有8座古井、12个古石碾，如今4口古井中还可饮水。苇子水的自然景观也很多，如大峡谷，里面有回音壁、形态各异的巨石、泉水。苇子水的原生态秧歌，以歌唱戏，只有打击乐伴奏，婉转高亢，九腔十八调，被列为北京市非物质文化遗产。

十五、张家庄村

位于清水河西岸、古崖岩前，隶属于门头沟区清水镇，明代成村。电影《战斗在太行山上》曾在村里拍摄取景，这让张家庄人较早地意识到保护他们的古村落的重要性，因而较好地保留了古村的规模和风貌。

村内有南北走向的2条主街，传统建筑集中分布于村西。如戏台及磨坊，古井及影壁和保存相对完好的8座古民居，它们都依山而建，门楼雕砖、墙腿石刻非常精美。

当年录制电影所选的“司令部”院落就是一处典型的传统民居。院落正房3间，进深1间，门窗为方眼窗样式，台阶为5级台阶，长条青石铺就。东西厢房各2间，进深1间，门窗为工字锦样式。倒座3间，进深1间。门楼2侧各有鼓形门墩石，四周雕刻花纹。门楼外侧墙上有门神龛，门楣镂空雕刻花卉，极为精美。门楼其他部分多为砖雕，寓意“连生多子”“花开富贵”等。北厢房出处有山影壁，为方砖心。整座院落就是一幅艺术画卷，一幅精美的雕刻作品。

十六、燕家台村

位于门头沟区西部深山区，历史悠久，元代之前就已存在。地理优势独特，西与河北省相邻。周围的6座山像6个花瓣一样，簇拥着这座古老的村庄，时刻在诉说一段美丽的史话。明朝的京西17处军事隘口，其中有三处就在燕家台村。可见，当时这里的军事地理位置之重要。

燕家台现存文物古迹颇多，最著名的是元代重修的通仙观，系京师白云观下院。至今元明2碑依然砌于券门墙上。堪称京西悬空寺的明代圣泉庵，位于村东北山上，依山而建。山谷中向东斜上方有一个十余米长的山洞，仅容一人进入。入洞有张仙泉，正殿圣母殿，东耳房为龙王殿，东侧为张仙殿，东南方有弥勒洞，整体格局保存良好。

村内共有保存较好的古民居5座，其中1处保存最为完整。有正房3间，进深1间，坐北朝南，东西厢房各2间，进深1间，屋顶为棋盘样式。

燕家台是一个集历史、宗教、军事、建筑文化于一体的古村落，这是它的特色，也是它的遗产价值所在。

十七、碣石村

位于门头沟西北部山区，隶属于雁翅镇。据说，始建年代不会晚于金代。原名叫三岔村。不知何时三岔村消失了，元末明初，人们根据村周边的无数巨石，以“立石为碑，卧石为碣”之说，重新定名为碣石村。

村落有一个长200米、东西走向的中轴街，6条南北向的街巷与此相连，错落有致。四合院、三合院、两合院在村中都有大量存在，共计59座177间。不同的主人，院落布局和层次都有不同。共同点是建筑结构基本上都是硬山清水脊，脊上有雕刻精美的荷花、牡丹等花卉。这里院落房屋还有一个特点，就是独特的屋顶做法：在凸起的瓦垄下填木炭，一方面可以减轻房屋屋顶重量，另一方面防止漏雨，还可以使房子冬暖夏凉。

村中原建有关帝庙、圣泉寺、龙王庙、白龙庙等，现已不存。只有关帝庙重新修建，坐北朝南，有一正殿，面阔三间，进深一间。村中古井很多，随处可见墨书题记，很有特点。72眼古井，现存56眼，每眼都有自己的传奇故事。

十八、青白口村

据有关碑文资料记载，辽代时成村。永定河流域的水系清水河一带，有着便于人们居住的地理环境和交通条件，因此容易形成聚居的村落。尤其在辽金时期，京西的交通得到更为频繁的开发利用，清水河流域的村落发展也就更为迅速，青白口村就是其中之一。该村位于清水河与永定河的汇合处，清浊分明的两股水流并行千米之后才混成一体，村落即因此得名。明清时期在此设置港口巡检司，村东山间有古代栈道遗址。此外，这里还是上元古界青白口系地层的命名地。

十九、柏峪村

柏峪村为明代时成村，因村中有古柏而得名。柏峪村现在的人口不足200人，据说以前这里有1000多人。村子依山而建，京西古道从中穿过，将其分成2部分。这里有众多古迹，村中有五道庙，村北有长城砖窑遗址、天津关遗址、明柏峪口、京西古道，柏峪口附近有明驻兵遗址、石砌烽火台等。

柏峪村是京西古道上的重要村落，多种文化聚集于此，曾流传多种戏曲，主要有柏峪燕歌戏、河北老调、山陕梆子、蹦蹦戏等，其中古老独特的燕歌戏地位最高。燕歌戏也称“秧歌”。在清代至民国时，柏峪的燕歌戏班经常应邀到矾山、怀来、涿鹿、蔚县和周边村落演出。有人认为“燕歌”一名源于“燕乐”，或至少与之具有某种关联，并称“指天子与诸侯宴饮宾客使用的民间俗乐”，实际上这是不曾认真阅读古代文献的轻率之论。《周礼·春官·宗伯·钟师》：“钟师，掌金奏。……凡祭祀飨食，奏燕乐。”“笙师，……凡祭祀飨射，共其钟笙之乐，燕乐亦如之”。[①]可见，燕乐是古代礼制中用于祭祀大典的雅乐之一，与“宴饮宾客”或“民间俗乐”风马牛不相及。

① 《黄侃手批白文十三经》本，上海古籍出版社1983年版。

第二节　房山区[①]

房山与门头沟一样是古村落形成历史较早的区域。在房山境内有大小河流13条，拒马河、大石河回旋曲折，永定河、小清河穿境而过，又是北京的西南门户，连接华北大平原，所以在这里发现了周口店这样举世瞩目的人类文化遗址，并不是偶然的。根据考古发现，房山区不仅有早期的人类文化遗址，而且有商周以来形成的村落。还有很多实物或遗址说明，秦汉之际这里就有很稳定的村落了。如琉璃河镇、镇江营、窦店镇、南正（郑）村、东长沟村等村落，建村史远追至商周战国两汉之际，并且延续发展到明清时期仍有规模较大的村落。据《房山石经题记汇编》及辽代的一些石刻所载，隋唐及辽代的许多村庄名称今天仍然存在，如葫芦垡村、交道村、甘池村、十渡村、坟庄等。辽金以后，因为政治重心逐渐转移到北京，房山得到进一步的开发，村落的发展明显受到经济、商贸的影响。当时的都城靠近现今北京市区西南，离京西的房山和门头沟都比较近。无论是人口的增加和迁移，还是上层统治者和平民的生活需要，都刺激了对房山地区自然资源的开采利用，于是村落也由此发展起来。和其他一些区不同的是，房山区的古村落在明清时期新发展起来的较少。这一区域古村落的形成没有受到军事因素的特别影响，古村落的存在一直是长期而稳定的。

一、水峪村

位于房山区西北，大石河南岸，隶属于房山区南窖乡，明代成村。古村坐落在一处小山谷中，这个小山谷叫水峪，故名水峪村。

水峪村分东街和西街，东西各有一个瓮楼，村民称其为瓮子。东

① 本部分参考了顾梦红：《房山村落文化》，北京联合出版公司2017年版；北京房山区志编纂委员会：《北京房山区志》，北京出版社1999年版。

瓮楼门楣上题写着“水峪”二字，古风犹在，古韵犹存。过了东瓮楼南行偏西，一道名为东河的窄涧穿村而过，将村子一分为二，两侧古宅依旧。东河上有两座古桥，格外引人注目。一座叫瓮桥儿，一座叫罗锅儿桥。据说，清乾隆年间，村里人为了镇住洪水，修建了瓮桥儿，现桥正中有一块石匾，上刻“宁水”二字。桥上还建有一座楼阁，前后有门。罗锅儿桥始建于清康熙年间。桥边还建有娘娘庙，庙的正殿、山门与石桥正好在一条直线上，可谓巧夺天工。

过了两座桥，眼前就是一处很有气势的宅院。人们称其为学坊院，俗称杨家大院。清乾隆年间，村民杨玉堂和他的父亲经营8座煤矿，成为村中巨富。后来，杨家出钱修建了这座学坊院。这是一座比较典型的北方风格大户民宅，用当地的山石砌成，四进院落，门楼很有特色，两座清朝风格的石鼓矗立在两旁。可以说，学坊院是水峪村中规格最高、规模最大、保存最完好的清代古民居。据村中老人讲，水峪村古宅有100余套600余间，错落有致。

水峪村的石碾也很多，有人数过，说共有128个之多。最为古老的一个石碾是清道光年间制造的。凭借着这些石碾，水峪村在民间被评为石碾收藏世界之最。

水峪村的民俗活动代表是中幡表演，有其自身的独特性，即中幡是由村里的女人来表演。早在明朝初年，山西洪洞县大槐树下的5户人家来到这里定居，也带来了他们的民间花会中幡。民国时期，冯、邢两家首创女子中幡表演，一直延续至今。

二、南窖村

位于房山区北部深山区，明代成村，是南窖乡的最大村落，为乡政府所在地。全村被一条南北向的沟峪环抱，一条古商道穿村而过，古民居比较多。

南窖村有一条东西向的主街，主街两侧分布着诸多古民居。这些古宅与其他古村落不同的是，四合院前房不仅有7间的，还有9间的。瓮楼和庙观是南窖村最为古老的建筑。南窖村的三座瓮楼分别坐落在村东口、村西口、村南口，村北对着大山，没有通道，自然也就不需建瓮楼了。现如今，东瓮楼消失了，西瓮楼仅剩一道石砌的拱门，南瓮楼保存最好。南瓮楼坐落在古槐前，下面是山石堆砌的拱门，上面托着一间顶楼，顶楼的门窗没了，但框架尚存。

南瓮楼东西两侧还建有戏楼和碧霞元君祠。碧霞元君祠，坐北向南，山门前一棵古槐，山门内也有一棵古槐。原殿宇共有45间，规模庞大，令人惊叹。历经风雨，尚存殿宇27间。戏楼也很别致，殿堂在北，隔着村南的一条浅溪是一座戏台。

东瓮楼旧址旁，坐落着一座玄帝庙。门楼属于明代样式，青砖庑殿顶。山门前是一道影壁，山门内有大殿三座，前殿供奉着刘备、关羽、张飞及赵云，中殿供奉着真武大帝，后殿供奉着菩萨。

明朝初年，山西大量移民来到这里。南窖村山区丰富的煤炭资源，随着山西移民的经商经验而被开发，南窖村逐渐走向商业繁荣。采煤业的迅速发展，使南窖村荣列房山九大商镇之一，也是房山西北山区唯一的一座商镇。村内仅杂货商号就有同顺昌、双义成、茂德祥等16家，房山县城也不过13家。当你走在南窖古街中，仍能感受到这一商镇的繁荣。

随着一座座古商镇的消失，南窖村却依然保留着古老商镇的风貌，成为北京古商镇活的历史，这才是南窖村的文化价值所在。

三、柳林水村

位于房山区西北部山区，明代成村。因村南大堰台沟中多柳树，故而得名。柳林水村的历史最早可追溯到金末。明代山西大移民，最终发展成为大村落。清末民初以来，随着莲花山道观的兴盛，这个大山深处的古村也声名远扬。至20世纪中期还曾拥有100多座古宅。

目前柳林水村还保留了不少古民居。它们基本上是二进的四合院，青砖、青石板顶，上房3间，左右配房各2间或3间，还有门楼等。

在村子西北的峡谷中，一座小庙坐落在北侧的山腰，这就是村中的龙王庙。龙王庙始建于清光绪二十三年（1897年），现在我们看到的则是2007年村民重建的，只在今庙的西侧可以看到一段旧龙王庙的残墙。庙正中供奉着龙王之位，四周有壁画，分别供奉着山神爷之位、财神爷之位、药王爷之位。每逢旱灾，村民们就到龙王庙求雨。庙门前有一眼古井，井内清泉甘甜，大旱之年，这就是村民的救命井。

村西有座山，叫莲花山，又称洞天福地。山上有南北对应的两座庙。南庙长星观原为胜泉寺，始建于金末的贞祐三年（1215年），清初改为道观。清末，观中有两位道长，女道长叫杨清风，男道长叫牛理先，他们又各传授一位高徒，即蔡义先、曾义明，二人行医问道，在民国年间很有影响。曹锟、吴佩孚等资助过长星观，在观北面创建蟠桃宫，形成南庙长星观、北庙蟠桃宫南北呼应的格局和气势，闻名于京城内外。可以说，这是民国时期北京地区最有影响的道观之一，莲花山也成为著名的道教名山。

四、磁家务村

位于河北镇最东面，是河北镇人口最多的村庄。村名之“磁”来源于瓷器之“瓷”，即古代烧制陶瓷的地方。考古调查也证实，该村曾是金元时期生产瓷器的工场，也称瓦窑村。

考古发现，在磁家务村北有辽金时期的窑址，东西200米，南北300米，出土了大量坩埚，坩埚内装有釉料，地边和断崖上还能看到一些瓷片和窑具。从窑址出土器物造型、釉色和工艺特点可以推断，此窑的烧造年代应为辽、金、元3个时代，辽代创烧，金代有较大发展，元代停烧。这是北京地区古窑址中规模最大、烧造年代最久、产品花色品种最多的一处。另据民国时的《房山县志》记载“瓦窑村，在县北三十八里”，即现在的磁家务村，只是村名发生了变化。元代曾在这里设置税务司，留下了磁家务巡司厅马公德碑一座。

现磁家务村北靠半壁山，南临大石河，产瓷土和煤，依然具备建窑烧制陶瓷的有利条件。该村是京煤集团的煤炭转运站。新农村建设以来，磁家务村建起以“玫瑰之城，芳香传奇”为主题的玫瑰公园，发展都市农业。

五、周口店村

地处山区与平原交界处亦是房易路与京周路交接处，元代成村。这里的商业发展较早，辽金以前就有石灰、采煤业。清末，京广铁路琉璃河至周口店铁路支线修通后，周口店地区的矿业开发和商业活动进入鼎盛时期。龙骨山发现第一颗人类头盖骨后，周口店更是闻名中外。1952年，周口店划为北京市京西矿区。1958年，房山、良乡由河北划归北京，与周口店合并为周口店区。1961年，撤销周口店区，恢复房山县建制，周口店村隶属于房山县。

周口店村龙骨山是“北京人”的发祥地，有世界著名的古人类和古脊椎动物考古遗址。周口店地处郊区和平原交接处，东南为华北大平原，西北的山地多为石灰岩。在水力作用下，形成许多大小不等的天然洞穴，因此成为早期人类的居住地。山上有一东西长约140米的天然洞穴，1929年在此洞中首次发现古代人类遗存后被称“周口店第一地点”。该遗址出土了大量的古人类化石、石器、更新世时期动物化石和丰富的用火遗迹，并且在山顶洞中出土了我国最早的墓葬和装饰品，成为世界上唯一保存纵贯60万～50万年史前古人类活动遗迹和古人类最早用火证据的遗址。同时，周口店遗址还是我国北方第四纪洞穴堆积的标准剖面，是地层划分对比、生物演化与环境变迁研究的巨大信息资源之一。周口店遗址博物馆是在1953年猿人陈列馆的基础上改建的，馆舍面积1000平方米，馆藏文物有600余件，主要为遗址的考古发现成果。

六、石窝村

位于北京西南黄龙山下，属房山区大石窝镇。大石窝镇，旧时属于房山县怀玉乡，1961年称南尚乐人民公社，1983年改为南尚乐乡，1987年后又改为南尚乐镇，镇政府设在南尚乐村。2002年，镇政府驻地迁至石窝村，更名为大石窝镇。

隋代以来，这里以盛产汉白玉闻名天下。诸多工匠聚于此，雕刻石经，为皇家开采汉白玉，逐渐形成了村落。汉白玉开采量日益增大，开采地点逐渐形成了一个巨大的坑穴，采石人称其为石窝，成村后自然就叫石窝村了。明代时，颇具规模。旧时皇家宫殿、园林、陵寝等所用汉白玉石材多取于此，人民英雄纪念碑、毛主席纪念堂、中华世纪坛等建筑中的汉白玉也多出于此。据说，一块重达300余吨的汉白玉毛坯石料，明永乐十八年（1420年）运进北京城，清乾隆二十五年（1760年）重新雕刻，用于宫殿御路的“云龙石阶”。这就是著名的故宫保和殿大龙石，又称保和殿大石雕。

当年汉白玉开采不是随便的，直接由皇家控制和经营。官府在石窝村中心街道设立了监督衙门，于是称呼这条街为官厅街。为了运输开采出来的石料，采石人发明了旱冰船和链车。石窝村的石雕工艺堪称一绝，不仅工艺自成一体，还兼容并蓄，地域性和民族性明显，个性独特。制作工艺也是通过拜师收徒代代传承，口传心授，以传同姓为主，也有传外姓。每年农历三月十七，要祭拜工匠始祖鲁班。当时石窝村北街就有一座鲁班庙，这一天给工匠们放假一天，前往庙中烧香，之后庆祝，有时发放一些费用，后来采石人称此为石匠节。开山时也要行祭拜礼，先是开山把头将开采主要工具供奉在山前，写着“太公在此，诸神退位”，祭拜完后才能开采。这种传统沿袭至今。

石窝村有距今400年的明代古井，还有明代的碑文与铜钟。如今的石窝村，在传统开采基础上，形成了开采、加工、销售一条龙的特色产业，成为著名的中国民间石雕艺术之乡，走向了世界。

七、张坊村

张坊村为房山区张坊镇镇政府所在地，古代属于军事要地，军队帐房连绵，取“帐房”谐音得名。也有人说张坊村得名是因为这里商贾云集，账房林立，取“账房”谐音而命名。辽代成村。

张坊村是首都西南郊的门户，南隔拒马河与河北省涞水县相望，是进入十渡与河北省的必经之地。张坊村大集非常有名，历史文化积淀丰厚，是这个地区的中心村。

张坊小学校内有建于辽天庆六年（1116年）的塔，因此可以判断辽代这里已经形成了自然村落。塔为八角形5级密檐石塔，通高6米。塔座分上、中、下3层：上部是圆形的石雕仰莲托，中、下部为2层须弥座，周身分布浮雕人物、动物图案。塔的中部是独石制就的八角幢身，上面刻有经文。

在张坊村还发现了古战道，它是目前北京地区发现的唯一的地下古代军事战道。基本认定为宋辽时期修建。初步探测，古战道深入地下4米，长约1500米，宽约2米，高约2.3米，青砖砌筑，南北走向，地面砌有排水沟，两侧设有灯台，顶部有通气孔。战道内还有藏兵室、兵器室、指挥室和生活设施。现已修复400多米。古战道的发现，进一步说明了张坊村的发展轨迹。在宋辽时期，北京是双方争夺的要地，这样的军事设施显然是当地为应付战争需要所构建，犹如地下长城。它从一个侧面反映了当时已有相当数量的人口聚居于此。

八、黑龙关村

位于房山区佛子庄乡西，四面环山，环境优美，大石河横贯村西。约明代成村。之所以称黑龙关，是因为村南沿着大石河南行一里，曾有古关，就叫黑龙关，是明代关口上的要隘，民国时还残存。

进村之前，我们会看到一座红墙碧瓦的关帝庙。这座关帝庙建于明代，之所以安置在村口，据说是为了镇门驱邪，永保村民平安。庙坐北朝南，原有正殿3间，东西配殿各2间，前面是钟鼓楼和山门。正殿中原奉有关公坐像。经过数百年风雨洗礼，如今的关帝庙只剩下钟楼与鼓楼了。村子里还有一座小庙，人们称它为五道庙，又叫七圣贤祠。

整个村子处在山水之间的一块狭长地带，一条街道从南到北，两旁布满了传统的四合院，相互毗连，门户隔街相望。由于地形关系，这里的四合院多为一进，少数为二进院落。一进的又有两种：一是上房5间，东西配房3间，前房5间；二是上房、前房、东西配房各3间。二进院落，非常讲究，格局在上房5间的四合配的基础上，在东西配房面向前房的山墙处横连起一道墙，中间有一小门，小门外左右各有两间配房，前房依旧是5间，还有影壁墙。

历史上，村里还有座商铺，人们称之为天兴号，很有知名度。后来，商铺一分为二，即东天兴和西天兴。现在还有它们留下的院落，就在村头街东、村尾街西的2座5间上房的四合院，这在黑龙关村是最有气派的。

村子的北面是黑龙潭，旁边有一座龙王庙。据说元至正十年（1350年），元大都恰遇一场大旱，元顺帝派人到京城四周寺观求雨，却一无所获。当来到房山的黑龙潭，焚香祈祷后，竟雷雨突降。后在黑龙潭北侧修建起了这座龙王庙。至正十四年（1354年），元顺帝又来此祈雨，同样灵验。正殿现存的元代碑刻有此记载。

九、窦店镇

窦店镇是由原窦店镇与交道镇合并，地处永定河及大石河的冲积平原。镇政府所在地窦店村，辽金时成村，也有说唐代之前成村。因交通方便，有集市，原称旧店。窦店村为国家首批“中国少数民族特色村寨”，是全国文明小城镇示范镇。

窦店镇西有建于战国末年到西汉的土城遗址，应是战国燕国中都城遗址、西汉良乡县故址遗址。城作长方形，分为内外两层，内城为夯土打造，外郭是堆积的土围。内城东西长1100米、南北宽860米，外郭东西长约1200米、南北宽约960米。城与郭之间距离约20米。西南转角尚保存有高达8米的城墙，顶部宽约2.5米，底部宽约17米，夯土层次明显，厚度多在12～17厘米之间，层间有铺草的痕迹，夯窝圆形，直径5～6厘米。城内靠西墙有子城一座，也呈长方形，东西长约400米，南北宽约300米，西墙即借大城城墙，其余3面只南北转角处尚有遗迹可寻。城址地基稍高于四周地表，子城又高于城内地表，从地表散布的碎陶片和城墙夯土中包含的篦纹和绳纹灰陶的情况来看，城垣的建筑年代初步断定为战国末期到西汉时期。

十、镇江营村

隶属于房山区大石窝镇，东临拒马河，南面据守进山要道。据说，辽宋时期这里是双方必争之地，曾经驻扎许多兵马扼守要津，镇江营村因此而得名。考古人员在镇江营遗址发现了新石器时期至夏商时期的诸多文化遗存，尤其是陶器的出土，说明镇江营村历史悠久。

镇江营村东临拒马河，这样的地理环境为人口聚居提供了优越条件。20世纪50年代在村北发现了商周遗址，80年代在这里又发现了新石器时代遗存，出土了一批陶器、石器、骨器、角器等。遗址南北长约300米，东西宽50米左右。地表文化遗存有大量的红、灰陶片，断壁上暴露出墓葬等。镇江营早期新石器遗存具有典型性，是华北平原西北部、太行山东麓山前平原交接地带一支早期新石器文化的代表，因此被命名为镇江营文化。遗址上还有一座明塔，称镇江塔，塔为覆钵式，通高约13米，通体使用麦饭石建筑而成。塔座方形，须弥座式。束腰浮雕仰覆莲，覆钵南侧有一个不大的佛龛形门；上部是九重相轮，宝珠刹。镇江营遗址说明，这里很早就是人类居住繁衍之地，而明代佛塔的建造则反映出这里的村落一直得到持续发展。

十一、琉璃河镇

位于北京市西南端，处于大石河与拒马河交汇处，隶属于房山区。东部与大兴区交界，南部与河北涿州市接壤，是首都的南大门。原名燕古店（亦称燕谷店），后改为今名。

琉璃河号称北京建城之源。西周时期的燕国都城就在琉璃河镇董家林故城。在琉璃河镇董家林村、黄土坡村一带发现了商周遗址。遗址东西长3.5千米，南北宽1.5千米，包含居住址、古城址和墓葬区3部分遗存。这处古文化遗址从20世纪70年代初开始发掘，是全国同时期遗址中文化遗存最丰富的遗址，出土了一批带有铭文的青铜器和大量精美的陶、玉、石、漆器、玛瑙器等。通过对出土器物的分析和研究，认定属商周两代的古文化遗存，推断为燕国的都城遗址。发掘的遗址展现了北京城3000多年前建城时的状况和文化风貌，是国家级重点文物保护单位，有“北京城之源”之名。遗址内有博物馆，是古文化遗址与文物陈列相结合的专业博物馆，主要展示了西周时期燕国都城的城垣与燕国贵族墓葬出土文物。

琉璃河是历史古镇，秦汉以来就为北京地区通往晋冀豫的重要交通要道。该镇有金门闸等文物古迹，明代修建的大石桥至今横跨在拒马河上。这是房山区境内最大的石拱桥，规模仅次于卢沟桥。据文献记载，早在宋金时代，琉璃河上就建有桥梁。南宋诗人范成大于南宋乾道六年（1170年）途经琉璃河，作《琉璃河》诗云：“烟林葱茜带回塘，桥影惊人失睡乡。陡起褰帷揩病眼，琉璃河上看鸳鸯。”南宋丞相文天祥被俘后，被押往大都，路过琉璃河时赋诗一首《过雪桥琉璃河桥》：“小桥度雪度琉璃，更有清霜滑马蹄。游子衣裳和铁岭，残星荒店乱鸣鸡。”元代修建的琉璃河大桥毁于战火，明嘉靖十八年（1539年）修建，嘉靖二十五年（1546年）建成。石桥全长165.5米，宽10余米，高8米多，共11孔。桥体全部用巨石砌筑，桥上建有实心栏板和望柱，其上雕有海棠线等纹饰，是北京地区保存较为完整的古代石桥之一。明清时期这里是繁华的水陆码头，良乡县最早的师范学校就建在这里。

十二、北安村

位于南窖乡东部，村落依山而建。大房山脚下原有多座古村落，而其中分布较集中，保存较好的当数南窖沟的北安村、水峪村、南窖村了。这些古村大部分形成于民国以前，其中的古民居、古道、古寺庙等物质文化遗产丰富。

村东有一戏台，2003年修缮，为房山地区仅存的五座古戏台之一。戏台坐南朝北，砖木结构，与北面的白衣庵相对，后台正殿3间，筒瓦顶，两山墙上有砖雕荷花图案，左右两道门，最外侧两边墨绘山水松树瀑布画，两门之间墨绘石竹画，最中间是梅花图案透雕窗，后墙带两个圆形木窗，正殿屋顶与前台屋顶相连，组成“一殿一卷”勾连搭式，规格较高。前台由8根立柱作为支撑，梁柱图案丰富，其中的仙人弹琴、山水瓜果等，形态逼真。前台3面带木质雀替，镂空木雕缠枝纹、八锦方、龟背锦装饰。每逢年节，钟鼓齐鸣，古戏台与白衣庵相映生辉，成为全村最热闹的地方。

永济桥为北安村最大的单孔石桥。南北向，长8.5米。桥两面券洞上方中间位置均有刻字。西面自右至左青砖阴刻楷体字“永济桥”3字。东面自右至左青砖阴刻楷体字“紫气东来”4字，右边落款刻“光绪十八年□月重修”。古桥北面临道路，南面临古民居。一直以来，古石桥屹立于河道之上，方便河两岸人们的往来，连同山村古道，成为山里人与外界沟通的纽带。

古民居为山区四合院结构，有一进、二进之分。门楼、房屋门窗等，雕刻精致，寓意丰富，工艺精湛。李金明院、王家大院、罗宗伯院、罗家大院、罗贵川院等很有气派。

李金明院是北安村建造较为讲究的一座古民居，东面紧邻古庙，属于二进四合院。该院坐北朝南，倒座房5间，中间1间为门楼，门楼两边房屋已塌毁，仅存残门楼一座。一进院原有东西耳房各2间，今无存。王家大院，现存2座大院，分西院和中院。西院倒座房5间，最右1间为门楼。过门楼，与其相对的是独立式影壁1座。正房5间，东西厢房各3间。院落地面为条石铺砌。中院为二进四合院，依地势逐级升高，一进院西有月亮门一座，拱券形结构。倒座房5间，东西耳房各2间。过门楼为二进院，正房5间，东西厢房各3间。罗宗伯院，坐北朝南，原有2座院落，分东、西院。东院门前有影壁一座，残存。倒座房最左边1间为门楼，上刻“勤俭持家”4字。倒座房3间，残毁。院内正房、东、西厢房均坍塌。西院存随墙门楼1座，院内仅存正房5间，已改建。罗家大院，该院坐北朝南，二进四合院格局，倒座房3间，其中最右1间为门楼。一进院东西各1间耳房，院内随墙门楼1座。二进院正房3间，东西厢房各2间。罗贵川院，该院为二进院落。一进倒座房5间，其中右边1间为门楼。东西厢房各

3间，已改建。正房5间，最右1间为门楼。过门楼为二进院，现房屋已坍塌，仅存地基。

如今村里已经没什么人居住了，空心化现象严重，大多数古旧院落已是残破不堪。

十三、东长沟村

西汉初，在今村东置西乡侯国。金代始见长沟村名。后才分为东西长沟村。历史上长沟大集是山区平原物资交流的集散地。长沟镇为特色小镇，历史悠久，经济繁荣。

东长沟村成村的时间可以追溯到汉代，现在该村有建于汉代的土城遗址。长沟土城呈长方形，南北长419米，东西宽263米，高约10米，墙的厚度为25.6米。城东墙早已夷为耕地，西南城靠南侧的一部分毁坏严重，只剩墙基。北墙210米保持完好，高达6米余。城的内外地表，遗存了大量的红、灰加砂陶片，器物的足、口沿等。同时还发现了单室的砖结构墓葬。长沟镇地处交通要道，早在汉代这里就建有相当规模的城池，与城镇相对应的周边村落的发展历史势必更早。

十四、南正村

属于长沟镇，清康熙四年（1665年）县志书写为“南郑村”，与姓氏有关，更改为“南正村”，却掩盖了原来的姓氏特点。

南正村成村的时间较早，大致不晚于汉代，这里已经出现了村落。2006年在南水北调工程中，在南正村北发现各类墓葬59座。此处原定发掘面积2000平方米，实际需发掘6400平方米。墓葬年代涉及汉、唐、明、清等朝，这些墓葬可以说明村落发展的状况。尤其在清代，南正村位于由北京去河北易县清西陵的官道上，乾隆十三年（1748年）修建了南正行宫，是拜谒清西陵途中的第二座行宫。行宫坐北朝南，占地约2万平方米，前抵南泉水河，后靠山坡。行宫前是汉白玉拱桥，过御河桥是小广场。小广场上至今还保存着2眼水井。

广场后面是行宫主体建筑，中轴线上有两层殿堂，殿前有月台，大殿两翼有厢房。乾隆多次驻跸南正行宫，东西长廊的墙壁上，镶嵌着乾隆的石刻御制诗共30首。后院是御花园，行宫已毁于军阀混战。

十五、鱼斗泉村

位于房山区蒲洼乡西部，与河北省涞水县九龙镇接壤。鱼斗泉村是北京最西的村落，被高大连绵的太行山脉从西、南方向环绕，海拔大约在1000～1800米。因为地理环境恶劣，村落发展较晚。

相传鱼斗泉之名改自“一斗钱”。清中期，芦子水村的隗姓家族因买卖土地的价钱争执不下，经族中长老裁定为一斗钱，以后在此形成村落，于是唤作“一斗钱”。后又谐音改为“鱼斗泉”。这里多为火山岩和石灰岩地貌，地表降雨沉积在相当深的地下，导致水资源缺乏。煤炭开采也破坏了地层，使一些水源干涸。原来村民多以放牧为生，现在因为生态恶化，开始实行退耕还林政策。

十六、常乐寺村

位于房山区青龙湖镇东北部，金代成村，因村内建有常乐寺庙宇，故名常乐寺村。常乐寺建于辽寿昌年间，明代姚广孝对这里进行了大规模的扩建，仿照城池修建了三层围墙，并在外围开挖了护城河。现存前殿、大雄宝殿和西侧殿，均经过修缮。寺院后面，原有“自来塔”，现存碑文中有记载。常乐寺是一个复合的古迹，明后期建造了王安和另一司礼太监的墓。墓地规模很大，周围建有石墙，整个村子都在墓园范围内，围墙完好无损，东西两侧有门。墓地中有基本保存完好的高4米、直径3米的宝顶两座。

村内还有明代永乐年间的姚广孝墓塔。塔刹铁制，高约33米，各角都悬挂铜铃，为八角九级密檐式砖塔。姚广孝（1335—1418年），原名道衍，字斯道，明代政治家、佛学家，靖难之役的主要策划者，苏州长洲（今江苏苏州）人，医生世家，14岁出家为僧。洪武十五年（1382年），他被举荐为燕王朱棣的老师，从其至北平（今北京），为心腹谋士。对成祖起兵夺位和迁都北京发挥了重要作用。后恢复旧姓并被赐名广孝。他病故后葬于常乐寺东，因其信奉佛教，修建了八角九级密檐式佛塔为其安葬。现有墓塔留存，塔前有明宣德元年（1426年）所立成祖朱棣“敕建姚广孝神道碑”一座。塔身正面门楣上嵌石一方，上有楷书“太子少师赠荣国恭靖公姚广孝之塔”。

第三节　平谷区①

平谷盆地三面环山，中有洵河、泇水流贯，地肥水饶，适宜农作和居住。因此，平谷盆地千人以上的大型村落最多最密，是该地区农业开发早、村落发展历史悠久的反映。考古工作者在上宅、北埝头发现的距今已六七千年的属于新石器时代早期的文化遗址及其出土的大批珍贵文物，有力地说明这里农业开发的悠久历史。这里的英城、洵河等聚落地名与河流地名，历1500余年乃至3000余年不变，似乎也说明这片土地稳定发展的年代比较长久。今平谷区的上下纸寨、北台头、东西高村、克头、南埝头、前台头、山东庄、大小北关、刘家河、马各庄、贤王庄、东店、小屯、石佛寺、南北张岱、河北村、中胡家务、大辛寨、青羊屯等村，皆为汉代成村。甚至有些村庄形成于商周时期，如夏各庄、安固、中后罗庄、齐各庄、杜辛庄等。平谷有如此之多的汉代以前形成的村庄，是因为平谷的农业开发很早，三面环山的小盆地地势，形成了相对封闭静谧的自然地理环境和基本稳定的社会人文环境，为这里村庄的发展创造了循序渐进的良好条件。优越的地理环境，有利于平谷村落的发展。与平谷良好的自然条件相关的是这里靠近边关，适宜屯田养兵作为后备，大量因为屯粮驻军的村寨在此形成，如熊儿寨村、峨嵋山村等。到了清代，平原地区的村落发展更加迅速。因交通便利、人口自然衍生而扎堆出现新的村落，如行宫村，就因曾作为皇家出行歇脚的地方而独立发展成为一个大村落。

一、北吉山村

位于平谷区西北部，属刘店镇，地处丫髻山脚下，有泇水流过。早在新石器时代，这里就有人类活动。到了唐代有零星房舍出现，明

---

① 本部分参考了王晓光主编：《平谷村情》，北京出版社2006年版。

代时已形成比较大的村落了，当时称纸坊庄。进入清代，因丫髻山庙会盛行，村庄又坐落在丫髻山下，故改名为丫髻山。抗日战争时期，该村以村中石桥为界，一分为二，石桥之南为前吉山村，石桥之北为北吉山村。

丫髻山是平谷区的一大胜景，为燕山余脉。相传，唐代初年已有道士在此修炼。后来，在西顶上建有殿堂，即碧霞元君祠。元明时期非常盛行，明万历三十二年（1604年）《怀柔县志》载丫髻山“上有天仙圣母宫，灵应如响”。明世宗朱厚熜为碧霞元君祠赐“护国天仙宫”门额。清康熙、乾隆时达到鼎盛。康熙三十七年（1698年），重修碧霞元君祠。康熙帝2次亲临丫髻山。康熙五十二年（1713年），丫髻山第13代住持李居祥为祝康熙六十大寿，于东顶修建玉皇阁，并设万寿道场。康熙帝撰《丫髻山玉皇阁碑记》：“据京师百里有山曰丫髻，隶怀柔县。两峰高矗，望之如髻，故得是名。自元明以来，号为近畿福地。”雍正元年（1723年）开始，每年农历四月十八到丫髻山进香，成为定制。乾隆帝3次驾幸丫髻山。丫髻山为北方道教圣地，京东名胜大观。

丫髻山兴盛时，有大小庙宇数十座，可惜毁于战火，部分残存。1987年，刘店镇与北吉山村联合集资，在旧址上重修了庙堂，丫髻山庙会得以恢复。2001年，丫髻山被列为北京市市级文物保护单位。

北吉山村，有丫髻山太极广场，为休闲、祈福之地。广场南有一座拱桥，北侧有牌楼，富有皇家气派。牌楼东侧，矗立一桃形巨石，人称“神桃峰”，为“平谷区新十六景”之一。

二、山东庄村

位于平谷区东北，隶属于山东庄镇。相传，春秋战国时期这里就形成了枣林村、白家庄、小桃园、文家庄4个小村庄。直到金大定九年（1169年），4村合并为1个大的村落，因其地处庙山之东，故称山东庄。也有人认为，秦汉时期成村，名广成，为纪念黄帝时代的名士广成子而得名。金元时期仍称广成。明代始称山东庄。

村中民居依山而建，古朴而有序。山东庄村最有名的文化古迹就是轩辕庙了。出村西行，不远处就可见一座汉代建筑式样的庙宇，这就是轩辕庙了。《蓟州志》载：“平谷县东北十五里，冈阜窿然，形似大冢，相传为黄帝陵，山下有轩辕庙。汉武帝元封二年北巡朔方，还祭皇帝冢即此处。”因唐代大诗人陈子昂《轩辕台》“北登蓟丘望，求古轩辕台”，李白《北风行》“燕山雪花大如席，片片吹落轩辕台”，山东庄的轩辕庙更为世人所知。

山东庄最繁华是在清康熙年间，那时轩辕庙为皇家的家庙，按照规定，每年有皇室亲王代表皇上前来敬香，每10年皇上要亲临敬香一次。康熙、雍正、乾隆、嘉庆、道光5位皇帝都曾亲临祭拜。这样，也带动了村里的娘娘庙、老爷庙、真武庙、药王庙等香火旺盛。

20世纪40年代末，轩辕庙毁于侵华日军手中，仅存有“重修轩辕庙记”残碑一块。1993年，考古发掘清理出部分汉代文物遗存，证实两汉时期确实存在殿堂类建筑。1994年，山东庄村民自发组织对轩辕庙进行修复。近年来，每年农历三月初三，山东庄都举办轩辕黄帝陵祭拜盛会。

三、刘家店村

位于平谷区西北部，隶属于刘家店镇。整个村落呈南北向矩形。明代有刘姓人在此地开店定居，故称刘家店村。1946年，由怀柔县划归平谷县。该村西山建有2000亩蟠桃园，有中国华北“蟠桃之乡”的美誉。因刘家店镇内有千年古刹碧霞元君祠，相传蟠桃为王母娘娘所赐，故名“碧霞蟠桃”。抗日战争时期，刘家店村化名“汉光”。牺牲的村民被载入烈士英名录。该村多次荣获“首都文明村”称号。

四、熊儿寨村

位于平谷区北部，隶属于熊儿寨乡。整个村落呈梯形。明代初年成村，据传因南山有熊而得名。又因地处边关隘口，需设寨营防守，明洪武二年（1369年），建熊儿峪营统领本寨，遂称熊儿峪寨，后演化为熊儿寨。抗日战争时期，该村化名为“午村”。1944年6月3日，日伪军扫荡山区，宿营于熊儿寨和北土门。八路军十三团成功围歼敌军，毙伤日伪军500余人，八路军71名指战员牺牲。东山被誉为英雄山，后在东山建有烈士陵园。1950年，由密云县划归平谷县。

五、行宫村

位于平谷区西北部，隶属于刘家店镇。整个村落呈梯形。清朝初年成村，以建有皇帝的行宫而得名。康熙、乾隆、道光3位皇帝游丫髻山时曾在此驻跸。行宫占地20余亩，有百余间房屋。1923年拆毁，仅留存一株古柏和两孔龙井及散落的汉白玉和青砖大瓦。1946年，由怀柔县划归平谷县。

六、峪口村

位于平谷区西北部，隶属于峪口镇，为镇政府驻地。整个村落呈圆形，中心高于四周。明代前成村，因村落居深山谷口，故得名峪口。又因平谷泇河经过村东，亦称泇口。

峪口村在历史上是军事要地，明代设重兵把守。清代还设立集市，至今仍为平谷区西北部的重要集镇。民国和日伪统治时期，也曾设机关、据点。1946年，由河北三河县划归平谷县。

七、峨嵋山村

位于平谷区东北部，隶属于南独乐河镇。整个村落近似呈三角形，地势北高南低。考古人员曾在此地发掘出土商代文物遗存，说明早在3000多年前，这里已有人类居住。唐代贞观年间成村，因村北有山称峨嵋山，故得名。这里原先环境优美，峨嵋耸翠为清代“平谷八景”之一。

明天顺七年（1463年），朝廷在村北屯兵，并以石筑城，镇守北寨长城口。时称峨嵋山营。当时，峨嵋山村已有几十户人家，但归属今河北蓟县。后来，平谷县人陆续迁徙过来定居。为了分清不同籍贯的管辖权限，政府将平谷籍取名为西文家庄，峨嵋山营为蓟县籍。1945年后，统一行政区划，仍称峨嵋山村。村里人现仍把村北、中、南分别叫上营、中营和下营。

据《平谷县志》载，唐咸通三年（862年），在峨嵋山村东曾建有古刹兴善寺，后称水峪寺。明正统八年（1443年）重修，香火很旺。1942年，寺庙被侵华日军所毁，仅存一块《重修水峪寺碑记》石碑。

村东有2处山泉，即灵泉和大水泉。长流不断，冬暖夏凉，可直接饮用。

八、将军关村

位于平谷区东北部，1946年由蓟县划归平谷，原隶属靠山集镇，2003年，靠山集镇与韩庄镇合并成立金海湖镇，现为金海湖镇辖村。整个村落呈南北向矩形。该村为明代一处关隘，始建于明永乐二年（1404年），归蓟州总兵备道管辖。

距离村最近的一段长城处，矗立着一块高10余米的巨石，据说明初有位将军登此石，布兵督战，多次打退敌人进攻，后人们称此石为“将军石”，关也就取名为将军关了。民国《蓟县志》载：“将军石，在将军关村北之阳，石高三丈六尺，兀然矗立，形基状伟，上刻‘将军石’三个大字，为明成化参将王杞书，关遂亦以此石名名之。”

1938年6月，以宋时轮为司令员、邓华为政委的八路军第四纵队挺进冀东，主力进驻将军关。

将军关城大部分毁于战火，现有关城地基存在，城内为了防御而设的丁字街，依然保持原有布局。城楼东侧有敌台遗址，东西长20米，南北长18米，残高8米。还有长城数段，烽火台遗址好几处。2001年，将军关段明长城及石关遗址被列为北京市市级文物保护单位。

九、上宅村

位于平谷区东北部，隶属于金海湖镇。整个村落呈东西向矩形。明代成村，时名上寨、上寨庄，因明代在此地安营扎寨，故得名。

上宅村因上宅文化的发现发掘而闻名于世。1984年10月，有关考古人员在该村西台地上发现新石器时代文化遗址，1985—1988年多次进行发掘，发现了大量石器和陶器，具有自身特点，后被命名为上宅文化，填补了北京地区早期文化空白。现金海湖镇建有上宅文化陈列馆。

十、英城村

位于平谷区西南部，隶属于马坊镇，为镇政府驻地。商末周初成村。北魏始称绬城，明代称英城。1946年，由河北三河县划归平谷。该村东西堡子为西周至战国时期城寨和居住遗址。

第四节 密云区

密云东、北、西三面环山，中部低缓的地方是密云水库；西南是冲积平原，但面积较小，占山区面积的1/8强。这样的环境限制了区域村落的发展。但由于密云地区有充足的水资源，为农耕和人类生活提供了充分的发展条件。在旧石器时代早期，密云北部地区已有人类活动。根据密云各地出土的新石器时代石斧、石刀、石板锄、石铲、石环、石磨棒和陶器等器物，可以认为密云已经有人类聚居而形成的村落。传说中的舜放共工于幽陵，根据学界相关研究，“共工城”就在今密云燕落村以南，进一步证实了密云悠久的村落发展史。西南的冲积平原村落发展则较为稳定，村落的规模也应较大。由于接近关外，又有充足的水资源，密云是十分理想的农耕与林牧兼顾的区域，因此唐代曾经在密云设置羁縻州府，安置内附的游牧民族。辽占有北京后，为充实陪都，也掳掠了定州大量人口到密云耕垦。密云古北口是北京通往塞外的要道和交通枢纽，军事因素显得更加突出，对北部山区的村落发展具有重要意义。明代在密云置卫所和屯田，军户及其家属开垦土地，逐渐转化为聚居村落。清代由于人口的增长，大量的闲余人口开始向较为偏远的山区疏散，一些新的村落逐渐形成。

现今有遗存的古村落正可以说明密云的自然地理条件对村落发展的影响，其中古北口和墙子路就是因为处于交通枢纽及军事要地而形成了规模较大的村落。番字牌村的历史，则可以说明密云村落发展的另一个典型，即少数民族在密云地区的活动是较为频繁的，这就看出密云在北京发展史上所占据的地位。由于密云位于北京北部山区，是平原农耕文化的北部边界，很早就有少数民族聚居此地与平原地区的人们进行交易往来，此外，还有适宜的耕作环境，能够容纳一定的人口维持生计，因而，村落的发展历史久远，比较稳定。比如，从传说时代就有的燕落村能够一直存续下来，很显然一是因为邻近水源，二是附近地势平坦适宜农耕，所以村落的发展较为稳定。

一、古北口村

现位于北京密云区和河北滦平县的交界处，唐代成村，时称北口，金代时则称留斡岭。因地处卧虎山下，又称虎北口。后依谐音改为古北口。

早在战国时期，这里属燕国管辖地，燕昭王时在此地设墩台驻兵防御。北齐时修建长城，设北口。唐代武则天时，此地驻军、居民越来越多。

古北口村原有一座城，即北口城，是明朝初年由徐达修建。这座城只有东、南、北3座城门。南城墙修建在长城南面的山顶上，东门和南门都设在两山之间的小河岸上。北面城墙顺山就势利用北齐长城修建，所以建城门时，就把城洞和两侧的长城拆掉，凿开山岭十几丈，成为一个山口，这就是北门了。门洞上没有顶，人们误以为没有门了。北门外还修建了一座瓮城，瓮城的城墙左右和长城衔接，形成了城上之城。由于古北口城建在山上，城的底部没有石条打地基，而是把山顶外侧凿平，直接砌上城砖，从城外看是一座城，从城内看，却看不到城。

明代古北口是边关防御的重要关隘，清代这里又成了帝王去承德避暑山庄和木兰围场及东巡时必经的御道。正是这一条古御道，留下了帝王将相和文人墨客诸多的文化印迹。清代在这里还设置顺天府分署。

因为当年的长城抗战，使得古北口成为全国人民关注的中心。1933年，侵华日军占领古北口之后，为了通行方便，把北门拆除。城的西面依山，无法建城门，就在山顶上筑了一座碉楼，当地俗称“大花楼”。之后，长城人民奋勇抵抗侵略者，掀起了著名的长城抗战，古北口成为重要的抗战地。

因为众多的历史古迹，古北口又成为名闻中外的旅游胜地。这里不仅有年代久远的蟠龙山长城，而且有古北口抗日阵亡将士墓等。古北口村的庙很多，现存的包括复建的共有八座，即令公庙、二郎庙、关帝庙、龙王庙、药王庙、财神庙、娘娘庙、玉皇庙。当地民谣说的“两步三座庙”指的是药王庙、圣佛殿、龙王殿，三庙都始建于明代。进药王庙，药王殿前东有一个角门，进门往北是圣佛殿，往南是龙王殿。三庙紧密相连，浑然一体，奇观独特。当然，最为著名的庙宇数令公庙，又名杨业祠，始建于辽太平五年（1025年），为辽圣宗耶律隆绪所建。坐北朝南，二进院落，有山门，前殿、后殿、东西配房等。后院为太君庙，有佘太君等塑像。令公庙在“文革”中被毁，1992年在原址上重建。

古北口的传说故事很多，涉及人物、名胜古迹、奇闻逸事和自然风物等。诸如流传最广的“一步三眼井”，讲的是乾隆帝与纪晓岚的故事，冯玉祥与令公庙的传奇故事，杨家将打鬼子的故事，等等。

古北口也是密云地区名人光顾最多的地方，《历代名人诗咏密云》一书中收录了243位名人的766首诗，其中写古北口的就达400余首。这些诗的作者基本都来过古北口，如宋代的欧阳修、苏辙，明代的戚继光、汤显祖，清代的顾炎武、查慎行、纳兰性德、纪晓岚以及康熙帝、乾隆帝等。

现在，古北口已成为闻名遐迩的民俗旅游村，新建的古北水镇已成为北京热点特色小镇旅游。

二、檀营村

位于密云县城东北1.5千米，原为清朝在密云地区设置的八旗兵驻防营，如今是满族蒙古族乡所在地，有满、蒙、回、汉4个民族。

乾隆四十年（1777年）始建驻防营，5年后建成。檀营的营房是以地而设的一处城镇式独立城堡，呈田字正方形，四方的城郭，十字形的街道。东、西、南各有门，北面靠山而无门，建有一座关帝庙立在正北，庙内还有一座高大的文昌阁。营房的东北角建有太阳宫，东南角则是魁星楼，西北角是万寿宫。这些都是檀营八旗兵聚会和祭祀的重要场所。特别值得一提的是，檀营布局是按照五行相生相克的思想和满洲八旗居中。蒙古八旗居于四隅的原则进行构建，排列有序。营房四周挖有护营沟，东、西、南3门外都有一座石桥。东门外还有演武厅，西门外有火器营靶场、绿营校场。

檀营最高官员为正二品副都统，享有封疆大吏职权。檀营有八旗兵2100名，除了驻守密云外，还负责昌平、顺义、三河、玉田、古北口驻兵的管理和密云行宫的护卫。营房内的兵丁除了演习和战争，其他时间只能待在营房内，不准擅自离开。为了维系八旗兵的职业生涯，加强战斗力，檀营每年举行3次大型祭拜活动，一个是祭拜关帝，即每年旧历正月十五，军官和士兵一起到营房正北的关帝庙进行叩拜，六月二十四去祭关帝，八月加祭一次。另一个是祭祀孔子，由全体官兵到文昌阁祭拜孔子。再一个是拜皇帝，拜皇帝的牌位，地点就是万寿宫。

1911年，辛亥革命推翻了清王朝，建立了中华民国，檀营随之走向没落。1925年，檀营彻底解散，八旗子弟四处谋生，多数沦为乞丐，生活很凄惨，檀营也由此常常被人称作“叫花子营”。1949年，中华人民共和国成立后檀营才开始了新的变迁。檀营的花会也很有名，有太平鼓、十番吵子、耍坛子、舞龙灯等。

三、司马台村

位于密云区东北60千米，为密云区古北口镇所辖行政村，也是密云区著名古村落之一。因其地势险要，紧邻古北口，是华北平原通往松辽平原和内蒙古高原的重要通道，历来是兵家必争之地。

司马台是明代时成村。这个地方很早就设有烽火台，据传主持修建烽火台的人，其姓司马或职务中有司马二字，故曰司马台。后来，驻扎在山脚下驻守司马台的军营也称司马台。明朝洪武年间，大将徐达修建了司马台城堡，明代抗倭名将戚继光将司马台附近的长城命名为司马台长城。

司马台城堡位于小汤河河谷。四周呈矩形，城南、北各开一门，两城门不对称。如今，两门均严重毁坏，砖墙也大部分坍塌，只有北门前有一块保存完好的影壁，砖石结构。司马台城堡外四方还建有配套设施，即东边的无为塔，西边的大寺，南边的南楼，北边的真武庙。此外，城堡内还建有关帝庙、戏楼、娘娘庙等。

明万历四年（1576年），朝廷将提调从古北口改设在司马台，司马台城堡就成了提调府。明朝后期，司马台城堡逐渐荒芜。清朝后期，在吕氏家族的影响下，这里又成为当地的经济文化中心。密云北部地区曾流传着“吕半城、徐半街，上河有个罗大爷”的说法，指的就是司马台的三大家族。

20世纪30—40年代，司马台城堡内的一角还有大府，后来不断遭到破坏。1996年，密云县公布司马台城堡为县级文物保护单位。司马台人口多为汉族，大多数是明代军人家庭，从山东迁徙而来。随着古北水镇的兴起，司马台古村落也开始了新的起航。村民住进了新村，原村落遗址作为历史人文景观对外开放。

四、石匣村

现位于密云区东北部，坐落在燕山小盆地上。自古以来就为华北通往东北松辽平原的交通要道，军事战略地位很重要。因城西有石如匣，故称石匣镇，又称燕山拱镇，素有“玄天锁钥”之美誉。

石匣于战国时期就形成了村落。西汉高祖刘邦于西汉初年在石匣村设犷平县。东汉建安十年（205年）四月，三郡乌桓围攻犷平。八月，曹操亲率大军渡过潞河（今白河），与乌桓大战于金沙滩（今石匣村南潮河滩），解除了犷平之围，乌桓逃往塞外。

明洪武十一年（1378年），在石匣村南建驿站，后驿站被水冲毁，改建在石匣村高旷地带，并改为驿铺。洪武三十年（1397年），蓟辽总督在密云设后卫，下辖六军屯，石匣就是军屯之一。这说明，它还是一个驻军屯粮的地方。永乐十九年（1421年），改京畿为京师后，为了加强北部防御，明朝修筑了9个军事重镇，石匣为蓟镇所辖的一个军事营地。弘治十四年（1501年），顺天巡抚洪忠上书陈述石匣建营城的重要性，得到了朝廷的准许。弘治十七年（1504年）秋，营城竣工。从此，石匣屯改为石匣营。嘉靖二十年（1541年），杨博任蓟辽总督时，又把石匣营城进行加固，调集游兵3000余人驻守此地。

嘉靖二十四年（1545年），杨博在石匣营城布防骑兵1000余人，专门统领古北口、墙子路边关事宜。嘉靖二十九年（1550年），新任蓟辽总督阎鸣泰又加强石匣营城军事力量。为了进一步提高石匣营城的军事防御体系，嘉靖四十四年（1565年），再次修筑石匣营城，在土城外面加包砖石，次年完工，由此变为坚固的砖城。

石匣营城在东、南、北3个正门上建有城楼，北门城楼上还建有钟鼓楼。东门叫“曦来门”，西门叫“昭远门”，南门叫“具瞻门”，北门叫“镇朔门”。东、南、北三个门外还建有瓮城。西门虽然没有瓮城，但建有魁星楼，城外还挖有护城河。所有木城门全部是铁皮包裹。城内布局也很讲究，以十字街为中心，分为东南、西南、东北、西北四隅。西北隅建有县丞署、守备署、营房、粮仓和庙宇。明隆庆三年（1569年），戚继光任蓟州总兵官时，在石匣营城东街建一座帅府，并把驻扎在此地的分守参将提升为西路协守副总兵，专门负责曹家路、古北口、石塘路、墙子路四路关隘的防守，还配备500余辆战车、3000骑兵、4000步兵。城墙上还有土炮和滚木礌石，使石匣营城的防御力量得到了很大提升。由此也形成了密云、石匣、古北口三镇的军事防御格局。直系军阀吴佩孚为石匣城题写了三块匾文，一个是北正门的“玄天锁钥”，一个是南正门的“迎祥”，一个是东正门的“履中”。

清入关后，石匣就逐渐失去了其原有的军事地位，由军事重镇逐渐转变为商贸重镇。从康乾年间至1958年的200多年间，石匣营业的商号、药堂、店铺及饭馆达200多家，具体可分为杂品棉布业、日用百货业、旅店服务业、油酒面加工业、手工加工业、缝纫与成衣业、回汉餐饮业、回汉肉铺业、中西医药业与染纺业、烘炉业与煤炭加工业，形成了“五行八作，商家云集，贸易兴旺，定期开市”的繁荣景象。

石匣村的文化也很发达。在教育方面，早在明朝初年，石匣就有4家私塾，最有名的是王南学府。万历二十一年（1593年），密云知县杨士鸿在石匣村开办了社学，主要招收贫寒子弟，一直到清朝初年。

康熙六十年（1721年），密云知县薛天培在此地建起了义学，相当于今天的公立学校，招收贫寒子弟免费上学。乾隆年间，石匣村又开创了2所小学堂。民国初年，村里又增加了7家私塾。1918年，几位文化人士联合捐资兴办了密云县石匣第二高等小学校，为密云东北部地区唯一一所高等小学。此外，清代时石匣村还兴办了一所回族小学。

石匣的民间戏剧也很兴盛，清朝时兴起，代代相传。中华人民共和国成立后，组成了“新民剧团”，排演的曲目多为河北梆子，有时也演一些传统京剧。城内还组建了民间业余剧团，在各大传统节日或庆典活动时表演。同样在清朝就出现的民间花会，也传承下来。表演项目有耍狮子、高跷会、龙灯会、少林会、大秧歌、霸王鞭等等。

1958年，为了修建密云水库，这座有500年历史的古城居民不得不搬迁。1962年，约1/4的石匣移民又回到了石匣新村。如今的石匣城址已被水库淹没，只有在水位下降时才能看到城墙轮廓。1994—1995年，密云水库水位上涨到了石匣新村村口，石匣村又开始了一次大移民。几次搬迁后，古村落石匣只有留守民200户。2009年，再次打造新村建设。如今石匣新村是一个生态良好、生活幸福、和谐安宁的社会主义新农村。

五、墙子路村

位于密云区东部大城子镇。山势险要，易守难攻，自古以来为兵家必争之地。明代成村。

墙子路源于明代“墙子雄关”。明朝初年，在密云墙子岭建墙子岭关，并筑营城。这里属明朝九镇之一的蓟镇，为蓟镇西协四路之一。故墙子岭又称墙子路。墙子路关是由营城和雄关组成，营城为驻军之地，雄关则是它东边的御敌长城。

明万历三年（1575年）重修。有东、西、南3门，分别为永熙门、安边门、墙子门。其中南门楼上匾额有“墙子雄关”4个大字。整个城池全部为砖石结构，非常坚固。这里的驻军从明初的万人到明末增加到十几万人，同时也是一座经济繁荣发展的小镇。墙子路的长城很有特色，垛口相连，每隔150米就建敌楼1座，铁炮1门，关前还有烽火台。同时，还修筑数道和长城一样高厚的石墙。入口仅能通行单人单骑，名曰“拦马墙”，以防敌人大队骑兵冲击。墙子路长城的另一独特之处，就是这里的全国唯一的“V”字形长城。

清代，墙子路又成为保卫京师和清东陵的重地。民国时期，军阀混战不断，墙子路营城也被毁掉了。墙子雄关也大部被毁，除东南长城保存较好外，尚残存北城墙。

墙子路历史悠久，庙宇较多。如三堂庙、土地祠、观音洞、火神庙、关帝庙、真武庙、马王庙、城隍庙、药王庙、文昌阁、龙王庙、东庵庙、玉皇庙等等。这些庙宇在建筑规模上也有特色，非常雄伟。除了观音洞、土地祠是一间小庙外，其他各庙均为三间正殿，尤以三堂庙和东庵庙规模较大，正殿之外，还有东西禅堂，关公配殿，两道山门，两层禅院，还有大戏台。遗憾的是，历经战乱，这些庙宇基本上消失了。2010年，村里重修了三堂庙和观音洞。三堂庙重修后，只保留了一座大殿，殿前是一个小广场，成为村里逢年过节举办花会的一个主要场所。观音洞是一处名胜古迹，为一座天然石洞，位于墙子路村内东大街悬崖下。里面有画廊，有山门，有禅房。1930年时，当地人募捐重修。后来庙不复存在，唯古洞尚存，2010年只是在原址上重修。

除了庙宇外，古迹也很丰富。诸如“V”字形长城、墙子雄关、古塔、砖窑、都司衙署、老四合院等等。为了修建长城，就地取土烧砖，于是就有了10座砖窑。只可惜，这些砖窑遗址已不存在了。都司衙署同样如此，原址上早已成了村民的居住场所。

墙子路的庙会很多，花会表演非常活跃。如农历正月十五火神庙会，二月十九日观音洞庙会，四月二十八日药王庙会。1936年，成立了13档花会，就包括墙子路的吵子、狮子、开路、小车会、龙灯会、虎斗会、二达子摔跤等。墙子路的花会远近闻名，也有绝活，观众非常欣赏。这些花会一直延续到中华人民共和国成立后，“文革”时停演，20世纪90年代初，由本村村民蔡德茂、蔡德孝二人重新发起，使墙子路花会得以恢复。现在每年的农历正月十五，村里都要举行花会表演，盛况不减当年。

墙子路还有值得一提的就是这里的轿子坊，由清末民初王景元创立，当时称王家鼓乐班坊，主要经营祭祀、庆典、红白喜事。坊内演员7人，所奏曲目为一碗水、四上佛、五雷阵等传统曲子。后来，墙子路轿子坊由村民王衡接管，在原来曲目上，又增添了送情郎、小开门、小看戏、马步号等曲子。墙子路的轿子坊很有名，生意红火。抗日战争期间停演，中华人民共和国成立后又活跃了一段时间，20世纪50年代中期解散。改革开放后，在王衡的推动下，村民们又将轿子坊重新继承，并在原有曲目上加以创新，增加了很多流行曲子。如今，墙子路轿子坊成为密云区的非物质文化遗产项目。

六、曹家路村

位于密云区雾灵山北麓，是北京密云区、河北承德市、兴隆县、滦平县4县市交界地。元代后期成村。史载，当时由一位曹姓大户人家建村，史称曹家寨，后改称曹家路。其地处边关要道，历史上为兵家必争之地。

曹家路营城始建于明洪武年间，虎头形，设东、西、南3门，东门题“绝胜雄关”，南门为延胜门，西门题“曹家路营城”。城东南还有便门。北山上建有城墙，如今还有遗址存在。城内建有游击署、中军千总署。东门外有校军场、演武厅、点将台。明万历年间，抗倭名将戚继光重修了曹家路营城，新城为砖石结构，上建城楼。之后，又在南门里构筑了13层砖塔一座。

蓟镇是明十三镇之一，也是万里长城九镇中重要的一镇。蓟镇长城分为12路，12路中又划分为东协、中协、西协3部分。每协又划分为4路，曹家路属西协4路之一。它管辖15个关隘、22座城堡、58座敌楼，全长80千米。曹家路这一边防要地，在明代北边防御体系中起了非常重要的作用。即使在清代，它对于封山护陵也有着不可忽视的意义。清朝灭亡后，曹家路的商业服务业很快发展了起来，店铺林立，成为关内外赶集购物的经济中心，素有雾灵山下“小北京”之称。

兴建于明洪武年间的广有仓是曹家路重要的文化遗产。该仓为戍边将士提供军需物资，土木结构。在曹家路营城内设有多个衙门，广有仓归属总兵衙门管辖。

曹家路游击署到了清代改为都司署，位于曹家路村大街中央路北，是一座三进院落。临街第一进是府衙大门，门口有一对石狮子。门口内是一个小广场，东西两侧是供兵丁居住的厢房。广场北侧正对门是衙署大堂，为都司办公的地方。大堂东西两侧分别是都司的寝室和书房。穿过大堂又是一个小广场，广场北侧最后一进是一个小四合院，是都司后宅。路南隔街相对，有一处宅院就是南客房。

曹家路人口组成、来源很有特色，一是明代戍边将士、经商者，包括来自山西洪洞的移民，二是清代驻守官兵、经商者，三是民国时期至新中国成立前经商、逃荒、避乱者。

七、吉家营村

坐落在密云区雾灵山西北麓，属密云区新城子镇，是一个由戍边古城堡发展而来的古村落。明代之前，该村称吉家庄。明万历年间在此地建戍边营城。城东门刻有“吉家营”3字，开始称吉家营。如今这里早已不是戍边营城，变成了一个现代的村落。

吉家营以青山长城为体，城堡与周边的自然景观和长城景观融为一体。吉家营城堡属于修筑在长城线以外的城堡，其主要功能是屯兵设防，延续长城防线的范围。这样，吉家营城堡与长城城墙一起组成了长城军事防御体系的第一道防线。

在东西两城门头上分别题有“吉家营门”和“镇远门”的匾额。城东门外有演武厅、点兵台、教练场等军事设施。更为奇特的是两城门并不相对，而是错开一条街道，或许是为了便于撤退。

吉家营城堡依山而建，周长1000米，城高7米，顶宽4米。虽历经400余年沧桑，但部分城墙至今巍然屹立。吉家营整体布局灵活多变的，除了两条与城门相对的主干道之外，城堡中还存在众多依山而建的巷道，纵横交错。

由于地处偏远，这里保存着大量风貌独特的明清风格建筑，且大部分都有百姓居住。古石、古树、古墙、古石刻、古石碑、古门楼、古院落、古井、古影壁，到处洋溢着一种古朴的气息。

八、花园村

位于密云区东北部雾灵山脚下，属密云区新城子镇。明代成村。据《密云县地名志》，该地成村前名叫瓜园，瓜与花谐音，后人们逐渐称之为花园村。也有村民说，之所以叫花园村，是因为很早以前当地有一大户人家建有一座花园。

花园村东南有建于明代的花园城堡。城堡坐北朝南，为长方形，周长272米。今东墙长76米，墙残高0.3～2.2米；北墙长60米；南墙外侧残高0.4～1.2米；西南角残存基石。

在村东口，遗留一座著名关堡——黑谷关。山势险峻，只有谷底可以通行，东南到河北兴隆，东北到河北承德，西南到北京城，可谓交通枢纽。黑谷关是明代长城在北京最东北的一处关隘，与新城子镇的关门、遥桥峪、吉家营一起，形成了一个相对独立的长城防御体系，战略位置十分重要。

黑谷关堡坐南朝北，依山体和长城而建。南城墙和东城墙分别借用了长城墙体，西城墙与南山长城相接，只在北城墙中间部位设一城门。整个关堡大体呈长方形，周长562米。城头还建有望楼，东城有关帝庙，西城为商贾之所。每到农历五月十三，为“关公磨刀会”，口里关外的各种花会都会聚集到这里，非常热闹。如今，这座关堡只剩下一道城墙和一座城门。城门门楣上镌刻的“黑谷关”依然矗立在风雨之中，城门正对的千米绝壁上，雕刻着“世界魂”，据说是20世纪老山部队参战前在这里集训时所刻。绝壁顶上现有一座造型独特的砌砖空心敌楼，四壁的箭窗、门、券洞共有18个，保存完好。

出关堡往西南就是当地著名的五虎水门关。水门就是两山之间流水的通道。花园村的五虎水门关是水陆两用的独立建筑，这在明代长城中比较少见。

花园村的历史遗迹随处可见，从长城到关堡、水门关，从明嘉靖年间的关帝庙到日伪时期修建的“人圈”，小小的花园村承载了厚重的历史。2009年，花园村入选“北京最美乡村”。

九、燕落村

位于云峰山脚下，密云水库北岸。历史悠久。战国秦汉之际，此地已有一定规模。1980年，在此发现几处汉代砖室墓，出土有灰陶罐、绳纹瓦等。

燕落村原名燕乐，为燕乐县治所。燕乐县始建于北魏太平真君元年（440年）。古城遗址为长方形，周长2800余米。如今古城墙损毁严重，东西城墙尚存两三米高低不等的几段墙体，而高2米多的北城墙则相对完整。

据村民讲，早先燕落村庙宇很多，如西街老爷庙、东街二郎庙、南街九神庙、后街两重大殿的下寺，在老村最高处，还有一座三重大殿的大庙。

东魏元象元年（538年），古北口外的安州及所领的3郡8县内迁，大部分寄之于燕乐城内。隋开皇十八年（598年），在密云地区置檀州，治所就在燕乐城内，辖密云和燕乐两县。唐长寿二年（693年），檀州治所才迁至今密云县城。直到后梁乾化三年（913年），废燕乐县入密云县，改为燕乐村。中华人民共和国成立后才称之为燕落村。

燕落村也是著名的长寿村，因为这里植被丰富，是天然大氧吧。这里还遍布麦饭石，它是一种神奇的天然矿石，对人体具有一定保健功能。在这样的环境中，长寿的人自然相对多一些。

十、番字牌村

位于北京市与河北省交界处，属于密云区冯家峪镇。这里自古就是边塞之地。村名的由来，是与村一座小孤山上的“天书”有关。在小孤山向阳石面上，刻有33组文字，当地居民称之为“番字”，又因远看每组字好像一块块石质匾额，故称番字牌。

这33组文字排列整齐、行距分明、字迹清晰。关于这份天书，当地民间有多种说法。有的认为是为祝福过往行人的平安符，有的则认为是为少数民族祈祷能打胜仗的祷告词，还有人说是一种镇妖咒语。1987年，神秘的番字天书终于被专家解开了面纱。经过辨认和鉴定，这些石刻文字为梵文、蒙文、藏文3种文字，每组字的内容均为佛教的六字真言——唵、嘛、呢、叭、咪、吽，每组字尾部一行或几个小型字是落款或纪年。

根据《元史》记载，元代曾于1326年在居庸关刻过藏文咒语。或许，番字天书就与此有关。这些石刻文字虽然古朴、粗放，但印证了北京地区民族迁徙融合的历史，是不同文化融合的产物。

十一、蔡家洼村

位于密云城东5千米，属于巨各庄镇。东南两面依山，西边临着潮河，是一片依山傍水的好地方。

五音大鼓是蔡家洼村的重要文化遗产，被列为北京市非物质文化遗产。五音大鼓产生于清道光年间的河北省安次县农村，后来成为在京津地区广泛流传的民间艺术曲种。清末，五音大鼓分成两派，一个是走进北京成为供市民欣赏的舞台艺术，20世纪30年代中期发展为单琴大鼓，中华人民共和国成立初期定名为北京琴书。另一个则继续在京津冀农村广为流传，这就是蔡家洼的五音大鼓。

五音大鼓曾被尊称为“五音圣会”，是由5种乐器进行演奏，唱5种曲牌，1人演唱，4人伴奏。现已大部分失传，仅存密云区蔡家洼一脉。

蔡家洼五音大鼓的传授没有曲谱，没有文字，全靠父传子、兄传弟，一代一代地传下去。而蔡家洼村说唱“五音大鼓”的几位老艺人，年事已高。因此，五音大鼓资料的整理与传人的培养等工作已成为当务之急。

十二、河西村

位于密云区古北口镇潮河西岸，四面环山，风景优美。原名叫柳林营，是一处汉代时所建的军营。清顺治十八年（1661年），清朝在古北口设总兵府统领绿营兵，河西村也有军营驻扎。原来河西大街东西两头各有一座高阁，当地百姓称其为“栅子”，东街头的叫东栅子，阁上供奉魁星；西街头的叫西栅子，阁上供奉着菩萨。菩萨和魁星脚下的券门顶上，各有“柳林营”3个砖刻的大字。只是后来建筑损毁，重修时没有注意这3个字的修复。不过，柳林营依旧被村民记忆传承下来了。

康熙十九年（1680年），曾在河西村建有万寿行宫，皇帝曾在此驻跸。行宫有正殿和后殿，东西各有配殿，东西厢房12间，后殿还有跨院。康熙三十二年（1693年），直隶总督府移驻古北口。雍正元年（1703年），在柳林营建提督府，设参将、都司和游击衙门。后来，提督府改成了古北口小学。

河西村本来属于外长城，明代长城北移后，才归入内长城。四面长城环绕的河西村，经过明清两代大批戍边官兵和随军家眷在此定居，逐渐由兵营发展成村落。全村有20多个老宅子，后街的段家（据说曾出过一位清朝举人）大院的四合院保存最好，有宽敞的宅院和宽大的门楼，精美的雕花，可见这个前清举人府邸的气派。该村人口来源复杂，拥有诸多姓氏，被人们称为“百家姓”村。

在卧虎山东麓潮河西岸有座万寿山，山顶上有座吕祖庙。庙原供奉观音菩萨，名为慈云寺，始建于明成化年间。清乾隆三十六年（1771年），当地官员为皇太后贺寿，改名为万寿寺。清末又改为吕祖庙。该庙坐西朝东，有3间正殿和南北2间配殿。

十三、潮河关

位于密云区古北口镇镇政府以北7千米的山中。它是由长城雄关潮河关发展为村落的。

潮河关属于北齐长城的一个关口，后修建了潮河关城。这座城池为正方形石头古城，格局并不大。现西城墙基本完整，北城墙拆有一道豁口，供人过往，东城墙建在山上，尚存一条碎石墙基，南城墙不存在了。据《北京历史地图集》，潮河关在北齐武平三年（572年）称提携城，隋唐时叫提奚城，元代改为潮河关，明代称潮河所，清代又改为潮河关。潮河关是古御道必经之地。

潮河关村相对闭塞，至今保持着比较完整的传统风貌。村庄西部，一些采用青砖镶嵌河卵石砌成的三花山、五花山、七花山的古民居，古朴美观，颇具地方特色。村庄北头还有座不大的庙宇，人们称其为瘟神庙。据村民讲，潮河每20年泛滥一次，易发瘟疫，故百姓集资建起瘟神庙，祈求平安健康。庙正殿面阔3间，原供奉真武大帝，进深两间，庙前有一座清代戏楼。西配殿原供奉瘟神，正殿东侧的耳房原供奉菩萨。现今庙宇正殿，仍然雕梁画栋，东、西、北3面的壁画精美绝伦。

1933年4月14日，侵华日军进入潮河关村，血腥屠杀村民80余口，焚毁360多间房屋，史称“潮河关惨案”。现今潮河关村有座潮河关惨案纪念碑，纪念死难乡亲。

十四、上峪村

位于密云区穆家峪镇东北部，地处四杆顶山脚下，明代成村，是一座很典型的长城古堡。北面依山而建，城门南向，东西两侧的长城与古堡相连，又有一条小河从古堡西南流过，环境优美，古色古香。

根据《密云县地名志》，上峪城堡建于明永乐年间，万历年间补修过。上峪城堡只有一座城门，却有内外两道大门，两道大门之间又有一道铁闸。该城堡在明代主要用于驻兵屯粮。清代时有村民从山东蓬莱来到这里，买下了整个城堡，由此而发展成为上峪村。

原城门楼上修建一座关帝庙和一座娘娘庙，关帝庙现已不存。城门东面的娘娘庙最近翻修过。上峪村有一座观景台，可俯瞰长城。虽然历经风雨，老城墙还有部分存在，依然是北京地区保存较完好的明代城堡之一。2000年被列为密云县文物保护单位。

第五节　怀柔区[①]

怀柔区除东南部为华北平原北缘的平原区外，其余均为山地，山地占全区总面积的89%。自然环境对怀柔村落发展产生了直接的影响。狭小的河谷地带有着丰富的水系，优良的土壤条件，因此很早就出现了聚居的村落。在怀柔北部转年村附近，就曾发现新石器早期人类聚居遗址。这些河谷和山间盆地里多形成小型的村落，大部分成村年代也较晚。历代还有移民、军屯等因素影响村落的发展，如唐代在怀柔设置了奚族羁縻州府。怀柔区现有遗存的古村落很多是与军事有关，由于是多山的地域，同时也是北京地区最北的军事防御地带，所以历代因驻军而发展的村落占很大比例。尤其明代迁都北京后，军事驻防给北京的村落发展带来深远的影响。如河防口村、渤海所、二道关村及水峪村等。清代有大批的八旗闲散兵丁被政府遣迁塞外屯驻，特别是清末有许多穷困旗人，为生活所迫而离开京师，到京郊垦种自食，所以清代北京西部、北部山区得到进一步开发。怀柔北部大量新村落也就随之形成，而且这些村庄中的居民满族人占有很大比例。

一、北年丰村

位于怀柔区杨宋镇北。近山临水，环境优美，人杰地灵，历史悠久，文化底蕴深厚。该村的善缘老会更是久负盛名，早在明末清初，春节及元宵节时，时常举行花会表演，尤其清乾隆时期，非常盛行，曾得乾隆帝亲赐“善缘老会”御旗，已有300多年的历史。

善缘老会原名灯花会。花会鼎盛时期表演项目有13档之多，包括门旗大筛、开路、狮子、少林、五虎棍、小车、坛子、跑驴、高跷、一枝梅、地秧歌、十不全和吵子。善缘老会表演风格或文或武，

① 本部分参考了北京市政协文史和学习委员会、北京市怀柔区政协编：《首都文史精粹·怀柔卷·百村史话》，北京出版社2015年版。

以武为主。乾隆二十八年（1764年）四月初八，时称花灯会的善缘老会，应邀参加丫髻山庙会。正赶上乾隆帝到此进香，看到年丰庄（为北年丰与南年丰两村的前身）精彩的花会表演，龙颜大悦，当即赐予龙旗一面，题写“善缘老会”4个金色大字。

善缘老会得以长期流传，这与它的“祖制”分不开。善缘老会信奉孝、悌、忠、信、礼、义、廉、耻八德，具有鲜明的教化作用。它采用香主制（类似会员制），有督管，相当于总导演；有头旗子，相当于现场导演；还有文书，掌管财务；香供司，管理香烛、大供；灯司管理散灯花。13档花会各有会头，在督管统一指挥下，各司其职，各负其责，形成了一套严格的制度体系。

早先，善缘老会走会一般在正月十二至正月十五。正月十二为踩街、拜庙；正月十三、十四为接桌，正式表演；正月十五为演出高潮日，至晚间表演结束有“送圣”环节。送圣是由督管宣读写有祈福的表文，之后将表文与上一年走会的账目放入铜锣内点燃，走会结束。

善缘老会成为北年丰村的一大民俗文化品牌，2007年被列入北京市第二批市级非物质文化遗产名录。

二、渤海所村

位于怀柔区西北部，四面环山，中间为盆地，盆地内有河泉，自然条件优越。之所以叫渤海所村，与渤海国的靺鞨人有关。早在隋朝开皇年间，原属渤海国的靺鞨人被安置在营州（今辽宁朝阳）。唐武德六年（623年），他们又南迁至幽州（今北京城区西南）。唐开元二十五年（737年），靺鞨人再迁至桃谷山下（今昌平区桃花坞南），建燕州城。元代时，靺鞨人的后裔逃亡至今渤海所一带，便在这里定居下来。他们就称自己的住地为渤海。元代后期，这里的村落已有一定规模。明弘治年间，随着明十三陵部分陵园的建立和附近长城的修建加固，渤海所村的战略位置越来越重要。这样，明朝就在此地设立了拱护陵京千户所，并建设了渤海城池，承担起内护皇陵，外防敌寇的重任。

渤海所城周长1467米，墙体全部由石条砌成。这座城建造得比较特殊，它的东北角上多出了一段长20米的城墙，这就是赫赫有名的“刀把儿城”。城有3门，东门匾额为“天山东府”，西门内为“永固门”，外为“拱护陵京”，南门内为“渤海城”，外为“黄花路”。南门外还设有操练场，筑有将台。西大街北侧有官府衙门，大门对面是用砖石砌成的大影壁，大门内有一块大石碑。衙门西侧是仓房，现在仍称仓房胡同。

渤海所城还修建了16座庙宇，如大寺供奉如来佛、十八罗汉，此外还有玉皇庙、娘娘庙、城隍庙、关帝庙、药王庙、龙王庙、圣母庵等。

渤海所古城在20世纪50年代被拆除，现十字街附近的石条还有保存，原衙门的石碑及两座石狮子也都幸存。

明代十三陵除了崇祯帝的思陵外，其余每个陵都建一个榛厂，为祭祀大典提供榛子、栗子、核桃等干果产品。其中，5个设在今怀柔区境内。明成祖朱棣的长陵、明仁宗朱高炽的献陵，其榛厂就设在渤海所村。

渤海所村的感人故事很多。据鲁兴文《渤海所骈家往事谈》一书所叙，清光绪年间，渤海所村一户骈姓人家，住在城东南角，家里比较富有，也是当地出了名的大善人家。这种家风一直延续了很长时间，留下了很多乐善好施的佳话。再如，解放战争时期，渤海所村成立了儿童团，团长是一位叫学甫的小英雄。他出生于贫苦家庭，向往着翻身解放，被推选为儿童团团长，站岗放哨，传送情报，监视地主恶霸。后来被敌人抓住，宁死不屈，牺牲时年仅15岁。

三、杨树底下

位于怀柔区琉璃庙镇西南25千米处，琉璃河北岸。据《怀柔县地名志》记载，清嘉庆、道光时，有霍、靳两姓从外地迁来，看到这里有着茂密的杨树林，遂在此安家，形成村落即名为杨树底下村。

据传，霍、靳两家族从山东青州一路逃荒到了杨树底下后，他们生存的首要难题就是没有粮食种子，种不了粮食，就得饿肚子。大伙一商量，两姓人家各派一个年轻人出去寻找种子。他们历尽千辛万苦，终于发现了一些谷种，不巧的是回家途中不小心将种子撒落到了悬崖的缝隙之中。这可把两个年轻人吓坏了，也急坏了。正当他们心急如焚的时候，一只麻雀飞来了，神奇的是麻雀并没有吃掉种子，而是一粒一粒地用嘴把种子从缝隙中叼出来放在两人的面前。他们回村一说这事，大家都认为这是神灵在保佑他们，麻雀就是神雀啊。从此，杨树底下的两姓人家繁衍生息，日子也过得越来越好。人们为了报答麻雀的救命之恩，大伙儿许下誓言，选取正月十六，鸟儿最难觅食的时候，扬饭喂雀，供奉神雀。每年正月十五，杨树底下村中十几岁的小姑娘自发组织，端着盆，挎上筐，挨家挨户拜年，收粮食、蔬菜，然后聚集在一起。男人们则一起动手，搭锅灶。到了第二天，女人们将收集来的食材做成各种美味佳肴，由全村德高望重的老人扬饭喂“雀儿”，感谢神雀保佑，祈求新的一年风调雨顺。然后，全村男女老少坐在一起高兴地吃“敛巧饭”。我们现在去杨树底下村，最引人瞩目的就是矗立在村口的“神雀台”图腾柱，高达十余米，柱顶铜铸的神雀展翅飞翔，铜质柱身以精美浮雕诉说着这段美丽而感人的传奇故事。

据村民讲，杨树底下村曾经有庙，吃完敛巧饭后，花会队伍还要举行拜庙仪式，然后走村串街表演，之后回到庙台，戏班开始唱戏。在花会表演和戏班唱戏过程中，村民还要“走百冰”，即在村南冰冻的琉璃河上走100步，意思是走掉百病，幸福安康。

杨树底下村的“敛巧饭”，反映了老百姓对自然的感恩，对生命的敬颂，也是对中国优秀传统文化精神的继承和弘扬。2008年，该村的这项民俗入选第二批国家非物质文化遗产名录。

四、汤河口村

位于怀柔区北部山区，是汤河口镇政府所在地。三面环山，风景宜人。村内设有市区所属单位30余家，素有“怀柔第二城区”之称。

目前，全村人口近千人，其中满族人约占一半，是汤河口镇五个少数民族村之一。

该村始建于明代初年，历史悠久。最初，汤河口一带庙宇林立，香火旺盛。村西南有座山叫灵鸡山，山上有座庙，人们称之为灵鸡山庙，或灵山庙。庙宇背山而建，面朝汤河，庙中供奉着南海观音等三位菩萨。在灵鸡山庙后面，还曾有一座小庙，供奉河神金龙大王。庙旁有一眼泉水，甘甜可口。现今村十字街西北，坐落有规模较大的庙宇，叫老爷庙，庙内塑像齐全，各具特色。老爷庙的正南是一座大戏楼，每逢重要节日都会在戏楼演出戏剧，如评剧、河北梆子等。

汤河口地区曾是晋察冀边区四海县政府驻地。解放战争时期，这里一直是大后方，涌现出了很多可歌可泣的英雄战士。1984年，政府在这里建立了爱国主义教育基地，并在汤河口南山脚下修建了烈士陵园。

值得一提的是汤河口中学的历史也很突出，是汤河口乃至整个怀柔北部山区教育事业发展的缩影。1956年，建立了汤河口初级中学。特别是改革开放之后，学校规模和建设越来越现代化。

五、官地村

位于怀柔区雁栖镇，明代成村，历史悠久。当时驻守长城的士兵开荒种地，为了区别私田而称为官地，村落形成后也就称之为官地村了。值得一提的是全村人基本都姓毛。据村民讲，毛氏是从山西洪洞县大槐树下移民过来的。当时有兄弟三人来到此地，开荒拓土，繁衍生息。这个地方比较封闭，自然环境也不是太好，因此村里的文化并不发达。长期以来，很少有人走出大山。但村里很和谐，过得也很安逸。

官地村前有一条河，人们习惯叫它清水河。清水河河水长年不断，即使冬天最冷时，也能听到潺潺的流水声。时至今日，村民们还是秉持他们长期以来的生态观念，没有一点儿人工打造的痕迹。

六、庙城村

位于怀柔城区西南庙城镇，怀河两岸，风景如画。辽代时就已成村了。相传，辽圣宗时，他的母亲萧太后在庙城一带修家庙，筑土城，屯军守卫。成村后，就称之为庙城了。由于常年战乱，辽代的家庙早已消失了。后来，庙城村曾出土过金代的铜镜、铁叉等文物遗存，这或许是历史的印证。

如今村北头还有一座龙王小庙，村中心有一座老爷庙，庙里有刘备、关羽、张飞、关平和周仓的泥塑像，还有一块石碑。村西路北还有一座五道小庙。

庙城村的村民，大部分是明代从山西洪洞县迁移过来的，以范、王、崔、朱姓为主。庙城村素有“怀柔南大门”之称。抗日战争时，日军修建了京承铁路，就从庙城村穿过，还修建了火车站。那时，密云、怀柔人们要想去北京城，就得经过庙城村。庙城不但是交通要道，还有好多文化和商业机构，如同一座小城镇。

民国时期，庙城村人口并不多，六七十户300多人，村子土地贫瘠，村民生活艰苦。1948年12月6日，怀柔解放，庙城村发生根本性变革。1949年3月，村里成立了第一个党支部，展开了轰轰烈烈的土地改革运动，贫苦村民有了土地。经过多年社会主义发展和人民的艰苦奋斗，如今的庙城村人民生活安定富足。尤其改革开放以后，庙城村加快了新农村建设步伐，启动旧村改造工程，村民们过上了城市化的生活。

七、河防口村

现隶属于怀柔区怀北镇。明代时这里已设有河防口关，有驻军，属于密云中卫。清军入关后，各关口不再驻军，原城堡逐渐成为民居，这样就形成了所谓的河防口村。

河防口关是明长城蓟镇的重要关隘，今关口及关城均已被毁。仅在小河东侧还能看到拱形门洞的基石，匾额上题写着“河防口”3个大字。河防口关东侧的北斗峰长城至今巍然屹立，成为一大景点。这段长城始建于北齐，明代又进行了大规模整修和扩建，全长20千米，设有23座敌楼和楼台。其中东八楼是保存最为完好的一座敌楼，位于河防口村北的九谷口，是敌楼中的精品，它修建在一个狭窄的山峰上，周围全是悬崖峭壁。

因为长城关隘的险峻和奇特，诸多文人墨客在此留下了历史印迹。康熙时一位举人潘其灿和他表兄吴景果一起出城北行。吴景果当时是怀柔县令，也是一位诗人。他们来到河防口边城，被雄关古塞、绿水青山所感动，遂在河防口村北的山岩上留下了“吏隐”石刻。

河防口村还有一位诗人就是清末民初的刘庆堂。他是河防口村人，多年从事教育事业，在怀柔创办了自治讲习所，开怀柔现代教育先河，后又创办了怀柔县高等小学堂和怀柔县师范讲习所。他的诗文著述很丰富，为文化传播做出了重要贡献。

河防口村北，有一眼常年流淌的山泉，被村民称为“上水泉”。有的村民讲，先有上水泉，后有河防口村，说明其历史久远。这泉水甘甜可口，可让人延年益寿，近些年还有怀柔城区和北京城区的市民前往上水泉取水。

河防口村是怀柔区进入北部山区的第一村，以红肖梨为特色的观光采摘业，让河防口村发展成为新时代的花果之乡新农村。

八、二道关村

现属于怀柔区九渡河镇，为古代战略要地。坐落在长城北侧2.5千米处，东西两侧山峰陡峭，城墙直穿村中央，故称南二道关、北二道关，当地人又称关南与关北。

二道关村是明代万历年间形成的。这个村同样是明代山西洪洞县大槐树下迁移过来的，最初为韩、李两姓人家。

二道关长城归属于明代黄花城长城的一处重要防御工事。关南城墙西侧修建一城堡，至今遗址还存在。关北距离城墙不远处平行建有3个炮台，至今仍有两个炮台遗址矗立在那里。

东西山顶建有两座烽火台，与黄花城长城的敌楼一样，里面是空心的，也叫“四眼楼”，现基本保存完好。所谓四眼是指4个供人居住的拱形单间，每个眼是每个单间的窗子。北面是瞭望窗，南面是门。这两座烽火台，与长城稍有不同的是，它们没有台阶。同时，它们的位置选得也很科学。一是二道关西山顶上的烽火台处在黄花城长城扇形轴心位置，北面可以看到几十里外的状况，二是二道关界内城墙、城堡、烽火台形成了完整的防御体系。

二道关是军事要地，所以日伪统治时期，这里曾驻守一个连的日伪军。营房就设在二道关南台，山腰上还修建炮楼。

明清至民国时期，二道关其实隶属于昌平，1948年后才划归怀柔。清朝中后期，该村仅有300余人。中华人民共和国成立后，该村人口迅速增加，20世纪80年代达到1700余人。2010年，全村还有1425口人。其中，韩姓占全村人口的2/3，具体而言又分为东门韩与西门韩两大家族。孙、吕、赵姓大约是在清朝中后期迁入的。

二道关村文物古迹不少，如九凤朝阳塔，原址在村委会院内，据说始建于唐代，“文革”时被拆毁。火门洞石塔，位于口楼南东山悬崖上，建于元代，现保存基本完好。白云观，位于鹞子峪里的白云川，现仅存遗址。在村南还有一块明万历年间的碑，据说是为了纪念修长城的首领蔡凯而立的，记录了碑主人的相关资料。鹞子峪古堡，建于明万历二十年（1592年），南墙中部有城门，门洞上镶嵌着一汉白玉门额，上题写“鹞子峪堡”4个大字，右侧刻着“钦差分守黄花镇”“钦差山东都司军政佥书轮”，左侧刻写“万历二十年秋吉旦立”“山东左营中军指挥法一箴千总指挥王印高令督修”。1984年，鹞子峪堡被列为县级文物保护单位。2007年，怀柔区文委又对古堡进行了修缮加固。

二道关是板栗之乡，还盛产核桃、杏等。村里祖祖辈辈留下了非常好的传统习俗，敬老爱幼。该村还有过年唱大戏的习俗，主要是唱评剧，从初三直到十五，白天晚上都要各唱一场。这里的婚俗也很讲究，从提亲到结婚有很多程序。先是相亲，接着是下聘礼，然后是催装，最后是结婚。

九、黄花城村

位于怀柔区西部。早在北魏时期，出现了“黄颁谷”(《水经注》)的记载，它包括黄花镇周围、怀九河上游及黄花城地区。到了金代，这里出现了一定规模的村屯，就是现在的黄花镇。元代，这个村屯发展为一个大村，黄花镇正式形成了。它既是军事重镇，也是较大的集市，自古以来就是民族交融的重要地方。《长安客话》:“黄花镇正为京师北门，东连山海，西接居庸，其北邻四海冶……乃极为紧要之区。”明景泰四年(1453年)，为了加强防守，在紧邻头道关、二道关不远的长城下修建了一座城，即今黄花城。从此，这一带的军事指挥中心，便从黄花镇移到了黄花城内。此城距离黄花镇2.5千米，为黄花镇所辖，故称黄花镇城。以后简化，称之为黄花城。该城东西长约210米，南北长约240米。当地百姓称东门为喜门，南门为财门，西门为鬼门。东门曾有一匾额，书写“威震藩篱”。

黄花城最初只是一座驻军城堡，到了明嘉靖三十年(1551米)，设黄花路营。两年后，改驻渤海所，仍称黄花路。黄花城长城段，雄伟壮观，全长12.4千米，有空心敌台40座，实心敌台9座，墙台5座。它有三道关卡，即头道关、二道关、三道关。内设二道关堡、鹞子峪堡。

在黄花城村北的土山上，曾有明代将军蔡凯的墓。蔡凯系山东胶州人，身经百战，屡立奇功。明万历七年(1579年)，为了加强北部边防，重修长城，朝廷委任蔡凯为监修御史，负责黄花城一线工程，要求一年之内完成。他明知其中有人设局陷害，但毅然领旨赴任，最终修好了长城却还是遭冤屈而死。

黄花城不仅是明清军事要地，近代以来同样发挥战略功能。1926年的直奉战争，1946—1948年的解放战争，该地都为重要的争夺战场之一。

今日的黄花城村，生态环境大为改观，村民的生活越来越好。

十、喇叭沟门村

属于喇叭沟门乡政府所在地，辖喇叭沟门、雕窝2个自然村。它们都是清代初年成村。雕窝因村西南山崖上曾住过雕，故而得名。喇叭沟门村因位于前后喇叭沟沟口，故得名。

清代喇叭沟门村周围全是皇家封地，居民多是满族人。朝廷在此屯兵驻守，拓荒种植，并把当地的山珍、树木送往京城。这里设立了鹰手旗营，胭脂旗营，杨木旗营。其中，鹰手旗营，千总负责，季节性派鹰手捕捉鲜活野山鸡，定时足量送给宫廷，向内务府交差。鹰手兵常年畜养好多山鹰，为的是早春捕猎季节随时放开抓捕野鸡。

抗日战争时期，这里发生了一起惨案，即"大朝北沟惨案"。大朝北沟是喇叭沟门村南2千米的一个自然屯。1941年春天的某一天，驻喇叭沟门村伪警察所警察在警长冯某带领下，突然闯入大朝北沟抓捕几位村民，说他们是土匪，还严刑逼供。最后竟残忍地用铡刀砍了他们的人头，悬挂在喇叭沟门村南大柳树进行示众。这一惨案，激起了村民们的愤慨，对伪警察恨之入骨。村民们机智、勇敢地与之斗争，最后惩罚了这帮伪警察，为乡亲们报了仇。1946—1948年，喇叭沟门村有19名青壮年参加人民解放军。他们在战场上英勇杀敌，其中5人光荣牺牲，3人成为军官，11人立功转业回乡。

改革开放后，喇叭沟门村的生活条件有了很大改善。20世纪90年代，村民结合本村实际，发展特色产业，经济快速增长，村风村貌得到了很大改观，村民生活水平显著提高。在乡政府的大力引导下，喇叭沟门村充分利用满族文化、森林观光区、果园采摘区等资源优势，逐步形成了一个现代化的新农村。

第六节　昌平区①

昌平区地势由西北向东南逐渐倾斜，西部山区属太行山脉，北部山区称军都山，属燕山山脉。山区面积占全区一半以上。西北部的山前暖温带，为农业生产提供了有利条件，南部平原适宜种植各种农作物，这样的自然环境为昌平早期人类聚居奠定了地理基础。昌平是北京西出关外的军事与交通门户，村落的发展深受军事与交通因素的影响。在南口镇发现的雪山村原始社会后期遗址，充分说明居庸关这样的重要通道很早就吸引了人类的聚居。长城的修建，需要众多的军士驻守，由此促进了山区村落的形成。元代，昌平作为大都与上都的重要通道之一，也是新村落形成的一个因素。明代的军事防御和皇陵的修建，更加速推动了昌平村落的形成与发展。

一、长峪城村

现属于昌平区流村镇，位于镇政府驻地西北13.8千米处。由长峪城、五里松两个自然村组成。五里松于1912年成村，长峪城则在明代就成村了。因其坐落在昌平区最西北部海拔800余米的高山上，人们称之为“昌平小西藏”。这里山高谷深，地势险要，山谷长达十余里，故名长峪。独特的地理位置，相对封闭的区域，造就了这里独特的历史人文积淀和自然生态环境，是北京地区颇具特色的传统村落。

历史上，长峪城是京师西北的重要门户，是居庸关西路防御体系中很重要的军事要塞。明及清初这里属于宣府延庆州怀来县，清朝中后期属顺天府昌平州。光绪十二年（1886年）《昌平州志》始见记载。明正德十五年（1520年）建城堡一座，即旧城。东西跨山，高1丈8

① 本部分参考了李国棣主编：《昌平镇村探源》，中国文联出版社2011年版；北京市昌平区区志办公室编：《昌平村情》，方志出版社2009年版。

尺，周围354丈。南北城门各一，水门2座，敌台2座，角楼1座，城铺10间，边城4道，护城墩1座，墙以砖石砌成。万历元年（1573年）在堡城南侧筑新城，仅有南门，并建瓮城。两城东山头有瞭望台1座。旧城内有佛殿、娘娘庙，庙内有钟、鼓楼各1座。新城内有关帝庙。明朝中期史无前例的大移民，使得长峪城内大量山西移民入住。清代，长峪城的军事功能进一步下降，最后完全变成了一个军事古城中的民居村落了。

由于年久失修，城墙坍塌严重。各处城墙残留不一，高者尚有丈余，矮者只存数尺，但城墙遗址的面貌轮廓还是比较清晰完整的。新城南城门现在保存较好。起初所建的四座庙宇，即城隍庙、关王庙、玄帝庙和娘娘庙，现存仅3座，且庙的名字发生了变化。其中关帝庙（玄帝庙）、菩萨庙（娘娘庙）规模较小，永兴寺（城隍庙）是村中的主庙。永兴寺坐落在村西北坡上，有两进院落，四合院布局。山门、钟楼尚存，钟楼上还挂着一口明代的铁钟。鼓楼已消失。永兴寺于2003年被公布为昌平区文物保护单位。

代表长峪城民俗文化的是梆子戏和九曲黄河灯阵。长峪城的大戏，俗称梆子戏。它最大特色是独一无二的唱腔曲调，既有山西梆子的高昂，又近似河北梆子的曲味，是二者的一种融合。这种杂糅融合的梆子戏能在这里扎根流传，和明代屯垦移民的政策推动密不可分。长峪城保留的自成一体的村戏目前在北京可谓凤毛麟角，弥足珍贵。每年正月十五，长峪城还要举行灯节，其中最有名的是九曲黄河灯阵。九曲指的是用木杆和玉米秸秆扎成弯弯曲曲的道路，有出口，也有进口，宽约1米，游1次约1千米。木杆上的灯数，一般为356盏，远看宛如五彩缤纷的银河。

二、居庸关城

位于昌平区北部南口镇关沟内，距城区15.5千米，始建于战国。自汉至金，居庸关城遗址无考，现遗存为元代始建、明代重修。城设水陆两道关门，南、北关门外筑有瓮城。关城东依翠屏山、西靠金柜山。南北各在山下筑一外围关口，即南口和八达岭，各高4丈2尺、厚2丈5尺。南北各设券城，重门2座，城楼5间，券城楼各3间，水门各2孔，南城西水门闸楼3间。西面敌楼15座，共有城楼57间。关城外，南北山险处，共筑护城墩6座，东南、西南各1座，东北、西北各2座。烽堠18座。现除水管被冲毁，城楼坍塌，关城城垣因修公路局部被毁外，其余尚为完整。居庸关城及城内主要建筑现已修复。明代居庸关关城内有参将、指挥、巡关御史衙门和驻兵营房等设施，还有规模较大的叠翠书馆及元代建成的过街塔底座（云台）。

三、后牛坊村

位于昌平区东南，属小汤山镇。元代成村。《元史》记载，元中统三年（1262年），“自燕至开平，立牛驿，给钞，市车马”。从燕京（北京）到内蒙古正蓝旗开平府，建立了牛驿站，进行牛、马交易。元末明初，山西移民进村落户，这里逐渐发展成一个较大的村落。清康熙时还称牛房村，光绪称后牛房村，今为后牛坊。

后牛坊（房）村，最先称小西流，后称牛房。清人麻兆庆《昌平外志》曾记录，“汤山北之后牛房村，即小西流也”。后牛坊村现存清嘉庆十年（1805年）立的永安桥石碑上，刻有“昌平州东小西流村西南里许”等字，更加证实后牛坊就是小西流。至于光绪年间为何改为后牛房，那是为了区分南北相距4千米的两个牛房而改的。

后牛坊村民俗活动也很突出，尤其是花钹大鼓，俗称大鼓会。原来叫“雷音圣会，子弟花钹”。这档花会，以鼓、钹、舞为一体进行表演，堪称一绝。据说，历史也很悠久了，乾隆时期就有传承。每年四月二十七日该村有药王庙会，整个开幕式都是花钹大鼓的精彩表演。庙会当天，由花钹大鼓的主管庙首带着会员到药王庙朝拜，然后花钹大鼓表演开始。表演队经过村庄主街道，沿途逢庙进香，最后回到药王庙，表演结束。2005年，后牛坊的花钹大鼓被列入北京市非物质文化遗产名录。2008年，该大鼓又入选国家级非物质文化遗产项目。

四、漆园村

位于昌平区西南部，距流村镇镇政府驻地西南6.4千米。来到漆园村，先要过一道牌楼，然后才进山谷入村庄。牌楼上书写着“古老的漆园，文化的龙鼓”，这是对漆园村历史文化的总结。

漆园村形成于明代永乐年间。当时，有人在村南种植漆树，不仅存活了，而且逐渐形成一片园林。传说杨氏夫妇携带3个儿子从山西洪洞县迁移而来，住进了漆树园，成为最早的村民，几代繁衍下来成为漆园村。据《天府广记》记载：“园之南有山焉，是名雅思。是山也，幽晦多雾，富有果蓏。山陷而为坎，有池焉，浚洌如露，是名露池。”露池今还在，其上方有五眼山泉，清洌甘甜，有益健康。《长安客话》也记载：“京西北诸山连缀一百八十里，半隶昌平。……出百旺北四十里入南谷，有聚焉，是名漆园。”

漆园村的名胜古迹之一就是村西的云峰龙泉禅寺了，当地人呼其为“三门庙”。该寺院坐西朝东，进庙为1间山门殿，正殿3大间，供奉佛祖释迦牟尼圣像。南配殿为老爷殿，供奉关圣帝君像，两厢壁画为桃园三结义、过五关斩六将等场景。北配殿也是小3间，为龙王殿，供奉人面龙王，两厢壁画为兴云布雨图。

据《从檀禅师道行幢》（现收藏于昌平区文物管理所）记载，该寺始建于唐代，原名叫龙泉寺，后几经战火毁坏严重。元太宗二年（1230年），有僧人从檀禅师，重新修建。清乾隆八年（1743年）改名为龙圣寺，后又改为龙泉寺。道光十二年（1842年）重修龙泉寺。漆园遂成为京西北佛教圣地。可惜的是，1951年村里将佛像拆毁，在庙址上建了小学。1972年，古寺大殿被毁，木材砖瓦用于小学建设。如今只剩下山门外一眼古井见证着它的历史。

漆园村还有一项重要的非物质文化遗产就是龙鼓。据传，清乾隆八年（1743年）闰四月，京畿大旱，皇帝命礼部尚书祈雨，但没有效果。农历五月十三，漆园村男女老少，烧香击鼓，至黑龙潭祈雨，感动了上天，突降大雨。乾隆皇帝闻听此事，龙颜大悦，特赏赐漆园村御制龙幡1副，龙鼓6面，鸳鸯钹48副。这样，漆园村龙鼓威名大振。村西龙泉寺也随之受敕封，改为龙圣禅寺。2004年，漆园村重制龙鼓，并组成龙鼓队，抢救这一珍贵的文物遗产。2007年，漆园村龙鼓分别列入昌平区和北京市非物质文化遗产名录。

全村现有保存较好的古建民居一百余处，砖石结构，风格统一，地方特色突出。

五、巩华城

又名沙河城，在今沙河镇东南。明永乐年间曾在此建行宫，正统年间毁于洪水。弘治年间于其南建玄福宫代之。明嘉靖年间又大规模重修沙河行宫，扩建城池，主要用于皇帝谒陵往返驻跸。城以行宫为中心，呈方形，南向，边长宽各2里，设拱京、展恩、镇辽、威漠四门。明朝在此派重兵把守，其"南护京师、北卫陵寝"之地位显然。清代以后被废，城渐凋落。目前尚留有部分城台和城门，城北的朝宗桥尚保存完好。该城作为京郊唯一一处建城年代早、规模大、遗存较多的行宫遗址，理应受到重视并给予切实的保护；如果能够进行适当的恢复和重建，将为昌平区的历史文化增添一个亮点。

六、回龙观

位于昌平区东南，回龙观镇镇政府驻地。明代成村。明弘治十七年（1504年），在此建回龙观，此前这里已经是一个小有规模的镇店了，遂称回龙店。明清两代都沿用这个名称。1948年才始称回龙观。

明弘治十八年（1505年），明武宗即位，改回龙店为元福宫。正德元年（1506年），宫阙建成。宫之中为正殿，以奉玄武之神，前为左右殿，为龙虎殿，为钟鼓楼，为内外山门。宫旁及前为营房，为车园店，以居牧马旗军。这座明朝的皇家建筑，入清后备受冷落，如今荡然无存。

七、龙虎台

位于昌平区南口镇镇政府驻地东南1.4千米。元代成村。坐落在南北长3里、东西宽2里的山前坡岗上，地势高平如台，背山面水，有龙盘虎踞之势，故名龙虎台。元、明、清时期，帝王曾在这里建造行宫，龙虎台因此闻名。

元世祖至元十八年（1281年）沿途修建行宫，龙虎台有幸成为大都城北的第一座行宫。有人曾把它与姑苏台相媲美。明太祖朱元璋的大谋士刘伯温，仰慕龙虎台威名，亲临台前，赞不绝口，并作《龙虎台赋》，与传说中的3座仙山——蓬莱、方丈和瀛洲相提并论。至元二十七年（1290年），元大都发生地震，元世祖忽必烈驻跸在龙虎台行宫。明成祖朱棣定都北京后，曾五次出塞亲征，均驻跸龙虎台行宫。宣德五年（1430年）十月，明宣宗朱瞻基在龙虎台行宫召见英国公张辅等人。正统十四年（1449年），明英宗朱祁镇亲征瓦剌，就夜宿龙虎台行宫。清康熙帝，也曾驻跸过龙虎台行宫。从雍正年间开始，龙虎台行宫逐渐荒废。清末，遗址基本不存。

八、小汤山

位于昌平区东南，为小汤山镇镇政府驻地。辽代成村。因附近山丘不大，且有温泉，故名小汤山。明朝中期，小汤山温泉被开辟为皇家苑囿。清康熙五十四年（1715年）建汤泉行宫。乾隆时又进行了扩建，原行宫为前宫，向北建起一片园林，称后宫。小汤山行宫布局十分讲究，前宫遍布殿宇楼阁，富丽堂皇，是皇帝处理政务、饮宴大臣和安寝之所。后宫则是山清水秀，错落有致，还有一座小山，山阴石壁上镌刻着乾隆皇帝的御笔“九华分秀”。

1900年，汤泉行宫被八国联军的炮火炸成一片废墟。民国初年，袁世凯的长子袁克定来此避暑，稍将此修缮，并盖起了一座两层西式洋楼。1918年，民国总统徐世昌等达官贵人在前后宫相继建起了私人别墅。1919年，民国政府以高价从清皇室手中租到汤泉行宫遗址。经过初步修整，前宫弄成了汤山饭店，附设汤山浴池；后宫则辟为汤山公园。从此，老百姓也可以进入。抗日战争时期，汤山饭店和汤山公园再遭劫难。中华人民共和国成立后，人民政府在此建起了疗养院，这座古老的皇家园林得以重新面世。

九、上关城

位于昌平区西部南口镇关沟内，居庸关城北4千米。明代建筑。周围285丈，南北城门城楼2座，敌楼1座。偏左有东西水门各一，东、西山护城墩各2座，烽堠12座。古城遗址尚存南侧一段城墙和西山上一座护城墩。

十、南口城

位于昌平区西北南口镇关沟南口。明代建筑。原周长200丈5尺，南北城门城楼2座，敌楼1座，偏左有东西水门各一。护城东山墩1座，西山墩3座，烽堠9座。现城堡被毁，仅存南城部分城墙及门洞。

十一、白羊城

位于昌平区西部流村乡境内。又名白羊口堡城，或白杨口。《昌平县地名志》载：白羊城因附近多白杨树，又是重要关口，故名白杨口。元代开始在白杨口设千户所。明朝初期只有士兵凭险把守。明正统元年（1436年）和正德九年（1514年），因蒙古军两度率军攻入白杨口，骚扰京畿，引起了明朝对白杨口的重视。正德十五年（1520年）建造城池，称白羊城。

白羊城修筑在南北两山之上，设东西两座城门，白羊沟穿城而过，设有水门。城墙为砖石结构，高2.5丈，厚1.2丈，周长761.5丈，设敌楼4座，城铺15间，护城墩12座。景泰元年（1450年），在五峰山下建白羊新城1座，设3门，不跨山，在堡城西山顶自东向西北有山墩8座，距城最近为1.5千米，最远的为18千米。从隆庆三年（1569年）至万历元年（1573年）对白羊城旧城进行扩建和加固，增设附墙台3座，空心敌台19座，是明代护卫京师的重要关隘之一，与长峪城、镇边城、居庸关、上关城、黄花城、古北口等形成一条连绵数百里的整体军事防线。白羊城现仅存城墙遗址。

白羊城村还有庆王坟，始建于清嘉庆二十五年（1820年），共有大小园寝8处。内葬三位亲王，即庆僖亲王永璘，庆育亲王绵愍，庆密亲王奕劻。庆僖亲王墓为祖园，坐西朝东，东西长140米，南北宽50米。主要建筑物有汉白玉石桥1座，桥后为1座碑亭，内有龙首龟趺汉白玉石碑1块。亭后有对称的南、北朝房各3间。正中是享殿3间，殿前有月台。殿后为园寝，涂红色，周围连绿琉璃瓦顶园围墙，内有主墓1座，次墓4座，宝顶下有方座盘。其墓室自民国以来陆续被盗，地面建筑严重失修。

十二、德胜口

位于昌平区西北，十三陵镇镇政府驻地西北4.2千米。亦名得胜口。地处燕山南北交通要道的咽喉地段，为历史上著名的军事要塞。早在唐代，这里建有幽州城北部的前哨关卡，即得胜口边城，是内地与外番互市贸易的重要场所。后来因大水冲毁了这一街市，此处关卡也就隐没在深山之中了。

金天辅六年（1123年），金太祖完颜阿骨打率兵从居庸关和得胜口进发，迅速占领昌平，攻陷了辽南京。金代时，得胜口被称为大安口，元代则又称为翠屏口，明代才称之为德胜口。明末李自成攻进北京城，也是通过德胜口这处军事要塞。清建都北京后，德胜口逐渐废置。1959年，在村北修建德胜口水库时，将关隘的垣墙拆除，现仅存南侧山崖下一段残墙。

十三、旧县村

位于昌平区城南街道办事处西5.5千米。北魏已成村。唐代德宗年间，将昌平县治所从军都故城（今昌平区土城村）迁到今天的旧县村，称白浮图城。明景泰二年（1451年），昌平县治所又迁至永安城（今昌平区所在城区）。这里就变成了所谓的旧县城，旧县村由此而得名。

旧县村长期作为一个县治所，留下了诸多珍贵的古迹遗址。如祠庙就是很重要的部分。村北头的七神庙，村南头的观音庙，村中间的关帝庙，村西头的财神庙，村东南的木铃庵及城隍庙、关帝庙，村西南的三清观，村东北的火神庙，村西北的狄梁公祠，还有小五帝庙、大寺庙、龙王庙、文昌庙等等。狄梁公祠是供奉狄仁杰的祠庙，建于唐代。因其死后被封为梁国公，故称狄梁公祠。历史久远，规模较大。历代官府重视，曾多次重修。诸多史志碑文对此有所记载。清初顾炎武在《昌平山水记》中对狄梁公祠庙会有所描述，当时香火非常旺盛，方圆百里的人纷纷前来祭香。可惜的是，大约在20世纪五六十年代被拆毁了。只留下数通碑刻，现保存在昌平公园石刻园内。

如今的旧县村，那些昔日的祠庙早已消失。但悠久的历史是永远也磨灭不了的。

十四、平西府

位于昌平区东南。据清代昭梿《啸亭续录·京师公府第》记载，“理亲王府在德胜门外郑家庄，俗名平西府”。光绪《顺天府志》也记载，昌平城东南四十里有平西府，“初名郑家庄”。这说明，平西府曾叫郑家庄，后来有王府建在这里，始称平西府。理亲王就是康熙皇帝的废太子胤礽的儿子弘晰。因为胤礽急于想当皇帝，被康熙废掉，并囚禁在京城咸安宫内。1723年，雍正即位，便下令在京城外为胤礽建立王府，选择地就在郑家庄。第二年，胤礽去世，被追封为理密亲王，封他儿子弘晰为理郡王。6年后，晋封为理亲王。郑家庄王府遂被称为理亲王府。

平西府远在村北，有围墙，东西长1里，南北1里多，呈长方形。抗日战争时期，尚有大门石墩等遗物。而今连遗址都看不见了。

十五、秦城

位于昌平区东部，兴寿镇镇政府驻地西北2千米。北魏时成村。旧称芹城。因城北有龙潭，水畔多野生水芹菜，汉代建城时遂以此植物为名。自汉代以来，除了辽代改称秦城外，金、元、明、清均沿袭旧例，仍称芹城。民国时期，又改称秦城。

秦城是座土城，呈长方形，周长大约2600余米。因城北临山，故只有东门、西门和南门，无北门。清初，陕西一位学者李因笃随顾炎武考察昌平，撰写了一部《芹城小志》，可惜散佚，没有留下来。据光绪《昌平州志》记载，清末芹城是一个小驿站，称为芹城铺。

城北神岭山麓的龙泉寺是秦城较为重要的古迹。据《释道深敕赐龙泉寺记》碑刻记载，“神山在昌平县东三十余里芹城村，村有龙潭，约九亩，有古龙泉寺。天祐元年造舍利宝塔，又有海云国师及大庆寿尊宿塔，又有望景轩，宣德间嘉兴大长公主偕驸马都尉济延舍金帛建”。清康熙年间，这里已是一片荒芜。现仅存部分遗址。

第七节　延庆区[①]

延庆区位于太行—军都山脉以西以北的中国第二级地理台阶上，属山间盆地，有着重要的地理交通地位和军事防御作用，是北京通向山西及内蒙古的咽喉要冲，其村落发展深受历史上民族关系与军事活动的影响。山间盆地一般具备较好的水土条件，自然也是山区人口集中的地方，因此，延庆的村落发展有较早的历史和较大的规模，但受战争因素的影响也比较明显。唐代延庆东北部山区为奚族羁縻地，辽升幽州为南京后，又将征服的渤海、奚人迁徙到延庆。元代也是因军事而导致延庆村落大增长的时期。明代洪武初年，开始“令边军皆屯田，且战且守”，也促进了延庆的土地开垦和村落形成。此外，沿长城设置卫所，允许军户携带家室长期驻扎营屯，占有了大量的土地，军人家属也获准开垦土地，这样更有力地促进了延庆边塞之地村落的形成。明代在居庸关设隆庆卫，兵士多为江淮人，散于各处从事守卫和屯垦，此后成为延庆县早期居民；明永乐十二年（1414年），设隆庆州和永宁县后，本州、县、卫又安置了大量山西移民和贬谪官吏；万历二十一年（1593年）蒙古部族鞑靼及其他少数部族归顺明朝，亦安置于本州、县。清顺治元年（1644年）清兵入关后，圈占大量土地安置八旗子弟。由于不断有大规模的人口拥入，延庆的村落也就越来密集，规模也更加扩大。

延庆的古村落大都保留了元明以来的军事遗迹，甚至在建村史上可以追溯到唐以前，这些大都是坐落在交通要道上或军事要点的古村落，如榆林堡村、永宁镇和双营村。明代因为军事需要，在山区地带的军事驻防促进了柳沟村、岔道城村落的发展。

---

① 本部分参考了中共延庆县委宣传部、延庆县文化委员会编：《走进延庆古村落》，中国商业出版社2015年版。

一、榆林堡

位于延庆区康庄镇西南2.5千米处，为迄今北京地区唯一仅存、规模最大的古驿站遗址。早在元代之前，这里已形成了村落，名叫榆林。元人周伯琦《榆林驿》诗中有“此地名榆林，自汉相传旧”，并注云“《汉史》称榆林长塞即此也”。据说村名是因有茂密葱郁的榆树林而得名。元代诗人胡助写有《榆林》诗：“倦客出关仍畏暑，居庸回首暮云深。青山环合势雄抱，不见旧时榆树林。”

元世祖忽必烈统一中原之后，建立了非常严密的“站赤”（蒙古语，驿传的意思）制度，也就是所谓的驿站制度。《永乐大典》卷一九四一七记载：中统四年五月十二日，榆林站增牛驴十具，减轻运输的劳苦。明太祖洪武二十七年（1394年），重新设置了榆林驿，并筑城堡一座。土木堡之变后，由于瓦剌南侵，从居庸关至大同、宣府的驿站屡遭破坏，城堡也毁坏殆尽。明英宗正统十四年（1449年），为了防御瓦剌铁骑再次南下，总督军务兼兵部尚书于谦主持重建驿站，整顿北边防务。于是，榆林驿修筑城堡。现存的榆林堡就是当年于谦修筑的遗存。之后不断修缮、巩固。明代宗景泰五年（1454年）又修建了榆林堡城，明武宗正德十三年（1518年）扩建榆林堡南城，并在城东门嵌“新榆林堡”石匾。明神宗万历四十五年（1617年），重修榆林堡城。

有明一代，特别是明中期以后，榆林堡是京师西北的一处重要驿站，也是拱卫京都的重要军事屏障。

清代沿袭明朝的驿站制度，继续在榆林堡设置榆林驿，属宣化府怀来县管辖。康熙三十二年（1693年），设榆林驿驿丞专门管理。清朝末年，现代邮政兴起，旧日的驿站制度逐渐废弛。1913年，北洋政府裁撤全部驿站，榆林驿的历史宣告结束。榆林驿的地位也被京张铁路康庄镇所取代。后来，榆林堡的城墙及驿站设施也日见毁坏。

榆林堡原分为南北两城，北城为砖砌，南城为土筑。北城为驿站和马场，南城为民居和店铺。北城的东南角和西南角城上各建有一阁，即文昌阁和武昌阁。城墙周长2000余米，南北城共有城楼6座。

北城设东西两门，南门曰镇安门，有城楼和瓮城。南城设东西两门，两门的主街称仁和街，古驿道穿城而过。堡内现存一座城隍庙，经过了修缮。

堡中还有一些保存较好的民宅。南城西街现遗存一处前后两院，具有清代建筑风格的民居。据村民说，慈禧太后出逃路过榆林堡，曾在这家喝过粥。古四合院也有不少，如南城东孙家、西孙家都是三进、四进的四合院，留有牌匾。当时，南城东大街至西门外店铺众多，现存榆林堡东西大街中部的一号铺仍矗立在风雨之中，诉说着昔日的繁荣。榆林堡还有很多历史传说故事，乡愁因此而丰富起来。

榆林堡的文化也很兴盛，读书人多，民间花会热闹非凡。清代，南城东孙家、西孙家都曾出过官员。中华人民共和国成立前，村里的小学校始终存在。高跷、旱船、灯山会等花会，每年上元节（元宵节）正月十四到十六，连续三个夜晚表演，十分热闹。《怀来县志》："上元张灯三夜，演戏祭三官神。旧有灯山楼，高三四丈，中作木架撑之，用小灯数千盏作'天下太平，民安物阜'等字，楼在西关马神庙侧，今废。土木、榆林堡楼仍存，灯废。"如今榆林堡村节日期间举行唱大戏、扭秧歌等民俗活动，但灯山会已经失传了。榆林夕照是明清时延庆的"妫川八景"之一。

榆林堡为北京古代交通要道和军事重地，历经风霜，虽已残破不堪，但原有格局保留传承了下来，为历史记忆留下了一点根基。有关专家曾多次提议对这里进行保护，建设一座邮驿博物馆。如今，相关文化遗产保护工作已经开展起来，街道格局及一些经典院落已恢复了历史风貌，土城堡和驿站遗址正在成为京郊旅游热点。

二、岔道村

位于延庆区八达岭镇镇政府驻地东北1.5千米处，属于八达岭镇所辖的行政村。全村包括3个部分，即东关、岔道古城、西关。整个村落呈长方形，沿着沟谷东西延伸。岔道古城就建在八达岭这段山谷接近谷口的拐弯处，整座城依山而建，呈不规则多边形，两头窄，中间鼓，形似一艘船。城墙高8.5米。北城墙建在半山腰上。城有东、西两门，西门外有一座瓮城，东门外有一座石桥。据清代《延庆州志》记载，当年的岔道城要比现在看到的壮观得多、雄伟得多。

岔道村在历史上被人们又称之为三岔口，明代初年叫永安甸。之所以后来称为岔道村，是与经过居庸关的这条古道有关。《隆庆志》记载，岔道“为口外入居庸关之要道”“在州城南二十里，出居庸关，东西路由是而分，故名”。

岔道城到底始建于何时，目前还没有一个准确的说法。从史志来看，最早记录岔道筑城的是在明成化九年(1473年)。《明实录·宪宗纯皇帝》记载，成化九年(1473年)春正月增筑宣府鸡鸣山驿、岔道二堡。《延庆州志》又载，“嘉靖三十年以警报频仍议筑，为护关缩守之计始筑”，这是说岔道城修缮和包砖，并不是说始建之事。

岔道城作为关沟古道上的重要节点，军事地位十分突出。明代编纂《西关志》的王士翘在《居庸关论》中这样写道：“居庸之险，不在关城，而在八达岭。是岭，关山最高者。凭高以拒下，其险在我，失此不能守，是无关矣。逾岭数百步，即岔道堡，实关北藩篱。守岔道所以守八达岭，守八达岭所以守关也。”居庸关的险要防守之地在八达岭，八达岭的守御之地在岔道关山。

明代为了防御来自北部残元势力的军事威胁，将明朝北部边境划分为9个防区进行防御，历史上称为九边或九镇。岔道堡属于宣府镇的一个重要城堡。宣府镇总兵驻地在今河北张家口市宣化区，为京师西北军事重镇之一。宣府镇曾将辖区划分为五路进行设防，岔道原属于东路，后来改属南山路。明代宣德年间，朝廷下令向内撤离300余里，放弃了今河北张北县、内蒙古正蓝旗一带地区。这样，宣府镇成为直接护卫京师的军事要冲，而岔道城正处于蓟镇、宣府镇的交界处。岔道东南滚天沟附近曾发现一通宣德六年(1431年)界碑，左下为“迤东八达岭交界”，右下为“迤西岔道城交界”，正说明了岔道城的重要军事位置。说岔道为居庸关门户，一点也不为过。岔道城两侧的边墙、联墩、壕堑、烽燧，构成了一个严密的军事防御体系。明代在此设守备1员，驻军约180余人。清代，驻军增至788人。

历史上岔道城很有名，一是这里军事地位重要，战争故事丰富，二是很多名士和帝王光顾过这座城堡，留下了历史足迹。据《明实录》记载，明朝皇帝朱棣在永乐十二年（1422年）九月丙辰到达岔道，还派遣太常寺丞陈希道祭祀居庸山川。宣德五年（1430年）、宣德九年（1434年），宣德皇帝朱瞻基多次到岔道驻跸和打猎。陪同宣德皇帝狩猎的内阁首辅杨士奇写了一首《岔道观猎》诗："已度重关险，初临广野平。岚兼远水白，山拥半空青。扈跸同三事，蒐原合五兵。农闲倍阅武，亦得畅予情。"清光绪二十六年（1900年），八国联军攻入北京城，慈禧太后和光绪皇帝仓皇出逃，来到了岔道城，在关帝庙里过了一宿。

岔道城的人也很美，他们的故事让人感动。嘉靖《隆庆志》记载，明代一位岔道人曹铨，勇敢地从北方少数部族手中救下了父亲，却付出了自己年轻的生命。这就是延庆历史上流传的曹铨救父的故事。

岔道城的景也很美，其独特的山水环境让人流连忘返。岔道秋风是明清时期著名的"延庆八景"之一。明代重建隆庆州的兵部尚书赵羾曾写了一首诗《岔道秋风》，就是描绘了岔道城的秋日风采："历尽羊肠路忽通，山村摇曳酒旗风。烧原飞净获灰白，落叶飘残锦树红。鸦阵远投林日晚，雁行斜去塞云空。惊回一枕关山梦，断送钟声下玉峰。"

如今的岔道城，城墙坍塌，城壕湮灭，民居被改建，昔日的辉煌雄伟早已随风而去。2001年以来，北京市、延庆区有关文物部门和村民们出资出力对其进行抢救性修缮，包括城墙、古街道、城隍庙、关帝庙、衙署等，基本上再现了岔道城的历史风貌。2006年，岔道村被评为北京市首批"最美乡村"之一。

三、三堡村

位于延庆区八达岭镇东南，与昌平区交界。地处关沟古道的峡谷内，现辖三堡、黄土岗两个自然村。

相传，三堡村早在金代就已形成，原名并不叫三堡村，最早人们称其为三铺。这样的命名，源自于关沟古道上的邮驿组织“急递铺”。驿站是我国古代专供传递官府文书和军事情报的人或来往官员途中食宿、换马的场所，历史长达3000年之久。关沟古道又是一条重要的驿站通道，如居庸、榆林、土木堡都是历史上著名的驿站铺子。而急递铺，从其名字上就可以看出，属于邮驿组织当中承担紧要和紧急情报传递的机构，专门传递重要军事情报和皇帝的军政指令。宋代时，就设有急脚递，或作急递站。女真建立金朝后，也仿照宋朝设了急递铺。《元史・兵志四・急递铺兵》载曰：“世祖时，自燕京至开平府，复自开平府至京兆，始验地里远近，人数多寡，立急递站铺。每十里或十五里、二十五里，则设一铺，于各州县所管民户及漏籍户内，签起铺兵。”三铺就是关沟古道上一个重要的急递铺。

三堡村南有一处上关城遗址，今属昌平区。《重修居庸关志》卷二记载，上关城在居庸关城北门外8里，为堡城。南北城门各有城楼1座，敌楼1座，还有东西水门各1个。城外有烽堠12座。明代，属隆庆卫。后来修京张铁路时，城楼、城门、水门都被拆除，城墙也成为一片废墟。现在还有零星城墙残存。“上关积雪”曾被誉为明代“永宁八景”之一。

三堡村还有一项重要历史文化遗产，就是100多年前的三堡火车站。如今作为京张铁路四等小站，三堡站显得格外冷清和安静，但其西式风格的典雅建筑却显示了它曾经的不凡。

三堡村北的五桂头山上，摩崖和题刻遗存十分丰富，如在山南侧高速公路弹琴峡隧道东外避巨石上有一处“五郎像”摩崖造像，面对关沟古道；西侧崖下为“五桂头、弹琴峡”摩崖石刻。还有“弥勒听琴”摩崖石刻。专家认为“五郎像”应为释迦牟尼坐像。元代，蒙古人笃信佛教。《元史》卷三十记载，曾派指挥使兀都蛮镌刻西番咒语于居庸关崖石。当时，西番就是西域各族的总称。除了“五郎像”外，五桂山崖下还有4幅少数民族文字的摩崖，从文字外形看，酷似藏文，这正与《元史》记载一致。弹琴峡隧道斜下方有一座五桂头山洞，是当年詹天佑修建京张铁路时开凿留下的遗迹。山洞右侧岩壁上保留有多处摩崖石刻。左侧最大的一处为《重修魁星阁碑记》，主要记述了清末武状元黄大元（今张家口怀安县人）考中状元后，出资修复魁星阁的经过。落款有“大清同治三年岁次甲午”的字样。旁边就是“弹琴峡 五桂头”6个字的石刻，落款为“邑人王福照书”。转过摩崖刻字北侧不远，崖壁上有一处遗址，即黄大元出资重修的魁星阁和关帝庙遗址。

四、双营村

位于延庆城东北5千米处，属延庆镇管辖。何时建城，难以考证。嘉靖《隆庆志》对双营有记载，还有东双营屯堡、西双营屯堡、双营屯棠字堡等的记录。清光绪《延庆州志》也载：“双营，明嘉靖年间，敌自白草洼出，居民罹害极惨，操守戚士登用砖石筑之。城高二丈四尺，周长二里七十五步，东西二门，皆砌砖石。”操守是明代营伍及守城系统中的下层军官，地位介于守备与千总之间，负责守堡。在双营设操守，足见当时其地位之重要。

双营城西边有一处古代烽火台遗址，残高约8米，四周有围墙。现存双营城平面接近长方形，有东西2座城门，周长1050米，正好与明代史志记载的“二里七十五步”相符。双营城是座不太大的土城，但属于北京地区保存较为完好的明代土城。双营城南、东、北侧城墙现存还基本完好，东西两座城门也进行过修缮。村中还有少量传统风貌的老房子。据村民说，村中有九座庙，现在龙王庙、观音庙已经修复。三官庙大殿还在，为村中规格最高的一座古建筑，其他庙宇早年就被拆除了。很多年前风靡全国的电影《地道战》曾到双营村拍摄过外景。

五、东门营村

位于延庆区张山营镇西南。据嘉靖《隆庆志》记载，早在明嘉靖年间就有东门营堡了。从残存遗迹来看，城堡大约东西250米，南北150米，平面呈不规则多边形。2002年村中出土了一块门额，证实了明万历四十六年（1618年）进行过修缮。另据清光绪《延庆州志》记载，清代时东门营堡属于延庆西卫管辖。至于为何叫东门营，已难考证。

东门营村虽然规模不大，保存下来的古建筑也不多，但却显得很有文化气息，独具特色。其中，孙家旧宅位于旧村主街中部路南，是一个典型的四合院，虽然规格并不高，但门额上却完好地保留着“百世书香”四个墨书大字。与延庆其他古村落不同的是，孙家旧宅临街北房的后檐墙上部多出三层砖檐，上面至今还悬挂着五块木匾，有“德寿双全”“年高德劭”“齿德可风”等。西汉扬雄《法言·孝至》中就有“年弥高而德弥劭”的记载，对品德好的人给予赞誉。“齿德可风”则出自《孟子·公孙丑下》“天下有达尊三：爵一，齿一，德一”。在老村区40号民居门楼雀替雕有一“耕”字，其家砖雕影壁上则有“家传敬义数千载，世继诗书几百年”的对联。老村区5号民居残存的影壁上也有“世间好事忠和孝，天下良图读与耕”的砖雕对联。这种耕读文化，反映了富裕农民追求理想的生活方式和价值取向，值得我们敬仰和追崇。东门营村家家户户后檐墙预留出来的挂匾位置，说明大家都想成为乡里表率、社会贤达，这代表了当地民风的纯朴和很高的文化追求与道德修养。耕读文化在其他古村落也有，但像东门营村如此集中地表达在牌匾、影壁、绘画建筑上，并不多见。历史上，该村确实出过文、武举人，当代考上大学的人也比邻村多。

东门营村还有一个特色，就是庙多，也就是人们所言的三步两庙。东西仅有200多米的旧村，竟然建有9座明清庙宇，即泰山庙、真武庙、观音庙、龙神厅、五道庙、三官庙、阎王庙、关帝庙、龙王庙。目前，仅存有关帝庙、阎王庙、真武庙、泰山庙4座。这些庙宇供奉的多为道教的神仙，只有观音庙供奉的观音娘娘是佛教神仙。文物部门对这4座庙宇修缮时发现，东门营村的庙宇中还保留了大量清代道教题材和民俗题材的壁画，有些可谓民间艺术精品，反映了弃恶扬善的道德追求。

经过几百年历史积淀，东门营村形成了独特的文化传统，为现代的新农村发展中注入了活力。

六、永宁城

地处妫川谷地中央，属今永宁镇驻地。永宁城建城最早可追溯到唐贞观十八年（645年），由大将军尉迟恭（字敬德）监修，叫寒江城。辽金时期，唐永宁城毁于战火。明初永宁成为屯兵之所，驻军数量庞大，称“中所屯”，也称“终食屯”。作为重要的军事据点，明代曾经多次增修永宁城。永乐十二年（1414年）明成祖北巡，驻跸于永宁西北15千米的团山（又称独山），设置了永宁卫，驻扎了军队。由于战乱，明初的延庆百姓纷纷迁往关内。成祖见此地空旷，下诏复置隆庆州并分置永宁县，从山西迁移大批百姓及贬谪官吏来此。这些迁入的人口与永宁驻军，共同促成了永宁镇的繁荣。

无论规模还是规格，永宁城都胜于延庆城。有“迎晖”“镇宁”“宣恩”“威远”东、西、南、北4座城门，都有瓮城和城楼。城的四角都建有瞭望楼。现在四周城墙所剩无几，只有在城东北角和西北角残存极少一部分的夯土城墙。

永宁城的标志性建筑是玉皇阁。传说是唐代尉迟恭所修建。阁上曾挂着清末一块“文献明邦”金字匾额。玉皇阁在战争年代被毁坏，现在的玉皇阁是2002年恢复修建的。

永宁城具有重要的军事地位，现在的地名就可以反映这一点。4条大街的33条胡同，其中9条都与军事机构、军事设施、军官等有关，如左卫胡同、兵甲胡同、黄甲胡同、北东仓胡同、姚官胡同等等。这些胡同曾建有三清宫、吕祖庙、上帝庙等42处庙宇，以及1座始建于清乾隆年间的天主教堂，现在是北京市文物保护单位。

古民居多集中在城东部和南部。如黄甲巷4号，原有四合院，虽然保存较差，但格局尚存。门楼砖雕精美，有仙鹤、财神、寿星、仙鹿图案，座山影壁砖最为精美，影壁砖檐下饰有镂雕砖罩，影壁中央为镂雕鹿、羊、鹤、松、竹、人物等图案，寓意吉祥富贵。

永宁的美食历史悠久，很有特色。如传统的永宁豆腐，清朝时为宫廷贡品，以其独特的制作工艺，丰富的营养价值一直流传至今。如今，永宁还推出了特色豆腐宴，创新传统工艺，有150多道豆腐菜肴，把豆腐的吃法发挥到了极致。永宁的火勺（一种烧饼）也很有名，2011年被评为延庆十大特色文化遗产之一。

七、四海冶

位于延庆区四海镇，原名四海冶。元代称之为庄膻堡。自古以来就是交通要道、军事重镇。清光绪《延庆州志》卷五《兵防》引永宁旧志曰："元时入京，庄膻堡西五里，武螽坚守，则敌人无隙矣。"至元二十二年（1285年）元仁宗诞生在缙山县（今延庆）香水园。他即位后，升缙山县为龙庆州，并在此修建行宫。当时，龙庆州有铁矿冶炼厂。到了元代末年，随着冶炼规模越来越大，人也越聚越多，形成了一个庞大的冶炼聚落。因此地有四水合流，故名四合冶，后误称为四海冶。

明天顺八年（1464年）筑城，名为"四海冶城堡"，置守备，驻军近700人，为京师北边重镇。史载，越过四海冶就可到达昌平，如果没有这一城堡作为蓟镇防御屏障，则鞑靼等可直入京师。可以说，四海冶是北京历史上，特别是明代北京北部防御的重点区域之一，在长城防御体系中占据非常重要的地位。

当时四海冶城堡，略呈圆弧形，东边敞口，出东门就是东梁。东梁上有3座瞭望楼，用于侦察敌情。现在，一座已翻新，另一座残破不全，只有村正东的一座保存完好。据相关记载，四海冶村有古寺庙32座，现多数已毁。瑞云禅寺就很有名，村内吴合家院内有万历四十年（1612年）重修碑，碑文云："四海冶瑞云禅寺，旧系古刹，仅存行踪，执以思地方安念长久之计。见堡内古阜上，每有白云飞绕，熟视之余，指示左右曰：此地非寻常也，可建一寺，以为焚修之所，遂名曰瑞云寺。既而动土木之功，及得前遗石塔，果名'瑞云禅寺’……”

如今四海冶的城没有了，村中的老房子也所剩无几。村西的半坡上还保存着约100多米的西城墙，城南尚存十余米古墙。村中石碑残留较多，但很多已字迹模糊。如今的四海镇人大力发展花卉产业，其打造的“四季花海”已经成为京郊著名的花卉产业基地和旅游胜景。

八、柳沟村

位于延庆区井庄镇中部，距镇政府仅2千米。据明代《宣大山西三镇图说》所载：“柳沟，西南沙河，东北平坦，乃南山适中之地。南至碓臼石二十里，通德胜、贤庄、灰岭三口。西南连岔道，东北带永宁，边汛辽阔，丛山深僻，地属扼要，驻防极重。”可见，柳沟所在也是一处重要的交通要冲和军事要地。明嘉靖、隆庆年间就有柳沟城的历史记载了。有人认为，柳沟的命名或许与当年的一条古道上种植有诸多柳树有关，可备一说。

柳沟村的历史地位与八达岭和岔道城不相上下。该村曾出土过距今7000多年的石锄，村南山脊上还断断续续地保留着明代之前的长城遗迹。现存的柳沟城是明代长城防线上的重要军城。柳沟城属于明代宣府镇的管辖范围。明嘉靖二十二年（1543年），修筑柳沟口。嘉靖三十年（1551年）在柳沟置守备一员。嘉靖四十五年（1566年），在柳沟城设宣镇南山路参将一员，管辖岔道、柳沟、榆林三堡及南山各隘口，驻军曾达1200余人。万历二十四年（1596年）修建了柳沟城北关。

柳沟城的3座城门都在长城以南，直到万历四十三年（1615年）柳沟城才用砖包砌。明朝末年，随着东北女真的崛起，后金政权对北京城侵扰不断。为了加强防御，崇祯十六年（1643年）在柳沟设陵后总兵，管辖榆林、岔道、四海冶等地，柳沟城成为当时延庆地区最高军事长官的驻地。随着明朝灭亡、清朝统一了边塞内外，柳沟的军事地位逐渐衰落。到了清光绪五年（1879年），柳沟城守兵仅剩下22名。

现在的柳沟城遗址，平面为不规则四边形，周长约1263米。北城门上部筑有城台，内侧设有登城马道，外部有瓮城一座。近年来，有关文物部门对北城墙和瓮城进行了修复。村中还有城隍庙和古民居，并完好地保存着一处20世纪六七十年代供销社。

柳沟村流传的历史故事很多，有1930年砸旗产事件，曾轰动整个察哈尔地区。解放战争时期，本村有两位英雄人物贾桂珍、韩桂芝为解放事业英勇斗争并献出了生命。1990年，当地政府为她们修建了一座纪念碑。

如今的柳沟村大力发展农家乐特色乡村旅游，打造柳沟豆腐宴美食村和民俗、民宿度假村，树立了京郊特色旅游行业中的龙头品牌。

第八节　丰台区、大兴区

丰台区与大兴区相邻，均位于北京市南部，属于西山永定河文化带的重要部分，拥有较为丰富的历史文化资源，如大葆台汉墓遗址、金中都城垣遗址、水关遗址、卢沟桥、宛平城、白庙等，特别是丰台区见证了近代中国的血泪史。同时，大量的古村落也给丰台区、大兴区历史文化增添了不少活力。长辛店作为历史文化名镇，具有千年历史，是北京近代历史的一个闪光点。南苑作为元明清以来北京地区的皇家苑囿和村落群，蕴含着丰富的历史文化资源。古村落所传承下来的民俗文化更是两区现代文明发展的文化基础和推动力。

一、长辛店

长辛店镇位于丰台区西南部，北邻永定河，辖9个村，历史悠久，是一座具有近千年历史的古镇。位于进出北京城的咽喉要道，扼守着北京的西南门户，自古以来就是商贸聚集的场所。特别是随着卢沟桥的建成，这里的驿站、客舍、商铺等逐渐聚集兴盛起来。

明代，今长辛店地区有新店村和长店村，南北对应。后来，随着南北交流日益扩大，经济繁荣，店铺、住家逐渐连在一起，新店村与长店村合并形成了长辛店村，成为巨镇。清代，这里商铺林立，更加繁华。雍正年间铺设了广安门至卢沟桥、长辛店的石路，时人称这条路为“九省御道”。明代学者蒋一葵在《长安客话》中所描述的：“中宫络绎驰丹毂，侯伯新封就土疆。车马常百计，夫皂不可量。”

长辛店镇是处在东西两座小山之间的古老村落。因京广铁路的修建，长辛店镇如今分为两部分，东边以长辛店大街为中心，有众多古迹遗址；西边至今保存着古镇的完整格局。

长辛店镇的五里长街是镇的中心，也是最为繁荣的地段。这条长街将东西纵横交错的胡同相互连接在一起。长辛店的胡同文化独具特色，胡同的称谓也与众不同，一般称为“口”，如车站口、王家口、米家口、娘娘宫口、曹家口、火神庙口、祠堂口、南当铺口等；也有称“里”的胡同，如乐山里、福康里、居仁里、平安里、三多里等。而且这里的胡同呈网格化布局，大胡同套小胡同，构成了一幅五彩缤纷的民间生活画卷。

长辛店还曾是宛平县县政府所在地。历史上，宛平县的县署有两处。一处最早建于明代，即明洪武三年（1370年）建于地安门西大街的东关房，现在不存在了。另一处就是卢沟桥东侧的宛平城。1928年，北京改为北平特别市，原京兆地方（顺天府）所属各县一律划归河北省。这样，宛平县改隶属河北省，长辛店镇为宛平县2区驻所，宛平八镇之一。1929年，县署由市内迁至卢沟桥拱极城，即宛平县城。1937年，因宛平县署遭战火破坏，宛平县署迁至长辛店镇老爷庙。宛平县署的大部分房屋都在抗日战争期间被日军炸毁了，仅保留了3间，这就是宛平县政府的旧址。1948年12月，长辛店镇和平解放，更名为北平市第18区政府。1949年1月，设长辛店镇公所。1950年，长辛店设镇政府。1990年，撤镇，改称长辛店街道办事处。

长辛店古镇至今保留有不少历史遗迹和文化遗存，如镇岗塔、清真寺、天主教堂、火神庙、福生寺、娘娘宫等。

长辛店民间也有着浓厚的风水文化信仰。相传该镇云岗村所在地是一条龙脉，村东的黄土岗则被认为是龙脊所在。金代为固龙脉，防止龙脉塌陷或逸迁，遂在此地建起一座九级砖结构的实心花塔以镇之，并得名为镇岗塔。镇岗塔，位于长辛店乡云冈村。明嘉靖时，进行过修葺，并有重修镇岗塔碑记，现已不存。抗日战争期间，该塔遭到日军破坏，底部的一角和塔刹被炸毁。1949年后，多次对它进行修复加固。它坐南朝北，风格独特，造型古朴。平面八角形，砖雕精美。该塔总高18米，底座呈八角形，每边3米，刻有盆花、兽头等精美古朴的砖雕花饰，西北面还浮雕有两武士、两文官和大鹏金翅鸟，武士右手持锤，形似雷公。镇岗塔第一层塔身像一座八角亭，为重层楼阁式塔，檐下的花饰浮雕，刻工精美。每面相隔浮雕菱花格子门和直棂窗。第一层塔身上部有一层须弥座，座上密布佛龛相错环绕而上，逐渐向内收拢；而后，八级密檐依次上升环绕排列，每层都是一个个的佛龛，每佛龛内端坐一尊佛像，造型各异，形象逼真。再上是塔刹，上戴宝珠，塔刹下有一层须弥座。镇岗塔是我国现存为数不多的古塔，具有重要的历史和艺术价值。

和尚塔位于长辛店东河沿卢井村，清代修建，覆钵式和尚墓塔，共4座，形制与北海白塔相似。

娘娘宫位于五里长街中部路西，供奉道教送子娘娘。该庙门楼临街，正殿高大宏伟，殿前有月台，南北各有配殿3间。传说长辛店大街娘娘庙的送子娘娘非常灵验，每年农历四月初九至十一，便以娘娘宫为中心，举办庙会。庙会期间，香火极盛，京西南一带的商贩和村民纷纷前来进香求子，唱戏酬神。届时，各类商贩起早在庙门两旁摆满了摊位，附近十里八村的民间花会也一显身手，踩高跷、扭秧歌、打太平鼓、跑旱船、舞狮子、耍中幡，丰富多彩。表演者踩着鼓点，伴着唢呐，观赏者叫好与掌声一片，欢声笑语，其乐融融，成为当地沿袭了几百年的传统民俗。

火神庙位于长辛店大街中间路东。该庙坐东朝西，庙的山门为砖砌仿木结构，门额刻有“敕建延祚善庆宫”石匾，天王殿3间，整座庙宇保存完整，属于明末清初风格。旧时，这里香火很旺，后来兴起的庙会也很繁荣。每年农历四月初八，要举行火神庙会祭祀火神，来长辛店赶集、住店的商旅，特别是经营烟花爆竹的商贩都要到庙内烧香祈祷，希望火德真君保佑免遭火灾，一生平安，万事如意。届时，商家还要请戏班唱大戏。舞狮、高跷、杂技、跑旱船、抬花轿、太平鼓、抖空竹、少林会等各种民间花会、杂耍团体，都要在这一日赶来表演绝活儿，表演一班接一班，引来附近十里八村的人来此赶庙会、看戏、听书、看杂耍。据记载，直至中华人民共和国成立前，香火盛极，声势大、气氛浓，景象壮观。火神庙会也作为融民间艺术、宗教信仰、物资交流、文化娱乐为一体的地方传统民俗活动延续下来。“二七大罢工”时，这里是警察局的驻地。火神庙是长辛店“二七大罢工”的纪念地之一。

老爷庙在长辛店大街北段，建于民国初年。它坐东朝西，正殿3间，南北配殿各3间，构成完整的三合院。正殿后是戏楼，雕梁画栋，很有气派。该庙系当地山西商号集资兴建而成，以供奉武圣人关羽，因而又被称为“山西会馆”。每逢年节，镇上的商人铺户便请戏班唱上几天大戏，议论商务，娱乐酬神。届时，老爷庙里挤满了信众，逛庙会、看庙戏，人气旺盛。

关帝庙俗称“小老爷庙”，位于长辛店大街南段路东，建于清代。坐东朝西，殿有三进，后殿为正殿，供关羽像，配殿供观音菩萨像，由于屡经修缮，亦无原形制。1937年以前，曾为长辛店小学校舍，长辛店普济堂戒烟公所（民间禁烟组织）。七七事变后，宛平县属由卢沟桥宛平城迁驻庙内。1945年民国宛平县政府驻此。1948年12月曾为宛平县人民政府办公场所。不久改为北京第十中学宿舍，2001年学校修建宿舍时被拆除。

福生寺位于长辛店镇张郭庄村，建于明代。整个寺庙坐北朝南，由山门、前殿、后殿和东、西配殿组成。寺院建筑为砖制仿木结构。

娘娘宫位于长辛店大街中部路西，是一座坐西朝东的清代寺庙。民国期间，这里成为工人们重要聚会的场所。中华人民共和国成立后，娘娘宫的门楼和大殿因坍塌而拆除，改建为长辛店镇中心第一小学的校园。目前仅存北配殿。

崇恩寺在长辛店南关，建于明代。旧时，当地人家遇有丧事，要请该寺僧人前去唱经，超度亡灵。

长辛店天主教堂又称玫瑰圣母堂，1918年由法国传教士建造，属哥特式建筑风格，主体结构有唱经楼和钟楼，内有祭台（或称讲经台），是丰台、房山、门头沟地区信众举行礼拜活动的主教堂。

长辛店清真寺位于长辛店大街北端路东，建于清代，光绪二十六年（1900年）重修。该寺坐东朝西，现存礼拜堂三间和六角班克亭一座。南北配殿各三间，后配房三间。此寺是长辛店地区穆斯林礼拜活动的中心。

长辛店地区最负盛名的就是二七大罢工旧址，一共包含有7处，

1984年被定为丰台区文物保护单位，2003年被北京市评为市级文物保护单位，2013年3月被国务院公布为第七批全国重点文物保护单位。

长辛店镇是近代中国工人革命运动的摇篮，中国共产党的发源地之一。1923年，爆发了京汉铁路大罢工，作为京汉铁路重要节点的长辛店，自然是大罢工的重要组成部分。长辛店二七革命遗址有两处，一处是位于长辛店大街祠堂口一号的劳动补习学校，这是在中国共产党直接领导下组织起来的，既是京汉铁路工人运动的发源地之一，也是北方工人运动的起点。另一处是位于长辛店大街174号的“二七大罢工”的指挥部。现在长辛店公园内，有二七烈士墓和二七纪念馆。长辛店还是北京近代工业的摇篮。

长辛店劳动补习学校，在长辛店大街祠堂口1号，是一座砖木结构的小三合院，坐南朝北，正房（东房）3间，南北厢房各2间。1920年10月北京共产党小组成立后，为发动和开展工人运动，邓中夏到长辛店成立劳动补习学校，1921年1月开学，同年5月1日成立长辛店铁路工会，会址设在劳动补习学校。这里是北方工人运动的起点，是京汉铁路工人运动的发源地之一。

长辛店留法勤工俭学预备班旧址，在长辛店第一中学（原长辛店铁路中学）院内，为一座方型二层法式小楼。原是京汉铁路局为火车房总管部长郭长泰建造的住宅。1918年夏天，经华法教育会的蔡元培、李石曾出面交涉，将它改成留法勤工俭学预备班的教室。留法勤工俭学运动促使了一大批青年新的觉醒，在劳动、学习、斗争中走上反帝、反封建的革命道路，使一批共产主义战士成长了起来。这座长辛店小红楼是毛泽东开展革命实践活动的较早的一处场所，它对于毛泽东本人的成长历程以及大量的学员接受马克思主义的思想宣传都有重要的作用。

长辛店工人俱乐部旧址，全称为京汉铁路长辛店工人俱乐部，在长辛店大街174号，因前院曾住过一刘姓师傅，开铁匠铺，因此这里又被称为刘铁铺。这里面是个小型四合院，包括大门一间，两侧倒座房各2间，上房5间，南北厢房各3间。1921年10月，长辛店铁路工会在这里召集车务、机务、工务3处的工会开会，决定将工会的办公地点由祠堂口1号迁到这里，并改名为长辛店工人俱乐部。1922年4月9日，这里曾召开了京汉铁路总工会第一次筹备会。这里是1922年8月罢工和1923年2月京汉铁路大罢工中长辛店罢工的指挥所，还是中国共产党领导的第一支工人武装力量产生的地方。

中国共产党在长辛店这片红色的热土上留下了光辉的印记。90多年前，长辛店工人在中国共产党的领导下，为争取工人阶级的权利和民族的解放，不畏强权，前仆后继，进行了英勇顽强的斗争。特别是举行了震惊中外的京汉铁路“二七大罢工”，掀起了中国共产党领导的第一次中国工人运动的高潮。长辛店工人运动充分显示了中国工人阶级坚定的革命性、坚强的战斗力和大无畏的牺牲精神，扩大了作为工人阶级先锋队的中国共产党在全国的政治影响，进一步唤醒了中国人民，并在中国革命史、中国工运史上写下了光辉的一页。

长辛店地区的民俗文化反映了当地农业发展的历史轨迹和产业特色的影响结果，也是极具文化价值和地方风情的。举例如下：

辛庄村的南营少林武术相传从清康熙年间启会，供奉宋太祖赵匡胤为祖师。光绪二十二年（1896年），南营村少林会复会，又名“南营村福善少林会”，现仍有数百面“福善少林会”三角会旗。中华人民共和国成立前后，南营村少林会逢年过节到周边地区走会，东到宛平，西到大灰厂，南到长辛店、涿州，北到门头沟。每到一处都受到群众的欢迎。南营村少林会有文场、武场之分，文场配备4副大扇（钹）、2副铙、1对小镲、1对云锣、1面大鼓、1个锣、1个海笛。武场由13个角组成。南营村少林会武术套路分为单练拳脚、对练拳脚、单练器械、对练器械等。

辛庄村南营太平鼓，已有200多年历史，颇具民间特色。鼓是用钢圈蒙上羊皮制作，在鼓柄上套上诸多钢环。击鼓摇环，走出太平步，边舞边敲，动作互相交叉，鼓声优美动听，表达人们喜庆丰收、歌颂太平盛世、祈愿和平的美好愿望，吉祥吉庆。太平鼓舞动，鼓手可多可少，“鼓花”套路多、舞姿美，有编花篱笆、打蝴蝶等。南营村少林会、南营太平鼓与吴氏太极拳是丰台区的非物质文化遗产。

辛庄村小车会是闻名遐迩的民间花会，有跑旱船、跑驴等，扮相繁多，如唐僧取经的师徒4人等。小车会是单人表演坐车，有车架子，两侧面有车轮，表演者胸前两条假腿宛如盘坐在车上，实际自己的双腿着地，时走时跑，上下左右摇摆表演，加上赶车人的滑稽动作，表现路途惊险和喜悦心情，十分滑稽搞笑。

北岗洼高跷花会兴起于清朝道光年间。道光元年（1821年），由崔姓、韩姓、魏姓3户人家发起，20世纪30至40年代发展到顶峰。每逢庙会都要走会。高跷会前档表演者12位，有陀头和尚、渔翁、药先生、傻公子、小二哥、俊鼓、俊锣、丑鼓、丑锣等，表演技艺高超，翻跟斗、跨越马车、上台阶、叠罗汉等，每个演员都有自己的独特技艺，而且边舞边唱，曲调为河北高腔调。高跷会后档打击乐的伴奏，也有自己独特风格，可根据12个角色的不同表演，打击出100多个单曲进行伴奏。由于高跷会走会独特，有绝活，所以很受欢迎。

大灰厂杠官兴起的年代不详。杠官是用一根粗为15厘米左右、长3.5米到4米的竹竿，在中间绑上1个椅子，表演者扮作当官的坐在椅子上，前后有两个人抬着，还有4个人在两侧做保护，前面有个敲铜锣的开道，表现官员下乡了解民情，有冤情的可当场告状，当时就可以解决。每到一个商业店铺门前便表演一番以换取一些犒赏，回去后大家一起分享，吃一吃、乐一乐。

二、宛平城

属于丰台区，初名拱极城，明崇祯十一年（1638年）二月修建，位于卢沟桥畔。时人计六奇《明季北略》卷十四记载：“二月，城芦沟，名拱极城，太监督役，掠途人受工，民力为惫。城既成，向北京一门，题额曰顺治门，向保定一门，题额云永昌门。数之前定，如此异矣。”并注曰：“去京四十里，西南有芦沟河，本桑乾河也。俗又呼浑河。有桥跨芦沟河上，为芦沟桥，金明昌初建芦沟晓月，为京师八景之一。所城即此。”1981年，在宛平城西门洞地下发掘出一件重要文物，铭文中有“钦差分守真、保、涿、易、龙、固等处地方，详查台垣、火具、清军募练兼山西开采事务、督理拱极城工，御马监太监武俊。崇祯三十三年三月上吉日立”等字样，并详细记载了崇祯年间拱极城的格局。当时，拱极城有城楼2座，闸楼2座，瓮城2座，角台4座，角楼4座，中心台2座，南曰洪武，北曰北极，敌楼2座，小敌楼2座，房屋12间，马道8道，门楼8间，城上旗杆12根。城内还有驻军，即拱极营。该城没有一般县城的大街小巷、市场、钟鼓楼等设施，明清两代用作驻兵之所。明朝崇祯帝建造拱极城时就设置了参将，管理驻军。清朝初年，驻守在拱极城的军队约有二三百人，且设有参将、都司、游击等管理军队的官职。随着清朝统治的逐渐巩固，拱极城的军事重要作用也在逐渐下降。

宛平县的历史比卢沟桥还要古老，它是在辽开泰元年（1012年）由幽都县改名而来，一直延续到清代。宛平县的衙署几度迁移，一直到民国年间才迁移到今天的宛平城内，拱极城也由此改为宛平城。

近年来，丰台区投入了大量人力物力，把卢沟桥和宛平城加以修缮，既保留了桥板、护栏、华表、碑刻等卢沟桥的重要历史遗迹，又恢复了宛平城里县衙署、老字号的建筑群落，特别是在宛平城里新建的中国人民抗日战争纪念馆，成为首都北京的一处重要的爱国主义教育基地。

三、西铁营村

位于丰台区南苑乡西片，南二三环之间。村里的中顶庙是北京最著名的五顶庙之一，有300多年的历史。

明代时北京城及其周围建了5座碧霞元君庙，也就是老北京讲的五顶。东顶碧霞元君庙在东直门外东顶村，现已不存；西顶碧霞元君庙在海淀区的麦庄桥北，有4层大殿，保存较为完整；南顶在丰台区大红门外南顶村，现已无存；北顶在奥运主场馆区内，邻近鸟巢、水立方，为北京市市级文物保护单位；中顶碧霞元君庙，也称护国中顶岱岳普济宫，就在西铁营村。

中顶庙是在唐代万福寺的旧址上修建的。《顺天府志》载，“碧霞元君庙，唐刹旧址，在右安门外草桥北。草桥，唐时有万福寺，寺废而桥存。明天启年间即建中顶碧霞元君庙，士人称为中顶”。清乾隆三十六年（1771年），乾隆帝下旨重修，题写“护国中顶岱岳普济宫”，御赐一对石狮子。清末，中顶庙破败不堪。后又多次遭到破坏。改革开放后，有关文物部门开始修复，目前有正殿、东、西配殿、山门和院墙等。1984年，该庙被公布为丰台区级文物保护单位。

据说乾隆帝前往验收工程时，当地官员为了迎驾，精心组织了13档花会，在中顶庙前进行表演。皇帝龙颜大悦，封西铁营的“花钹挎鼓”以“一统万年大鼓老会”称号。现如今，西铁营村的花钹挎鼓中还有一套叫作“参驾”的表演。乾隆帝驾临是在农历六月初一，故花会会头和社会贤达人士把每年这一天定为中顶庙的庙会日。

西铁营村的花钹挎鼓是整个北京西南唯一保留着的同类花会，整档花会由10面挎于肩上的大鼓，8个龙头宸子，16名手持花钹的儿童组成，有舞蹈，也有乐器演奏。表演时，大鼓一挥，宸子与花钹伴随着鼓点同起同落。2006年，花钹挎鼓被列为北京市市级非物质文化遗产项目。这时，中顶庙庙会也得到恢复。每逢六月初一，中顶庙举办花会表演，除了西铁营村花钹挎鼓在内的13支花会表演外，北京其他地区和河北、天津等地花会也纷纷前来进香、献艺，很是热闹。

四、怪村

地处千灵山脚下，位于丰台区王佐镇西南部。先前人们称其为怪草村，据说村里生长一种别处没有的，谁也不认识的草，故名怪草村。千灵山有北京地区最大的佛教石窟群。唐代后，千灵山一直作为戒台寺僧人隐修的地方。早先怪村寺庙很多，如大南庙，也叫万佛寺，坐南朝北，虽颓败，但格局还在。小南庙，又叫吉祥寺，坐北朝南，现存主殿和西配殿，正殿内壁及房梁上还有彩绘图案遗迹。北庙靠近马路，已被拆毁。西庙遗址仅留存两株柏树。

怪村最负有盛名的是太平鼓，来源于清朝宫廷。据村民老人说，原村南有贝勒坟，每年宫里来人祭扫，太平鼓跟着也传到了村里。太平鼓源自祭祀仪式，最早出现在唐代，明代起在北京流传，清初盛行京城内外。清中期，太平鼓传入京西地区。每年腊月和来年正月期间是太平鼓表演最为活跃的时候，用以表达百姓对新年风调雨顺、国泰民安的一种祈盼和祝愿。

京西怪村的太平鼓在京西地区极具代表性，中华人民共和国成立后还曾应邀到人民大会堂演出。太平鼓除了伴奏外，还有伴唱。舞蹈表演套路源于乡村生活，如斗鸡、两头忙、绕八字、串花琵琶、卧娃娃等，动作简单而精巧，既生动活泼又有韵味，感情含蓄而幽默，节奏明快而清脆，内容古朴而向上。怪村家家有鼓，人人能打。除了自娱自乐、弘扬传统文化，还能强身健体。目前，怪村太平鼓被列入国家级非物质文化遗产名录。

五、看丹村

位于丰台区政府西南，属丰台镇。历史上永定河从该村以南长期流过，留下了广阔的河滩，故该村原称为看滩村。传说明代有一年丰台地区发生非常严重的瘟疫，正当村民们恐慌无助时，一位药王神看到了人们遭遇的灾难前来拯救，他教人们炼制丹药，去除瘟疫。从此，村民们就称看滩为看丹了。看丹村东边曾有一座坐东朝西的药王庙，始建于明代，供奉唐代医圣孙思邈。清乾隆年间重修。相传阴历四月二十八日是药王的生日，这一天看丹药王庙会举办大型庙会，同时参与的还有各种花会，都来竞相表演，热闹非凡。丰台周围有18个村，都有各自的花会表演，如樊家村的童子老会，房家村的开路会，造甲村的中军号，柳村、张家路口的大鼓会，刘家村、后泥洼村、东管头村的少林会，孟村的旱船会，西管头村的高跷秧歌会，前泥洼村、七里庄的中幡会，葛家村的垫道路，夏家胡同的设驾会，于家胡同、鹅凤营的献音会，纪家庙的天平会，等等。[①]这些花会在药

① 刘仲孝：《十八村的花会》，见《北京文史资料精选·丰台卷》，北京出版社2006年版。

王生日这一天，云集于看丹村庙会，给看丹村带来了丰厚的历史传统和文化底蕴。

六、鹅凤营村

位于丰台区卢沟桥乡东南2.7千米。明代成村。这里原是手工孵化鸡、鸭、鹅等家禽的作坊，故称鸡鹅房。这个作坊一直到20世纪80年代初还存在。清末民初，鸡鹅房改为鹅凤营，这是北京地名盛行谐音改字的结果。从语音和词义方面分析，鹅凤是鹅房的近音异写，省掉鸡鹅房的鸡，把“房”字谐音转化为不知比鸡显得高贵了多少倍的凤，符合求雅脱俗的社会心理，再补上由驻军营地渐变为村落通名之一的营，就完成了从鸡鹅房到鹅凤营的演化过程。

七、白庙村

位于京沪高速路旁，属大兴区长子营镇。明代成村。长子营之名缘于山西长子县，是明代大移民的结果，村里山西民风很浓厚。该村更因国家级非物质文化遗产项目“白庙音乐会”而闻名于世。

据传，明朝万历年间，潭柘寺两位师父把寺庙的经音乐无私地传给了白庙村村民，形成了日后的白庙音乐会。白庙音乐会，是把经音乐以会的形式传播，故名音乐会。早期，入会是非常严格的，每年只有十月一次，还得经过磕头、上香、祭祖、拜师等程序，除了具备乐感外，还要有德，人品好，爱劳动，孝敬父母，做善人，这样才有资格入会。

白庙音乐会属于笙管乐，乐队一般由9～11人组成，所使用的乐器达10种之多，包括常见的笙管笛锣钹铙镲鼓，还有少见的木鱼和手磬。他们用的乐谱是中国工尺谱，高雅而古朴。白庙村经音乐原有乐谱100余种，可惜20世纪70年代被大火烧毁。后来村里的老艺人们凭借着记忆，恢复了70多首。

白庙村音乐会的不少曲目来自词牌或者曲牌，如《望江南》《唐多令》《玉芙蓉》等等，同时，又具有鲜明的佛教寺庙乐曲风格。这也是把白庙音乐会视为雅乐的一大因素。音乐会每年的正式演出，只有正月十五和七月十五。2008年，白庙音乐会被列入国家级非物质文化遗产项目。

八、南苑地区村落群

南苑也称南海子，位于丰台、大兴两区交界，为辽金两朝的皇室猎场、元、明、清三代的皇家苑囿。明王朝定都北京后，进一步营建南海子，扩展了其地理范围，在里面兴修行宫、园林、庙宇等。一方面，将元代的上林署改为上林苑监；另一方面，专门设立了南苑行宫衙门提督官署，以及关帝庙、灵通庙、镇国观音寺、二十四园、南海子红桥等附属建筑。

朝廷还设立海户——专门服务于南苑皇家渔猎活动的职业管理人，进行苑囿内的种植、养殖、维护、维修等。海户是南海子特属的户民。最初，由京师附近和山西的编户齐民充当，后来成分渐为复杂。他们以特殊的职业身份世代相传，居住的聚落地即被称为海户屯，包括今丰台区南苑镇的海户屯和大兴区的海户新村等。

清军入主中原，在北京建都后，把南海子作为御苑之一，称为南苑。其间，把南苑作为打猎、习武、阅兵和议政的重要场所，扩展了南海子的功能。乾隆年间，还在南苑设立了9门，其中大红门建筑最为壮观，作用也最重要。明代时已有北大红门、南大红门、东红门和西红门4个门，清代在此基础上又在原有的围墙上新开了5个门。每座门皆有门楼，下各有3个门洞。同时，还增设了马家堡、马道口、羊坊等12个角门。清朝还对南苑进行了大规模修缮，先后修建了多处庙宇、行宫（旧宫、新宫、南红门行宫、团河行宫）。将原来的土墙改建成了砖墙。嘉庆之后，朝廷武备废弛，南苑讲武、狩猎功能逐渐衰退。清朝善于经营南苑，仍沿袭了明代在南海子设海户的做法。海户们的居住生活大部分在南苑围墙以外，墙外设置了苑户地、瓜户地、果户地及寺庙等。逐渐地，南苑有了生产性功能。

明清时的南苑因是皇家苑囿而成为皇家禁地，除了有些海户负责管理外，一般百姓是不得涉足的。至清朝末年，国难当头，内外交困，国库空虚，财政拮据，大清王朝濒临灭亡的境地。在这种形势下，清政府不得不开放南苑，将苑内的土地招佃屯垦，借以增加财政收入。这样，一些官僚、太监、地主、军阀纷纷抢占苑内土地，建立庄园，故而苑内居民点也纷纷涌现。民国初年，仍由大兴县代清室征收地租，在南苑设村，加以管理和整合。

聚落的增多是南苑由皇家苑囿变成农耕区的重要标志，占地建庄者除了上述各类人等，还有外国教会学校的势力，燕京大学代管的金陵大学南苑华美庄（1950年改名建新庄）农场就是其中之一。这个村庄的成长是清末民国时期南苑开垦历史的缩影。华美庄在燕大接办为农场以前名万义庄，因为村子较为贫困，又被俗称为“穷万义”。此地原系清代皇室猎苑御地。在段祺瑞买得万义庄之前的1919年，华北地区遭受严重的水旱灾害，美国赈灾会即着手开展救济工作。到1921年段祺瑞执政时，该会尚有大批余款，中美双方议定用以改良华北农业，并与燕京大学司徒雷登校务长商定合作培养农业人才。由燕大聘请的美国农业专家到京后，选定南苑一带作为试验区，成立华北垦牧公司。不久，安福系政府倒台，段祺瑞遂有意出售土地，被燕京大学以华洋义赈会支持的款项购得，作为农学系的育种之地。1929年几经争执后转交南京的金陵大学经营，1941年太平洋战争爆发后归于日伪新民会，1945年抗日战争胜利后由燕京大学代管，直至1949年以后经过土改变为集体所有。南苑其他村庄的变化可能没有华美庄复杂，但所经历的主要历史过程基本一致。

南苑的开拓者主要来自山东以及毗邻北京的河北等地，早期居民被南苑的地主招募之后，他们的同乡亲友也被吸引或介绍过来，由此聚成了人口多少不等的一个个村落。同乡亲友的吸引聚集，成为各个村落主要的居民来源。南苑地区既有肥沃的丰产良田，也有贫瘠的不毛之地，再加上较高的地租与公粮、兵役费、保甲杂项捐税等，村民的生活也一般比较艰难。从其历史上的称谓“穷万义”来看，可知其地经济生活的贫困。南苑一带多为大地主庄院，而这些大地主多为旧日军阀，故南苑一带之庄院多为佃户村而少自耕农村。

南苑自清代以来便驻扎不少营兵。因此不少村庄和地名与此有关，如三营门、西营房等。辛亥革命后，南苑设立了航空学校，南苑的战略位置日益重要，成为北京城南部重要门户。清末民初以来，南苑成为清代、北洋政府统治时期、抗日战争时期的军事重镇，中国航空事业的发源地。中国第一个机场是南苑机场，中国运载火箭技术研究院就坐落在南苑的东高地。

第九节　通州区

通州区位于北京市东部，是北京城市副中心。历史上，通州地区是北京重要的交通要道，军事与经济的地位和作用突出。运河文化更是其历史文化的重要内容，也留下了一些与运河有关的古村镇，如张家湾、张庄村等。

一、张家湾

唐之前，张家湾还是鲜为人知的一处军事要塞，史籍称其为“临河古戍”。辽代时，已有人居住。元、明、清时期，张家湾是海运、河运和陆运京师的起点，也是南来货物的终点、南北物资交流的集散地。除了水道外，还有从张家湾至通州城、至广渠门的陆路。各类船只在此停泊，诸多人员在此换乘休憩，逐渐地这里就成为富甲一方、繁荣发达的重镇。张家湾先后设有漕运通判衙署、巡检司、宣课司、大通关、防守营、驿站等漕运衙署，还有各类仓场等。

鉴于运河安全，明嘉靖时有官员上书请求在张家湾营建城池，设置敌台，加强粮库安全，屯兵保护这条都城粮食生命线，还可加强运河管理。嘉靖帝下令，指派顺天府丞郭汝霖主持修建，兵部尚书杨博、工部尚书雷礼负责规划设计，立即开工。3个月后，张家湾城竣工。城四面有城门，依河流水系和交通需要而设，并不讲究对称，但门洞上均建有飞檐画栋的楼阁，显示特有的气派。东城墙修筑在河边，有东便门，建有3座水关。整座城南北长东西窄，街巷曲折，形成了不规则的刀字形。南墙出门过桥便是市场，西墙紧邻码头。西门设在进京大陆的码头之前，两条陆路，一是向北经通州进入朝阳门，另一个是向西入广渠门。城中建有粮仓、衙署、军营等，军营设有守备一员，士兵500余人，共同守御这座城池。

1860年，英法联军攻占大沽口，并很快进逼通州城。双方谈判决裂后，英法联军向八里桥守军进攻，这就是北京历史上有名的八里桥之战。这场大战中国守军溃败，使得张家湾城最先惨遭毁坏。

随着20世纪初铁路运输的兴起，张家湾城失去了它往日的漕运重镇、军事要塞的地位和功能，渐渐没落。抗日战争期间，日伪军拆毁了大段城墙，修建炮楼。1945年，国民党军队占领张家湾，又拆毁了四门城楼。

如今南面城墙根依然矗立，保存较好。1992年，通县人民政府拨款修复了原南门东段120米城墙，1995年，张家湾明城墙遗址被列为北京市文物保护单位。近年，由国家出资重建了南门城门。

张家湾有一座大石桥，紧连张家湾城南门。万历皇帝赐名为通运桥。桥北大道路西，立有汉白玉石碑一通，碑文记载通运桥建桥及赐名经过。1958年，碑身被就地推倒。2002年重修时，重立原处，题首为“通运桥碑文”，上书“大明万历三十三年建”。与桥同时完工的，还有一座河神庙，位于张家湾城南门内。万历皇帝赐名为福德寺。

张家湾历史上建有很多庙宇，较早的有唐大历年间所修建的净业院，太和年间的林皋寺，宋天圣八年（1030年）所建的海藏寺，辽代所建的古城寺，以及元代修建的圆通寺、铁牛寺（后改为铁锚寺）、孤舟寺等等。尤其是广福寺最为著名。广福寺，原名为高丽寺，元代所建。明正统四年（1439年），明英宗下令重修高丽寺，并赐名为广福寺。清顺治年间，通州人张云祥再次修建广福寺。寺庙坐北朝南，三进院落，正殿大雄宝殿5间。与广福寺隔道而立的是张家湾关帝庙，俗称老爷庙。清乾隆年间修建，山门上嵌砌“山西会馆”石匾。庙一进院落，正殿3间，主祀关公。因张家湾山西商人多，尊崇关公的忠孝信义，于是出现了这块石匾。光绪三十二年（1906年），山西会馆内建张家湾镇立初级小学堂。1912年2月改为通县立张家湾小学校。1949年张家湾广福寺遭拆毁，县立小学校址由关帝庙迁到广福寺内。

张家湾有两大庙会，一个是广福寺庙会，另一个是里二泗佑民观庙会。广福寺庙会，每年从四月初一到十五，共16天。庙会上，有民间花会表演。里二泗庙会，每年正月十五举行，是由20个小男孩组成“浪子”队，队长手拿“童子老会”会旗，边唱边舞，一直来到佑民观，进拜娘娘，跟在后面的高跷开场、圆场，后边还有黄轿子、小车会、龙灯会、少林会、中幡、跑旱船等各种花会表演。

张家湾的文化娱乐生活还包括镇内的日场和晚场书场，“踥窝子”的民间体育活动也很有特色，民间传说也很丰富。

二、漷县

位于通州区东南，坐落在永定河、潮白河冲积形成的平原台地上。早在战国时期，就有先民在这里居住和生活。汉代，霍姓迁居于此，定居建村，初名霍村，属于汉泉州管辖。汉末，霍村属于雍奴县，隶属于渔阳郡。唐天宝年间，霍村又属于武清县，隶属于河北道。辽太平中，在霍村置县。因卢沟河东流经霍村东北入潞水，称漷河，其治所在漷河之南，故名漷阴县。辽主每年春天狩猎时必驻跸于霍村。金代，漷阴县属于中都路大兴府。元至元九年（1272年），改金中都为元大都，漷阴县仍属大兴府管辖。至元十三年（1276年），将漷阴县升为漷州，州治所并未设在漷阴镇，而是设在漷阴镇西古延芳淀北部区域内，即今前后南关与大小北关之间的柳林渡，并筑有漷州城，辖武清、香河两个县，而漷阴县则直属于漷州。

明洪武元年（1368年），明军攻占了漷州、通州。漷州逐渐失去了原有的交通要道地位，战略价值下降。洪武十四年（1381年），撤州设县，称之为漷县，隶属于顺天府通州。永乐元年（1403年），改北平为北京，运河漕运受到关注和重视，漷县及其周围聚落和人口大大增加。正德初，知县郭梅修筑土城，周长2里。嘉靖二十二年（1543年），增修城池，将城扩展为周长3里，并建有4个城门。嘉靖三十五年（1556年），再次重修。万历四年（1576年），重建南北二门，城周围修建护城河。这时，漷县村落也有所发展。为保障漕运安全，在漷县运河段设置长陵营、马头店、自浮圈（今南马庄）、曹家庄4个堤铺，检视水情，保护河堤。而漷县附近有佑国寺、龙兴寺、镇国寺、城隍庙等数十座寺庙随之兴盛起来。

清顺治十六年（1659年），将漷县并入通州。乾隆四十八年（1783年），原漷县所属165个村庄此时均归入通州。但漷县名称却被一直保留下来。

漷县作为古州、县城之一，曾有“驻跸甘泉”“禅林宝塔”“春郊烟柳”“白河渔舟”“晾鹰古台”“泮宫古槐”“长堤回燕”“运浦飞鸿”八景。

三、张庄村

位于运河南岸，属通州区漷县镇。村中民居以传统建筑为主，分布在主路两边。张庄村的一大特色就是明末清初即已出现的龙灯会这一传统民间艺术。

张庄村的龙灯会，有自身的特点。一个是龙灯会的蓝色双龙，带有鲜明的运河文化特色，在崇尚富丽堂皇的北京地区民间花会中较为少见。特别是龙头，一般龙灯的龙头呈圆形，而运河龙灯融会了南北龙灯的特点，为张口、方头。

每年农历三月初一，古运河石坝码头举行开漕典礼，祭祀坝神。张庄村的龙灯会表演是其中重要的一项内容。龙灯会每条龙由9名舞龙人和1名执珠人组成，双龙共20名演员，另加9名乐手，30多个表演套路轮番上演，美不胜收，把象征大运河的生命之色的蓝色双龙舞得风生水起，人们期待已久的漕运正式开启。

另外，每年正月十五元宵节，也是张庄村龙灯会最为热闹的时候。龙王庙前摆着香案，祭祀龙神之后，会头说祝词，称祭灯。然后，双龙先在庙前舞动一番，进村继续表演。龙灯边舞边走，绕街一周后，需在村中关帝庙前舞龙收场。

2006年，张庄村龙灯会被列入北京市首批市级非物质文化遗产名录。往昔的祈福祭神活动，如今发展成了百姓娱乐健身的文化活动了。

四、马驹桥镇

马驹桥位于通州区西南，曾是京城著名的东南大门。马驹桥的碧霞元君庙，明代始即被称为北京城的大南顶，香火十分兴旺。庙前有钟鼓楼，还有东、西碑亭和大石桥，以及马驹桥街。马驹桥镇虽无城墙，但有北、南、东门。北门楼上原书写着“马驹桥镇”四个大字，南门楼上书写着“冀北繁冲”。马驹桥街号称五里长街，曾经商号林立，十分繁华。如制酒作坊的永泰泉、中和永、万来等，制醋作坊的隆盛、三泉涌等，多为山西人经营的生意。当初，晋商在马驹桥镇很多，镇南门外路西建有“晋阳会馆”，规模很大，临街3座门楼，还有戏楼、殿宇等。除了这些商号外，还有粮行、牛羊肉行、猪肉行、杂货铺、点心铺、茶庄、药店、理发店、木匠铺、车马店等等。

马驹桥镇原有两大庙会，一个是四月庙，即每年农历四月十五的庙会。另一个是八月庙，即每年农历八月二十六的庙会。天齐庙，原来规模很大，有几层院落。后来被破坏殆尽。

马驹桥清真寺位于马驹桥镇北门口村。来此商贸、定居的回民很多，明代遂建清真寺为礼拜之所。清代至民国年间多次重修。现存一进院落，东向，略呈长方形。山门1间，礼拜殿3间，进深6间。殿前有月台。南北讲堂，水房各3间。

第十节　海淀区、石景山区

海淀区属北京市西北近郊城区，在北京历史和当今城市发展中的地位都是非常重要的。区内既有皇家园林的集中展示，又有中关村科技创新等高科技发展平台。青龙镇、海淀镇、中关村等都是海淀区有着悠久历史和文化内涵的古村和古镇。伴随北京城市规模的扩大，区内大部分古村镇已经消失了，取而代之的是成片的高楼大厦，但曾经的村庄依然在地名、街道、树木和民间传说中留给我们深刻的文化记忆。

石景山区也是北京近郊城区之一，紧挨北京西部浅山丘陵区。因临近北京的母亲河——永定河，又是城区通往西山煤矿区的必经之道，因而自古以来就是京西历史文化重镇，有国家重点保护文物法海寺、八大处等。古村落资源也相当丰富，并颇具地域特征。

一、车耳营村

位于海淀区西北部，隶属于苏家坨镇，依山而建，明代成村。自然风光优美，人文气息浓厚。

明隆庆元年（1567年）起，戚继光的部下在西山一带建立了车营，当地人称其“车儿营”，也写作“车耳营”。后来又成了妙峰山香道的一个重要节点，清朝中期逐渐兴盛起来。

该村附近有龙泉寺、大觉寺、上方寺、黄普院、石佛寺、关帝庙、妙峰庵等众多寺院遗址，又有三佛洞、玄兀洞、明照洞、朝阳洞等许多闭关修行的山洞，历史文化底蕴非常浓厚。

新修复的关帝庙位于村中，庙里供奉着关老爷关羽，其端坐正殿上，旁边还供奉着药王菩萨和送子娘娘。现庙里保存着清光绪二年（1876年）六月重修时的石碑，可见该庙早在清光绪以前就已存在。村子西南有吕祖洞，尽管神像缺损，但人们还是前往上香祈愿。村西北2里山中，还有立于巨石之上的砖石须弥塔，据说是北京地区目前保存较大的金刚石塔。金章宗完颜璟在西山修建“八大水院”，此处就是其中的“圣水院”，也称黄普院。明宣德年间，太监尹奉落发为僧，在黄普院遗址以南重修庙宇，有正殿、后殿、东西厢房40余间，及钟鼓楼等。明英宗特赐匾额“妙觉禅寺”。据明成化年间道深僧人所撰写的妙觉禅寺碑记载，尹奉住持圆寂后，第二代住持靖端为其修建“尹奉千载寿塔”，时人称其为“金刚石上塔”，堪称京城一绝。明孝宗弘治年间，原黄普院遗址再建明照洞、瑞云庵，瑞云庵坐北朝南，左有圣水泉，后为明照洞。

村北民居中还有座西洋式建筑，人称四面塔，也称石佛亭，虽然规模不大，但里面供奉着的“北魏太和石佛造像”非比寻常，曾让车耳营名声大噪。它是北京地区现存年代最久、文物价值极高的石佛造像，属于国家一级文物。如今，这尊佛像已被珍藏在首都博物馆的佛造像艺术展厅中，虽然再也没有回到车耳营，但是安放过佛像的石佛亭依旧给村子带来了浓郁的文化色彩和神秘气息。

二、青龙桥村

位于海淀镇西北颐和园北面，元代成村，明清时为京西一大古镇。关于青龙桥村的成因、历史与青龙桥的修建密切相关。而对于青龙桥的修建时间，说法不一：第一种说法是青龙桥建于金代，因金代开挖南长河而需要节制玉泉山水往北入清河，所以可能在此修建闸桥。第二种说法是青龙桥建于元代，时郭守敬开凿白浮瓮山河（从白浮泉到今昆明湖，即通惠河上游水源渠道）为节制水流而建。元代熊梦祥《析津志》载：“玉泉，源出青龙桥……与冷泉合，下流为清河。”今天的青龙桥一带，时称碾庄，又叫七里泊。因白浮瓮山河隔断了人们东西往来之路，遂在此架桥闸。桥以传说中的祥瑞之物青龙命名，故称青龙桥。此后在桥的东西两侧逐渐形成了村落，青龙桥镇取代碾庄、七里泊而兴旺起来。第三种说法是青龙桥建于明宣德年间，位于青龙桥村西侧，清河上游，是一座单孔石拱桥，到了清代形成了青龙桥镇，与海甸（淀）镇、清河镇并称海淀三镇。其他还有说青龙桥建于清代的。总之，第三种说法之后都是不同历史时期重修或翻修的记录，至于最早的时间和最初的位置，当是在利用和整治西山水系的初始阶段——金、元时期，聚落的兴起会稍有滞后，因而元代成村、明清时兴盛是比较合理的。元代时海淀镇发展较快，作为海淀通往西北方向的交通要道和通惠河上游的水利枢纽，青龙桥成为村庄也是顺理成章。明清时期，随着皇家园林和私家府邸的兴起，青龙桥村逐渐发展成车水马龙的繁华集镇。

青龙桥村历史上庙宇较多，然而保存下来的极少。慈恩寺是目前保留较为完整的寺庙，坐落在青龙桥10号，建于明万历二十二年（1594年）。原寺外有山门，有天王殿，钟鼓楼，大通智胜宝殿，藏经楼，寺东还有塔院。清乾隆年间重修，1927年复建。现存山门、天王殿和大通智胜宝殿，但已很破旧了，被改作他用。慈恩寺的东侧原有一座隐修庵，位于青龙桥5号，建于1924年，有房殿24间，而今仅存前后殿，破旧不堪。位于青龙桥15号的娘娘庙，原名西方寺，建于明成化年间，清乾隆年间重修，房屋13间，新中国成立后改为小学校。原青龙桥65号的圆通庵，青龙桥后街的妙应寺，青龙桥西街的五圣祠，都没有保存下来。20世纪50年代，青龙桥东街的楼门也被拆除，80年代后这座古村更加迅速地消失在了城市化的浪潮里。

三、中关村

该村大致位于今海淀区成府路以南，中国科学院动物研究所以西，四环路以北，中关村大街以东的范围内。曾有中官、中宫、中湾、中关、钟关等称呼。《北京市海淀区地名志》说，中关村原为明代太监坟场，名“中官坟”，后经雅化而称之为“中关”。

中关村原是海淀台地上的一个小村。这个地方曾经多次发现新石器时代晚期的文化遗存。最晚在汉代，这里已有人类活动，形成了最初的农业聚落。北京早期发展过程中，中关村是通往居庸关的必经之地。辽金时期，中关村作为辽南京、金中都的北郊，是通往帝王游猎行宫的必经之处。元代，中关村作为元大都西北郊，是达官贵人建造园林的地方。清代时，中关村属北营德胜汛管辖。

中关村周边庙宇颇多，有明正德十一年（1516年）所建的保福寺，万历三十九年（1611年）重修寺院时铸铁钟一部。清朝道光、光绪年间都进行过重修。据民国时期的调查记载，“此寺地二亩零四厘，有九间瓦房，土房两间，附属瓦房一间。泥像九尊，铁五供一堂，另有石碑两座，井一眼，楸柳四棵。属合村公建，曾是京城西北部一处香火很旺的寺院。民国后期被村公所及小学占用。原有鼐公禅师灵塔，三十年代塌了一半，但仍有香火”①。隆庆五年（1571年）所建的天仙庙，明嘉靖十三年（1534年）的广惠宫，还有明代所建的长春寺。清代在今海淀区建了大量园林，为此还修建了中官官房，供太监居住。

清雍正十一年（1733年），雍正帝敕建觉生寺（即大钟寺），是中关村街道辖区内唯一的皇家佛教寺庙。乾隆八年（1743年），乾隆帝将位于万寿寺的永乐大钟移至觉生寺，故觉生寺又被俗称为大钟寺。乾隆帝在位期间，曾多次亲赴觉生寺祈雨。乾隆五十二年（1787年）将觉生寺作为固定的祈雨场所之一，此后祈雨活动一直持续至清末。

1928年，中关村划入北平市辖区，属北郊区。1948年，北平市设18区，区下设保。中关村当时属于第5、6甲，共40户人家。1949年春，废除保甲制，中关村归成府村管辖。1951年，中关村归保福寺乡。现代中关村，成了高校云集，科技创新的中心。中关村也已不再是昔日的村庄，演变成了现代城市科技发展、教育发展的集中展示地。

四、黄庄村

原称“皇庄”，位于中关村西南，属中关村街道管辖。所谓“皇庄”，就是皇家专属田地，收获特供宫中和皇亲国戚。在北京地区设立皇庄早在明太祖洪武年间就已实行，“以其地为（燕王）王庄”，特

---

① 转引自海淀区档案局（馆）编：《海淀消失的村落·保福寺寻踪》。

为燕王朱棣设立“王庄”；明成祖“永乐改元，有司请庄所属改称皇庄”。明武宗时期（1505—1521年），在京畿一带增设皇庄，其中就包括了今海淀黄庄的这一处。《日下旧闻考》云：“皇庄，距南海淀二里许，盖沿明代俗称也。”如今的地名是当时历史的遗存。嘉靖初年，明朝财政危困，明世宗“改皇庄为官田”，皇庄虽废，但与之性质相近的官庄却一直保存到明末。到了清代，《五城寺院册》上载“皇庄有药王庙”，仍称“皇庄”。

明代还修建位于黄庄的关帝庙，清康熙四十九年（1710年）补修。占地3亩，房屋17间。新中国成立后，庙内法物皆毁，仅剩其建筑。位于黄庄的药王庙（全称护国药王普德寺）始建于明代。清乾隆三十八年（1773年）重修，道光二十六年（1846年）增建灶君殿，同治年间重修。庙坐北朝南，五进院落。山门面阔3间，硬山箍头脊，明间有石券门，交间为石券窗。正殿药王殿面阔3间，硬山调大脊，后殿面阔7间，硬山箍头脊。最后为灶君殿，庙内有乾隆年间《重修海淀药王庙碑记》，大学士于敏中撰，及道光年间的《增建灶君殿》碑。1997年，扩宽白颐路时将庙所有建筑拆除。庙址北边遗有柏树一株，南边有古槐一株。

五、古城村

位于石景山区西部，长安街西延长线上，又名老古城，是石景山区历史上较大的村落之一。为何称古城村，这个古城是指哪个具体的城，至今还是一个谜。1995年，在古城村西出土了两块晚唐墓志，记载墓主人“殡于幽州幽都县西界三十里房仙乡新安里岗原”，这说明古城村在唐代称新安里。这是目前了解古城村历史悠久的最为直接的一条证据。但为何从新安里转变到古城村，还是一个谜。

古城村的民间花会活动很有名气。历史较早的是秉心会，后来又有了石锁会、太平秧歌会和狮子会。清末民国时，每年要踩街、扬香，走妙峰山朝顶。花会有严密的组织机构，有“会头”，也叫“都管”，一般是由德高望重、艺术精湛的人担任。会头下设把儿头，又叫“管事”或“搭箱”，各负责一路。再下边是玩角儿，即演员。花会还有自己的会规，要定期活动。会费，中华人民共和国成立前是村民自筹，中华人民共和国成立后是村集体支付。

古城村花会有高跷秧歌舞、狮子舞、钱粮筐、石锁、舞龙、跑驴、杂技、太平鼓、灯艺等。如高跷秧歌，保留了数百年来的传统表演特色，即表演时要求演员双脚踩在数尺高的木棍上表演，其中跷技有11种，人物形象上为12个角色，有群唱，有对唱，有单唱。石锁会始建于清末光绪年间，全称是“公议石锁”，为村花会三大会档之一。石锁会有文武之分，文场以八套鼓伴奏助威，武场是石锁的武功艺术表演。

太平鼓起源于盛唐时期，最初为宫廷舞蹈，后流传于民间，明清时最为盛行。村民打太平鼓的活跃期是每年的腊月和正月，故太平鼓又被称为迎年鼓。古城村的太平鼓，属于花会十档之一。鼓点整齐，舞姿优美，套路表演变换自然协调，声势浩大。这一民俗已被列入北京市非物质文化遗产名录。

六、鲁谷村

位于石景山区东部。根据史书和墓志所载，至迟在辽代这里已成村。《辽史·韩延徽传》载：“……葬幽州之鲁郭，世为崇文令公。”后来在石景山区八宝山地区相继出土了多方辽金墓志，都提到了鲁郭里。如辽代《韩佚墓志》：“统和十三年六月一日寝薨于平州之私第……即以丁酉岁五月十九日葬于幽都县房仙乡鲁郭里之西原。”房仙乡在唐代就已存在，也有相关墓志可以证实。考古人员又在石景山区发现唐代房仙乡的两个村落，即庞村和新安里。据此，赵其昌等学者推断鲁郭里在唐代时已成村。不过，这仅是一种推测，毕竟没有直接的史料或考古证实。元、明、清时期，鲁郭或称鲁姑、鲁国、鲁谷，实指一地。

七、麻峪村

位于石景山区西部，南与门头沟区接壤，西濒永定河。1971年，麻峪村出土了一批辽代铁器，有农具，也有生活用具，证明这里在辽代时已是一个以农业为主的村落。元代《析津志》记载，“浑河金口铜闸，在宛平县西南三十五里东麻峪，乃卢沟之东岸”。浑河穿村而过，麻峪一分为二，形成东麻峪和西麻峪两个村。《元史》也记载，“卢沟河，其源出于代地，名曰小黄河，以流浊故也。自奉圣州界，流入宛平县境。自都城西四十里东麻峪，分为二派”。东麻峪就是今石景山区的麻峪村，西麻峪就是门头沟区的大峪村。1985年，在大峪村南发现一座元代石椁墓，出土一件砖质买地券，上写着“至正二年十二月二十四日殁故相地袭吉宜大都路宛平县玉合乡西麻峪村南安厝宅兆”。西麻峪在明代改称大峪，东麻峪自然也就称麻峪了。明代《宛署杂记》记京西古道时也称麻峪了。

八、模式口村

位于石景山区西部，原名磨石口，为石景山区著名的古村落之一，已被列为北京历史文化保护区。因地理位置独特，抵山靠河，地险易守，出入山口之所必经，故为京西一大关隘。村中有3里长的古街道，东去京城，西连煤城和大西北，是元、明、清时期主要的运煤通道。口外的皮货、药材也源源不断地经过磨石口运入京师，形成著名的“驼铃古道”。磨石口传说内容丰富，有反映帝王将相与磨石口关系的，有反映老百姓生活的，还有名人逸事等。传说情节生动，许多传说与史实相符，具有明显的地域文化和地域地理特点，现被列为市级非物质文化遗产。模式口附近名胜古迹很丰富，有以壁画闻名于世的国家级文物保护单位法海寺和承恩寺，有市级文物保护单位田义墓、永济寺遗址、万泉寺遗址，有法海寺以及冰川遗迹等近十处文物古迹。如今，该村正以模式口驼铃古道为轴心，联结周边文化遗迹，实施综合保护与开发，打造石景山区古村落的文化品牌。

第十一节　朝阳区、顺义区

朝阳区位于北京城东部朝阳门外，自然资源丰富，历史文化资源也很丰富。历史上通过大运河驶往北京的漕粮，由通州或张家湾上岸后，或经通惠河运抵城里，或从陆路转送到朝阳门内。沟通运河码头与北京城的水陆通道都在朝阳区境内，漕运遗迹如通惠河及二闸、高碑店元代石闸等，代表了它在历史上重要的交通地位。由于毗邻东城，其历史文化资源如元大都城墙遗址、日坛等更具城市特点。由于时代变迁的多种因素的影响，目前朝阳区内的古村落留存极为稀少，但也有一些值得我们特别关注和保护。朝阳区现有全国重点文物保护单位4项、市级5项、区级20项，其他历史文化遗迹约20项。列入非物质文化遗产名录的项目55项，其中国家级4项（“聚元号”弓箭制作技艺、罗氏正骨法、北京灯彩、东岳庙庙会）、市级16项、区级35项。

顺义区位于北京市东北部，拥有文物古迹26项，其中有市级文物保护单位3项（元圣宫、无梁阁、焦庄户地道战遗址）、区级7项。在古村落文化资源方面，古城村秦汉古城遗址、北小营西汉狐奴县遗址，记录了早期行政沿革；北小营张堪庙遗址，是对种稻兴农的东汉渔阳太守张堪的纪念；南彩镇的潮白烈士陵园，见证了抗日战争和解放战争期间顺义人民为国家做出的牺牲和贡献。尤其值得关注的是焦庄户村的地道战遗迹，它全长23华里，称得上是人民群众自创的打击敌人的地下长城。该村因此被列入北京市43片历史文化保护区之一。非物质文化遗产方面，有国家级1项（牛栏山二锅头酒传统酿制技艺）、市级4项（曾庄大鼓、张镇灶王爷传说、杨镇龙灯会、孙氏祖传糕点模具制作技艺）、区级有“秃尾巴老李的传说”等10余项。此外，龙灯、狮舞等优秀民族艺术是顺义历史传承融合文明的见证，素有“中国第一龙”之称的北务镇龙狮舞艺术团，曾参与了“中法文化年”香榭丽舍大街盛装游行、莫斯科“北京文化节”、香港回归祖国庆典以及奥运火炬传递等重要演出。

一、高碑店村

位于东长安街延长线上，是朝阳区古村落的代表。辽代成村，曾名“郊亭”“高米店”“高蜜店”，清代时更改为现名。《燕京略记》记载：“通州至京城，乘舟西行过高米店，一日即到。高米店乃高氏所营米市也。”《日下旧闻考》也载“通州至京城，中途有高米店，或呼高碑店”。说其为高蜜店，是缘于村西郎家园有大片枣园，时人依靠枣林养蜂酿蜜而生，故称高蜜店。村中原有古刹地藏庵，其古钟、石碑上均刻有“齐化门（今朝阳门）外高蜜店信友”字样，也是一证。

高碑店村濒临通惠河，是一个由漕运码头发展起来的古村落。元朝时为皇粮商品集散地，沿岸茶楼、酒肆、商亭、作坊比比皆是，曾盛极一时。村西至今保留着一座闸坝——平津上闸，见证古村的文明历史，因此被誉为千年古村。元朝时通惠河有24座闸坝，到了明嘉靖九年（1528年），改建成5座船闸。高碑店以东有3座船闸，时人称之为平津三闸。其中，平津上闸也名高碑店闸，是南北漕运的咽喉水道和驳船转运重地，人们来此高碑店也就成为京城著名的繁华码头之一。

高碑店有“一闸两庙跨三朝”的说法。一闸指的就是平津上闸，两庙是龙王庙和娘娘庙，三朝指的是村庄具有元、明、清三代的悠久历史。那时，每年二月二龙抬头，高碑店便成为龙王庙漕运庙会的聚集地，焚香祭祀，祈求风调雨顺。20世纪60年代，龙王庙被毁。近年重建，为村中一景。

清末漕运废止，村里的人单靠种地是不能糊口的，只好选择依靠通惠河捕鱼卖鱼谋生。20世纪50年代，北京城里摆卖鱼摊的人大多是高碑店人，高碑店人还专卖小金鱼。

让高碑店闻名于世的是村里有一条明清古典家具街。全长1800米的东西向古典家具街，古色古香的商铺分列两侧，成了京城文人雅士乃至普通百姓休闲购物的好去处。

作为北京近郊的一个千年古村，高碑店村有着独具特色的古韵民俗。近年来，村里在保护历史古迹、传承民俗文化、发展特色产业、打造古朴新村方面进行了系统建设，实现了古典家具文化兴村的梦想。为了让村民广泛接受传统文化教育、传承民俗文化。村里逐步恢复了正月十五元宵节、二月二龙抬头、端午粽子节、中元河灯节等传统民俗节日。依托古村文化，培育特色民俗景观，把千年古村的历史文化与现代文明相结合，利用京杭运河漕运码头的历史积淀，修复了历史上有记载的龙王庙、将军庙和郭守敬治水等文物古迹。高碑店村被授予“北京最美的乡村”“全国民主法制示范村”“首都文明村”“全国文明村镇”“全国绿色小康村”“全国生态文化村”等称号。

二、北府村（汉狐奴县遗址）

汉狐奴县遗址位于顺义北小营镇北府村前狐奴山下，始置于西汉初年，属古渔阳郡。遗址当地俗称“呼城坡”，地表有大量的汉代砖瓦碎片，曾出土有陶井、汉瓦、青铜剑、五铢钱等汉代器物。狐奴县的地域相当于顺义地区。三国时，曾将渔阳、傂奚、犷平3县入狐奴，即整个京北平原，都属狐奴之地。后魏将狐奴入蓟县，自汉至魏，历时600余年。东汉初，渔阳太守张堪屯兵狐奴，开稻田8000余顷，开北京地区种水稻之先河。另外，在北小营村前鲁各庄，现存有张堪庙遗址，它是对东汉渔阳太守张堪在狐奴山开垦8000顷稻田，开启顺义地区农耕文化历史大幕的纪念。

三、张镇

位于顺义区东部，因位于交通要道上，已有近千年的建镇史，自古商贾云集，文化底蕴十分丰厚。汉有吕布屯兵、清有乾隆行宫，传说中的“灶王爷”诞生于张镇。民俗活动也由秧歌、花会发展到剪纸、珐琅、刺绣、雕刻等多种形式。2005年12月，张镇被授予“中国民俗文化镇”和“中国民俗活动基地”称号。目前，张镇正在规划建设华夏文化园项目，该项目建成后将成为中国民族文化和民俗文化的百科博物馆，成为中国特色的民俗文化聚集地。

四、焦庄户村

位于顺义区东北部歪坨山下，属顺义区龙湾屯镇，明代成村。原为一处官宦园地，明代时有焦、韩两姓人家由山西洪洞县迁徙至此，成为佃户。因焦姓人多，故命名为焦庄户村。老村还存有一些古民居，街道、场院、河塘将院落有机地组合在一起。院落以三合院为主，建有门楼、影壁、围墙、门窗等，古朴而自然，活泼而亲切。

焦庄户村是冀东通往平西、平北的必经之路，军事地位重要。抗日战争时期，在中国共产党的领导下，村民开始进行武装斗争，打击日本侵略者。在战争实践中，他们发明了地道战，从最初的单口地洞，到把这些单口地洞相连，并在地道内设计和安装了单人掩体、会议室、陷阱、翻板、碾盘射击孔、地道射击孔等生活和战斗设施，形成了村村相连、户户相通的长达23华里的地下防御体系。通过地道战，焦庄户村人民沉重地打击了敌人，有效地保护了自己，为冀东抗战树立了典范。至今，村内仍存地道战遗址，成为北京红色旅游的重要景点。

为了纪念抗日战争英勇历史，1964年秋，在焦庄户村建起了“焦庄户民兵斗争史陈列室”。1965年，一部战争电影经典之作《地道战》使得焦庄户村声名远扬。1979年，陈列室被列为北京市市级文物保护单位，并改名为“北京焦庄户地道战遗址纪念馆”，如今是北京市爱国主义教育基地。近年来，村里对相关抗战遗迹和古民居进行了修复，把纪念馆的建设、开放与农业休闲与民俗旅游结合起来，走出了一条保护古村落与开发红色旅游相结合的特色发展之路。

第四章

古今一脉，城乡共融

——北京古村落的保护与发展

现代文明制度下的古村落，如果从遗产学的角度给予定义或内涵说明，显然它属于一种比较特殊的文化遗产，既有物质文化遗产的元素，也有非物质文化遗产的元素，不同的古村落中二者的主体性是有差别的。有的古村落物质文化遗产占主体，建筑遗产又是重中之重，但也保留和传承着自身的民俗文化；而有的古村落尽管村落建筑遗产基本没有保存下来，但在新的时空构建下所传承下来的非物质文化遗产，则是其主体部分。因此，我们在认识和评估古村落的历史、文化和艺术价值时，要从文化遗产的融合度、多样性等特征上进行思考，切不可单一化对待。

北京是一座历史悠久的古都，也是一座高度发达的现代文明都市。古与今的融合与互动，是这座城市未来发展不可或缺的推动力。众多文化底蕴深厚的古村落，不仅历史悠久，而且内涵丰富，越来越成为现代市民的城市记忆和乡愁。然而，随着城市经济发展，乡村建设推进，一些古村落正在逐渐消失。据有关人士统计，全国平均每年消失80～100个古村落。就是那些尚存的古村落，因各种因素和条件限制，其保护状况也出现了种种问题，前景堪忧。北京古村落的命运同样如此。所以，当前对古村落的保护和科学利用，具有紧迫性，在现实意义上变得尤为重要。

作为全国文化中心和世界历史文化名城，北京的古村落文化遗产更值得保护和科学利用，其措施具有示范、引领作用。中华人民共和国成立后，著名建筑学家梁思成、著名北京历史地理研究专家侯仁之等对北京历史文化名城及其重要文化遗产等方面做过深入思考，所提出的名城保护理论和实践方案至今仍有重要借鉴意义。不过，那时古村落文化遗产还没有引起太多的关注和重视。随着城乡建设和社会主义新农村建设的大力推进，国家越来越重视北京古村落的深入研究，提出了诸多行之有效的保护理论和实践规划方案，对北京历史文化名城保护起到了积极的推动作用。

第一节　北京古村落的特点及其价值

2012年12月，第一批中国传统村落名录公布于众，北京市有9个名列其中，即房山区南窖乡水峪村、门头沟区龙泉镇琉璃渠村、门头沟区龙泉镇三家店村、门头沟区斋堂镇爨底下村、门头沟区斋堂镇黄岭西村、门头沟区斋堂镇灵水村、门头沟区雁翅镇苇子水村、顺义区龙湾屯镇焦庄户村、延庆县八达岭镇岔道村。2013年8月，公布的第二批中国传统村落名录，北京市有4个名列其中，即门头沟区大台街道千军台村、门头沟区斋堂镇马栏村、昌平区流村镇长峪城村、密云县新城子镇吉家营村。2014年11月，公布的第三批中国传统村落名录，北京市有3个名列其中，即门头沟区雁翅镇碣石村、门头沟区斋堂镇沿河城村、密云县古北口镇古北口村。2016年12月，公布的第四批中国传统村落名录，北京市有5个名列其中，即门头沟区斋堂镇西胡林村、门头沟区王平镇东石古岩村、房山区南窖乡南窖村、房山区蒲洼乡宝水村、密云区太师屯镇令公村。2019年6月，公布的第五批中国传统村落名录，北京市有1个名列其中，即房山区佛子庄乡黑龙关村。到目前为止，北京市共有22个古村落列入中国传统村落名录，其中门头沟区12个，占北京市总数的54%；房山区4个，占北京市总数的18%；密云区3个，占北京市总数的13%；顺义区、延庆区、昌平区各1个，均占北京市总数的5%。还有诸多被列入北京历史文化名村建设名录中。

作为珍贵文化遗产的北京古村落具有以下特点：

一、村落发展历史悠久

从旧石器时代开始，北京地区就有了原始聚落。新石器时代，北京地区原始村落出现。进入秦汉大一统社会，北京地区早期村落也随之走向下一个发展阶段。隋唐时期，北京村落发展进入了繁盛阶段，不少隋唐墓志中就有对当时村落的记载，让我们从侧面了解了当时北京乡村的发展面貌。金中都的建设，特别是元大都的营建，人口的拥入，带动了大都城周边乡村的发展。明清时期，北京村落发展达到了历史上的一个高峰，尤其是明初大量移民的出现，军事防御的构建，使得北京郊区村落蓬勃发展。据有关学者统计，历史上北京郊区村落达5700余个。目前，尚存的北京古村落，多数是明清时期形成的。当然，也有一部分可追溯到战国秦汉。

二、村落形态的多样化

从总体上来讲，北京地区的村落形态主要有集团型村落、散列型村落和混合型村落。不同时期，这些形态也有不同变化。地理环境、社会经济、移民政策、军事屯田、长城防御等因素，都将影响到村落形态和村落发展。如果再细划分的话，北京古村落包括这样几种类型：一是历史悠久的村落，如房山的羊头岗、昌平的秦城、延庆的阪泉、平谷的英城等等，都有1500余年的历史。二是与城相关的村落，如房山区的广阳城、大兴区的回城、通州区的潞城、昌平区的军都城等等，这些古村落都是当时城邑发展的结果，它们或是州的治所，或是郡的治所，或是县的治所。三是军事城堡一类的古村落，北京历史上很多，留存下来的也很多，这与北京特殊的军事地位和地理环境息息相关。四是交通要道上的古村落，如京西古道上就分布有不少村落，居庸关大道、古北口大道等等，都有不少村落产生。五是移民现象的历史结晶，这在北京地区也很多，多数是从山西洪洞县移民来的村民在北京安家落户。还有一些是其他因素所造就的。

三、村落文化内涵丰富

北京古村落的形成与发展，离不开北京的历史地位和城市社会生活的独特性，它们所展示的是既富有地域特色，又与古都文化相关的另一种文化形态。可以说，北京古村落是某些即将消逝的传统文化元素和乡村生活形态的珍贵资源，也是北京历史文化的一种独特展示和深度传承。如北京古村落中的塔文化，就是比较独特的村落文化。房山区的云居寺千年古刹，昌平区的银山塔林，都是北京地区重要的古塔。北京古村落，在民间风俗上，既有汉族的广泛信仰，又有满蒙等其他少数民族的融合，既有京郊民俗的普遍性，又有山区民俗的独特性，既有农业文明的一般性，又有工业文明、商业文明的特殊性，既有悠久的民俗传承，又有新时代新风尚的创新与发展。统一性与多样性，是北京古村落文化丰富内涵的集中体现。爨底下、灵水、琉璃渠、水峪、焦庄户5村和古北口1镇还是中国历史文化名村和名镇，属于国家级历史文化村镇，是北京乡村文化的代表，是北京历史文化遗产的重要组成部分，从一个方面记录了北京社会发展和历史文化的脉络。这些古村落，不仅拥有众多的文物古迹和富有特色的建筑，而且还传承着内涵丰富的非物质文化遗产。

中国传统村落在选址、布局和造型等方面有一定的设计理念，渗透着中国传统的哲学思想，并造就了一批很有特色的乡村建筑。爨底下、灵水、水峪都保留着较为完整的乡村民居建筑，属于建筑遗产型古村落。那些古老而装饰精美的古民居，不仅承袭了山区四合院的建筑布局，而且还将木雕、砖雕等手法发挥得淋漓尽致，不由得让人惊叹乡村人的智慧。同时，它们也是传统文化型村落，拥有特色鲜明的地域文化，如灵水村的秋粥节、琉璃渠村的琉璃烧造技艺、水峪村的女子中幡等等。灵水村的“举人文化”更是值得人们称道。焦庄户村的红色文化是北京地区红色文化的代表之一，是爱国主义教育示范基地，说其为革命性历史村镇，是不为过的。古北口镇更是近年被升级打造成一座特色小镇，它的丰富历史文化内涵是其发展的根基和底蕴。大房山脚下有诸多古村落，这些古村落多是依托大房山独特的地域环境和自然景观，形成了独特的古民居、古道、古寺庙等历史文化遗产，民间幡会、曲艺表演、花会等非物质文化遗产也是当地乡村文化的一大亮点，至今还是都市人们前往的好去处。长辛店大街一批老字号商铺的建筑遗存，以及特有的胡同文化，让这座古镇在当今的城市文明发展中仍闪烁着耀眼的光芒，带给都市的是灵气和福气，也彰显了北京古镇应有的文化内涵。

总的来讲，北京古村落的文化内涵是丰富多样的，既有古道文化、军屯文化，又有乡村民居文化；既有古代手工业和商业文化，又有近代革命文化；既有富有特色的建筑文化，又有传承一方的民俗文化。这些文化特色共同构成了北京古村落的历史文化，为当今北京城市建设与发展奠定了坚实的文化基础。

第二节 北京古村落保护与发展模式的新探索

古村落或传统村落保护利用与可持续发展，是一个重要的社会课题，需要从各个方面进行全方位的思考和实践。诸多专家学者、村落保护者以及政府有关部门工作人员，对于这样的重大社会课题，都有一定程度的认识和探索，所提出的一些理论和实践路径，值得我们认真学习和加以创新。

一、类型保护法

古村落是历史的，也是现实的，更是未来的。对于北京古村落，从空间分布来看，主要有集团型村落、散列型村落、混合型村落。集团型村落多数存在于北京平原地区，村落民居较为集中而密集，村落内部建筑肌理较为完整；散列型村落多数存在于北京深山区，村落分布较为松散，内部没有规整的街道；混合型村落多存在于北京近郊区或山地浅山区，介于集团型与散列型之间。在古村落具体保护过程中，我们需要注意根据不同的分布特点，制定相应的保护方法。集团型村落重点在整体保护上，要体现村落的整体风貌，集中展现村落的历史和文化。同时，要寻找这些村落的共同成长因素，使之成为村落文化的代表，加以重点阐释和传承。而散列型村落在保护时要呈现出各自的个性，也就是实现多样性下的统一。混合型村落就是因地制宜，根据不同的村落形态而确认不同的保护模式。

从保护状况来看，北京古村落可以分为三大类：一是形态较完整的村落，或处于远离现代化工业和城市化改造的喧嚣，原有的自然风貌得以保存；二是部分保留了村落的历史文化风貌，部分地掺杂了现代文明的发展要素；三是村落的传统建筑几乎没有，现代文明的冲击非常突出，但村落的历史记忆和文化传承依然存在，只不过是以村落保护要素的形态出现。对于较完整的村落，当然是古村落保护的重中之重，依然是要侧重保护的整体性，即村落建筑、格局、文化、历史、生态等等，使得这些保护元素形成一个合力，共同延续这一村落的生命。对于部分历史、部分现代的新旧掺杂村落，其保护主体是传统的内容，但要与现代文明的发展元素相融合，实现旧与新、历史与现实的统一。对于第三类，虽然传统建筑所剩无几，但村落的历史要素却存在，村落历史文化的片段还是隐藏在现代文明的发展体系中。

从使用性质来看，北京古村落又可分为两大类：一类是一般意义上的古村落，它主要以民居为主体；另一类是城堡类型下的古村落，历史上多凸显其军事作用。对于前者，保护的主要内容是民居的布局和传统风貌，以村民为核心的民俗文化。而对于后者，保护的重点就是村落的独特性和时代感。

二、价值保护法

目前有古村落和传统村落两种称谓，前者更多强调的是历史性，后者更多指向文化性。实际上，二者是统一的，对于现代社会发展来讲，价值是相同的。上面谈到的类型保护，是村落保护的第一个层面意义上的保护方法。而价值保护则是更为深入的保护方法。就古村落或传统村落而言，有一个共同的价值属性，也有各自的价值特性。古村落是中华文化的根，乡愁的根本载体，城市文化的源头和基础，乡村现代化建设的文化推动力，这些都是古村落的价值共性。这也是古村落之所以要保护的价值要求。判断一个古村落是否需要保护，首要考虑的是它是否具有村落的基本价值。

需要我们注意的是由于受到各种因素的影响，所谓的古村落保存完整程度是不同的，我们也不可能都按照村落的基本价值去鉴定是否需要保护。这时，我们就需要强调村落价值的独特性。有时一个古村落，它仅存的是部分民居，有的仅存街道，有的仅保留一些相关文物，有的仅留存地名，有的仅留存相关的故事，有的只是文化传统的传承。但只要这些价值元素有其独特性就必须加以保护。这也就是专家学者强调的要素保护理念。所谓要素保护就是指包括历史建筑、街巷格局、历史民俗遗物、地名等，通过有限的要素承载历史文化，增设保护项目，保护其特定的历史文化要素。这样，把历史建筑和乡土建筑的概念结合起来，将其应用范围扩大到非保护单位的村落，可以解决古民居等遗产的保护问题。从而真正实现整体保护与要素保护的统一。

价值保护的另一种途径就是采取小规模、渐进式、微循环的保护模式，就是根据古村落建筑空间发展的尺度、多样性、有机性，对古村落现状中存在的复杂现象进行细化和具体分析，在整体原则下，通过灵活机动的方法，解决保护问题。从而实现在保持古村落渐进性的发展过程中，达到村民们生活质量的提高，古村落历史人文环境和风貌特色的保留。这样也有利于保护北京古村落的历史文化环境，有利于居民对改造的积极参与，有利于化解和减少社会矛盾。

价值保护可以更大程度激活保护者和参与者的积极性。当充分肯定古村落整体或部分要素的价值时，对于不同程度的古村落历史文化遗产，都是一种认同，让它们各自的价值真正突显出来，被社会所接纳。这样，对古村落的居住者、参与保护的人员，包括政府这一指导者，都是一种激励和认可。实际上，这是遵循了价值多元化的要求和原则。即使一个全新的村落，但它的民俗文化是独特的，是原有村落所独有的文化传承，那么基于这一文化传统下的村落同样也是需要保护的。

如确认历史悠久的村落应当保护，房山的羊头岗、昌平的秦城、延庆的上下阪泉村、平谷的英城等村落都具有至少1000年以上的历史，应该加以保护。作为历史上郡国、侯国城市的村落，也应保护，如房山区的广阳城、大兴区的大回城、通州区的潞城、顺义区的古城村、昌平区的军都城等，都是秦汉以来郡国城市的文化留存。这些村落之所以被称为城，那就是因为历史上这里的确就是州、郡、县的古城所在地。它们对于研究北京地区的行政建置沿革具有重要的意义和价值。北京曾长期为北方军事重镇、交通大道的历史意义是重要内容，因此交通要道上的古村落应该加以保护，如居庸关、古北口、龙虎台、长辛店等等。北京的历史发展，离不开其他地区移民的贡献。

特别是明代山西洪洞县大批民众的迁移，带给北京的是多方位的发展和推动。如长子营、蒲州营、大同营、绛州营等等。

三、管理保护法

村落保护的难题之一就是管理，特别是进入利用层面的管理保护，更值得深入思考。有一些村落未进入利用之前，保护得很好，古色古香，乡愁味道很浓。可一旦进入利用阶段，保护就出现一系列问题，根源之一就在于管理不善。

社区引导模式，即以院落为单位，以社区为基础，有机更新古村落保护区的方式。社区引导有机更新模式注重人的尺度和人的需要，更多地关注人与环境的平衡关系。社区引导保护模式包括两个主要环节，首先，要将村镇保护规划与社区规划有机结合起来，在充分了解社区居民居住特点的基础上制订保护区风貌和保护规划，同时还要在充分把握文化遗产在社区空间分布特点的基础上制订社区规划；其次，建立社区公众参与机制，成立古村落保护规划社区公众参与委员会，形成古村落保护工作的合力，最大限度地实现保护目标。社区引导保护古村落有助于按照古村落内在的发展规律，顺应村镇保护区肌理，整治和逐步恢复传统风貌。

文化旅游产业引导模式是通过文化旅游产业的发展促进古村落保护更新的一种模式，其宗旨就是要充分利用古村落的文化遗产资源，发展旅游产业，促进历史文化地段的更好保护与更新。北京古村落文化旅游产业的打造，是要在科学保护的原则指导下，通过挖掘首都古村落文化遗产的价值，根据当前消费市场和发展的需要，借助旅游产业的形式，将古村落文化资源的价值凸现出来。

那么如何选择这两种模式？按照主要功能，居住型古村落应该主要采取社区引导有机更新模式，混合型古村落则应采取社区引导和文化旅游产业引导模式相结合的方式。

对北京古村落保护与利用，要采用调查研究的工作方法，从群众中来，到群众中去。一是调查研究，广泛征求建设主体村民们的意见，创新机制模式。二是构建农村改良体协同平台，组织农民成为古村落保护与利用的核心力量。在项目启动之前，先在本地发起创建一个公益性的乡村建设协作者中心，规划设计师和建造师以此为平台，遵循“三生（生活、生产、生态）共赢”的理念，进行规划设计和落地实施。三是通过空间规划再塑伦理秩序。伦理秩序是古村落的魂魄，伦理空间规划至关重要，要规划保护或再生相关空间节点、街道肌理和生活习俗等。四是通过信息化激发农民自主活力和公民意识。五是古村落保护要与养生养老相结合。

应在村内建立示范建筑和在区域内创建示范村，提倡以示范点的形式激活人心，改变人们观念，从而带动整个村落乃至更广阔区域的传统文化遗产保护。北京地区应以爨底下和焦庄户为两个示范点，形成传统村落保护与利用的样板，从而带动全国传统村落的保护与利用。通过样板示范，促进保护传承和整治建设，达到望得见山，看得见水，记得住乡愁的效果。

传统的行政管理模式已不能完全适应北京古村落保护与利用的需要，要克服九龙治水的弊端，建立新机制，实现新协调，需要顶层设计来保证综合手段的实现。比如，完善传统的联席会议制度，建立基于网络的协调合作机制，对于新事物尽快界定部门职责，在网格化管理中促进部门协调，创设区域保护形式，促进政府各部门联手。加强高层设计，统筹规划和统一政策，自上而下，制定保护利用古村落及新农村、新型城镇建设协调一致的政策并进行统筹规划和实施，让被保护的和新建的村落，同样都可以享受到政策优惠。

盘点区域内现存的古村落文化的共性和特点，然后制订保护规划，同时借鉴国内外的先进理念，把握保护和继承、科学规划以及综合发展的原则。要从环境保护、生态涵养、经济的可持续发展、文化传统的传承和发扬、乡村生活方式的保护性改善等多方面着眼，制订综合发展规划，让古老的乡村“活”在当代，使其在与环境、文化的和谐关系中继承性地发展，而不是变成一堆“死”的文物建筑在那里展览。

确立政府主导地位，设立专门保护与协调机构，进行统一管理并协调各方利益；出台《北京历史文化村镇传统建筑修缮规范标准及其保护技术规则》等法规文件，用以指导历史文化村镇文物古迹、民居建筑等的保护与修缮工作；留住原住民，传承非物质文化遗产；探索与原住民的合作机制，尽可能减少对历史文化村镇的开发性破坏。

由政府文化部门组织关于北京地区尤其是山区古村落的全面普查，掌握最新的现实资料，奠定未来加以保护的基础；学术研究单位与地方文化机构携起手来，分区分批进行古村落研究，为保护具有典型意义的古村落提供学术支撑；政府部门与民间力量结合起来，探索给古村落经济支撑的途径和方法。

北京古村落的内涵是丰富多样的，无论从时空因素，还是从形态要素，它都有特殊的价值和功能。对其加以科学有效的保护和利用，是当前北京古村落规划与发展的重中之重。有了更为深入的统一认识，有了更加细致科学的保护路径，有了全方位的管理，有了明确的保护责任意识和主体意识，北京古村落保护与利用的明天一定更加美好，北京的古都记忆和乡愁乡韵也会更加清晰、醇厚。

主要参考文献

1. ［唐］李百药撰：《北齐书》，中华书局1983年版。

2. ［唐］魏徵等撰：《隋书》，中华书局1973年版。

3. ［元］脱脱等撰：《辽史》，中华书局1974年版。

4. ［元］脱脱等撰：《金史》，中华书局1975年版。

5. ［明］宋濂等撰：《元史》，中华书局1976年版。

6. ［清］周家楣、［清］缪荃孙编纂，左笑鸿点校：《光绪顺天府志》，北京出版社2018年版。

7. ［明］沈榜编：《宛署杂记》，北京古籍出版社1980年版。

8. ［清］孙承泽纂：《天府广记》，北京古籍出版社1984年版。

9. ［元］熊梦祥著、北京图书馆善本组辑：《析津志辑佚》，北京古籍出版社1983年版。

10. ［清］于敏中等编纂：《日下旧闻考》，北京古籍出版社1985年版。

11. 现代北京图书馆金石组、中国佛教图书文物馆石经组编著：《房山石经题记汇编》，书目文献出版社1987年。

12. 北京市文物研究所编：《北京考古四十年》，北京燕山出版社1990年版。

13. ［北魏］郦道元著，［清］杨守敬、熊会贞疏：《水经注疏》，江苏古籍出版社1989年版。

14. 昌平县县志办公室编：《昌平外志校理》，北京燕山出版社1991年。

15．尹钧科：《北京郊区村落发展史》，北京大学出版社2001年版。

16．韩光辉：《北京历史人口地理》，北京大学出版社1996年版。

17．孙冬虎：《北京地名发展史》，北京燕山出版社2010年版。

18．顾梦红：《房山村落文化》，北京联合出版公司2016年版。

19．戚本超主编：《北京山区文化寻珍》，团结出版社2009年版。

20．王岗主编：《北京历史文化资源调研报告》，中国经济出版社2013年版。

21．陈志强主编：《北京门头沟村落文化志》（全四册），北京燕山出版社2008年版。

22．李国棣主编：《昌平镇村探源》，中国文联出版社2011年版。

23．海淀区档案局（馆）编：《海淀消失的村落》，内部资料。

24．中共延庆县委宣传部、延庆文化委员会编：《走进延庆古村落》，中国商业出版社2015年版。

25．政协北京市石景山区委员会编：《石景山文史·第十八集：村落专辑》，2010年印制。

26．王晓光主编：《平谷村情》，北京出版社2006年版。

27．刘建初主编：《昌平村情》，方志出版社2009年版。

28．政协密云区学习与文史委员会编：《密云文史稿·传统村落专辑》，2017年印制。

29．北京市民政局编：《北京千年古镇千年古村落地名文化》，2015年印制。

30．中共北京市委农村工作委员会、北京市农村工作委员会编：《北京传统村落》，2014年印制。

31．袁树森编著：《门头沟传统村落》，北京出版社2019年版。

32．魏宇澄、尤书英：《北京古村落记忆·门头沟》，团结出版社2009年版。

33．孙克勤、李慧愿：《北京斋堂古村落群》，中国画报出版社2006年版。

34. 中共北京市门头沟区委宣传部:《散落在京西的山地古村落》,中国和平出版社2008年版。

35. 北京市政协文史和学习委员会、北京市怀柔区政协编:《首都文史精粹·怀柔卷·百村史话》,北京出版社2015年版。

36. 北京古都学会编:《中国古村落保护与利用研讨会论文集》,中译出版社2016年版。

后　记

本书是近些年来我们在北京古村落研究方面的一个小结，借着“北京文化书系·古都文化丛书”出版的东风匆忙推出，既欣慰又忐忑。

在此之前，研究北京村落历史的学术著作原本不多，21世纪初尹钧科先生的《北京郊区村落发展史》不仅是开山之作，且一直是业界标杆。我们有幸作为尹先生的学生兼同事，得以在尹先生的耳提面命中不断熟悉相关文献资料，还能在先生的亲自带领之下跋山涉水，走访各个村落，因而对北京古村落给予了持续的关注和研究。在2006年的《整合北京山区历史文化资源研究报告》、2009年的《北京山区文化寻珍》、2012年的《北京历史文化资源调研报告》等课题成果，以及2015年、2016年北京古都学会主办的两届“中国古村落保护与利用”研讨会及会议论文集中，都能看到我们在北京古村落领域的研究进展。这正是令人欣慰的地方，为抢救性地研究、保护珍贵的古村落文化遗产，我们一直奔跑在路上。

忐忑的是由于被纳入了北京市委宣传部主持的“北京文化书系·古都文化丛书”出版计划，项目要求高、工作程序多，然而时间紧、任务急，在非常有限的时间内完成的书稿与我们设计的初衷仍有差距，精致打磨的时间不够，不足和疏漏之处在所难免。还望读者宽宥、指正！

本书的前言和第一、第二章由北京市社科院历史研究所吴文涛副研究员执笔，第三、第四章由中国社科院历史理论研究所靳宝副研究员撰写，全书由吴文涛统稿。但在实际上，北京市社科院历史所的很多同事都对本书稿的完成给予了帮助，如一同考察、提供相关资料和个人成果参考等等。本院、所领导和丛书编委会的同志们也在本书的撰写过程中给予了极大的关注、支持和鞭策，各位审稿专家也给我们提出了宝贵意见和建议，在此，一并向他们表示衷心的感谢！

最后，要特别感谢我们的领路人尹钧科先生！由于年事已高，他没有亲自参与本书的撰写，但他的《北京郊区村落发展史》奠定了本书的学术基础，曾经带领我们的考察丰富了本书的现实素材，尹老对本书的完成可谓居功至伟。可是当我们邀请他做本书的第一作者时，老先生以自己不曾动笔而极力推辞。经一再恳请说明，尹老最终同意署名但要求“叨陪末座”，以提携和扶持年轻学者。如此高风亮节，令我等惭愧而感佩！唯有沿着尹老师开创的学术方向继续努力，奉献更好的学术成果服务于社会，才能不辜负老前辈的殷切希望！

吴文涛

2019年5月27日